人を結ぶコミュニケーション

対人関係におけるウェル・ビーイングの心理学

大坊郁夫 著

福村出版

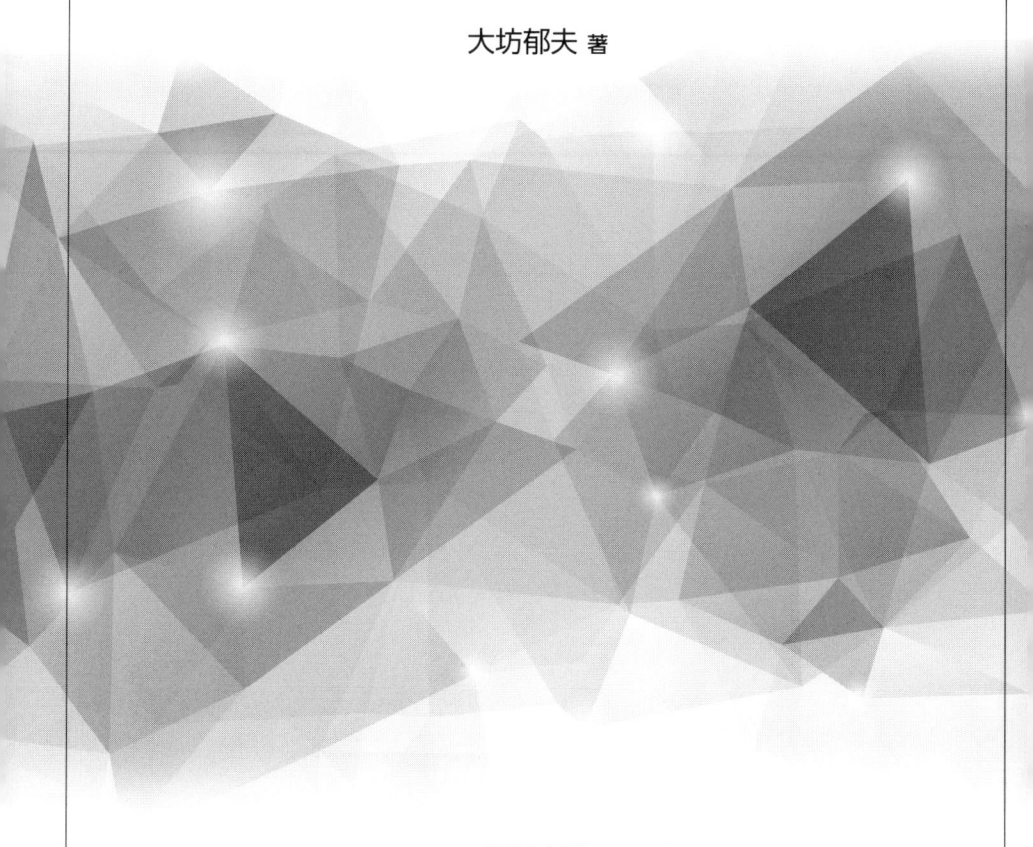

はじめに

人は互いに自分のメッセージ（意図的であろうとそうでないとしても）を伝え合っている。そのメッセージは、直接ではなく、何らかのメディアを介して伝えられる。そして、いくつもの具体的な対人関係を築いている。これが人を結ぶコミュニケーションである。日頃〝空気〟のごとく当たり前のように「コミュニケーションしている」ものの、そこには、様々なルールや前提がある。個々人が持っている暗黙のルールや、各人が属する集団やその上位にある文化に由来する規範などである。当該のルールを用いて共通する信号（メディアやチャネルによる）にメッセージを込めている。

これらのことからでも分かるように、コミュニケーションが成立するためには、いくつもの仮定された概念や確認しなければならない過程がある。それが適切に明らかにされなければ、対人関係はうまく機能せず、適応的とは言えないであろう。ひいては、対人関係が幾重にも展開されている社会も機能不全を来すであろう。

コミュニケーションについてはいくつもの科学的なアプローチがある。コミュニケーション行動に限ってみても、心理学、言語学（社会言語学、修辞学など）、社会学、文化人類学など多様である。それぞれは重なり合う視点を持ち、互いに全く独立した領域ではない。

本書では、主に社会心理学の観点から、対人関係を築き、ひいては集団や社会を大きく特徴づけることに重要な働きをなすものとしてコミュニケーションを捉えている。その前提として、われわれは、他人との比較を通じてしか「自分」を理解することはできないことを挙げることができる。自分の言動に対して他人がどう反応するのか、その反応を読み取ることによって、自分の特徴を社会的なものとして理解することができる。自分も他人も、そしてお互いの関係自体もコミュニケーションすることによってこそ知り得るものなのである。だからこそ、自分も関係をより望むように磨きをかけることができる。

対人的な相互作用の経験を積むことによって社会が築かれている。日々展開している対人関係が適切に工夫されることによって社会は持続することができると言える。

対人関係においてコミュニケーションすることは、現状での相互の特徴を知り、情報の共有を行うだけを目指すものではない。すなわち、われわれは、自分も他人（を含む社会）をも損なうことなく、幸福で満足できる心を持ちたいと願う。他人と比べて自分に不足があると感じた場合や相手が望む情報や資源を自分が持っている場合のように、何らかの格差があると、それを解消しようとする動機が自分にも相手にも働く。これは、人為的に強いられることなく、コミュニケーションが展開する基本的なメカニズムであると言える。

言い換えるならば、何らかのギャップがあるところに、それを解消（解決）し、安寧・安定を求めようとしてコミュニケーションは生じるものと言えよう。しかも、自分と他人には、シーシュポス（Sisyphos）の神話に擬《なぞら》えるような、際限のないギャップがあるものである。それ故にこそ、人がいる限りコミュニケーションは絶えることがないと断言できる。だからこそ、多様にかつ何時までもコミュニケーションの研究は尽きない。そして、常に新たな答えと課題が見付かるであろう。

2021年12月27日

大坊郁夫

目次

第1章　コミュニケーションが築く高質の対人関係

1　現代のコミュニケーション状況

人は、自分一人では自分自身の特徴を十分には理解できず、他者との関係の中にあって、他者との「比較」を通じて自分を捉えることができる。他者との相互作用の中にあって、自分の言動に対して相手がどのように反応するのか、その反応を読み取ることによって、自分の特徴を社会的なものとして理解することができるのである。自分が唯一の存在であっては、比較する対象がないので自他の区別はできず、したがって、自分という概念は生じ得ない。われわれは生来比較される（する）ように仕向けられているのである。個人についてであれ、対人関係であれ、人を考えるためには、このような視点は不可欠である。

現代において個人や他者との関係を考える際には、いくつかの視点がある。その一つとして、自分と他人とは多様な意味で違うということを強調しようとする「区別」指向がある。「個性化の時代」と言われ、他人との違いをあえて強調しようとする傾向である。他人との類似性は、親和性を促す要因であり、好まれはするが、同時に、「この人と私は違う」ということを重視しようとする。すなわち、大枠的には、他者との同調性を基調としながら、違いを重視する自己確認の欲求を持っている。さらに、対人関係の特徴を考えてみると、自分の現在の状況をなるべく変えたくない。いつもの慣れた生活状況には馴染みがあり、特別のコストがかからず、快適である。自分の世間という一種の当たり前の小世界において、何人かが互いにあまり強く影響を与えることなく、浮遊している。そこに他の人が新たに加わるならば、窮屈になるのでそれを好まず、変化を好まずに保守的になりやすい。このような心理的な傾向から、しだいに、居心地のいい、世間も狭いものになり、同類と認め得る他者についてもさらに狭い範囲に限って選択している。また、自分のいる世間については、防御壁を厚くし、その内集団に対しては相応に自己開示し、親密であり、友好的であるが、少しでもそこから外れた他者に対しては排除する。したがって、新たな他者との交流にも抵抗が大きくなっていると考えられる。自己利益重視、自国中心主義的な排他傾向の基底をなすこととなる。

これは、エコー・チェンバー（echo chamber）効果として捉えることもできる（エコー・チェンバーとは、音楽録音用の残響室のこと）。すなわち、限られた範囲で自分と似た人々しかいないコミュニティでは、自分と同じ意見しか見聞きしないので、同じことが繰り返されることで、特定の情報や考えが増幅され、強化されてしまう。

特に、ネット上では、検索サイトではアクセス者が繰り返し検索する情報語に関係の深いものが優先的に候補となるアルゴリズムが標準採用されている。このことは多くの方々も経験されていることであろう。こうなると、アクセス者が欲していない情報は益々把握できなくなる。かつ、われわれはこのような検索サイトを高く評価し頻用しがちである。このように自分の興味のある情報だけしか見えなくなることをちょうど自分の得たい情報の泡に自分を閉じ込めているような意味を込めて、フィルター・バブル（filter bubble）と言う（パリサー 2012）。

共同的というわけではなく、単に個人として快適さを優先して求める傾向が増してきているので、他者とのコミュニケーションの機会が減少し、相互の違いを前提としてコストを注いだ関係を築くことを避ける傾向がある。

そして、「今」の多数の刺激に注意が向きやすく、それへの対処に注意を奪われ、先を見通せない。さらに、インターネットや携帯電話などの間接的なコミュニケーション機会が飛躍的に増大しており、多くの者との浅いレベルのコミュニケーションが繰り返され、それ故に思考は断片的となり、沈思することが減退している嫌いがある（柳田 2005）。

このようなことからすると、同じ目的達成のもとに長い時間を共有し、相互作用機会の多い、連携することによる成果が期待できるはずの学校、職場においては、個人が自分なりの生活空間を築くことは難しい。したがって、過剰なエネルギーを用いて、自分「だけ」の世界を作ろうとして、相互の相互作用を遮断しようとする兆しすら見られる。

職場内においては、「仕事」についてだけのコミュニケーションに終始し、個人的な開示をせず、職務上の関係から個人の領域に入ることを嫌う。私的な時空間と公的な時空間を分離し、仕事以外の活動（親睦の活動——忘年会、仕事の打ち上げの慰労会など）を避け、他者への個人的な関心を敢えて寄せようとはしない。

社会的なシステム内で生活している者でありながら、近年の社会的な志向性の減退は多く指摘されるところである（大坊 2006; 柳田 2005など）。他者への配慮、世間への考慮、双方向の密度の高いコミュニケーションは十分ではなく、お互いを支え合う社会的なサポートが乏しく、理解不足や軋轢によって容易に不適応を生じやすくなっていることがうかがわれる。その結果、個々人の孤立を促し、集団や組織の連携的な行動が不十分になりつつあると言えよう。

これらのことから問題となることは、自分を護るための行動の試みは、自己の囲い込み、選択的な相互作用重視（他者との社会的相互作用の回避）、他者への無関心として表れ、自分を適切に参照できるつながりが乏しくなるので、社会的な「紐帯」が希薄となり、適応力も減退しつつあることである。

われわれは、誰もがア・プリオリに自分の人生に一定の規範を課せられているわけではなく、生き方を選択可能である（ことになっている）。ただし、そこには多くの前提があることを大方は知っているはずである。

ここで特に指摘したいことは、「他者」との相互作用の蓄積がわれわれの社会性を築き、そのプロセス自体が社会を構成していることにある。すなわち、日常的な事実として、あるいは、仮想的なものであれ、他者との関係が考慮される限りにおいて、「社会」は意味を持つということである。大方にとっては、このような説明は不要であり、これを暗黙知として社会は成立している。しかし、近年、それが大方の共有概念であるかどうかが疑わしい出来事が少なからず現れてきている。自己との対比及び自己を内包するものとしての「社会」という意識を持たない、いわば社会的リアリティの欠如の心性を想定せざるを得ない出来事である。他者とのかかわり合いを前提とせず、他者との関係によって自分が成立することに気づけない者がいることを認めざるを得ない例があることである。おそらく、このような心性を持つ者は唐突に登場したのではなく、過去にもいたであろうことは想定できる。登場事例の多発というよりも、社会を判断の基準枠としない、社会〝レス〟とでも言い得る心性の台頭を認めざるを得ない。

2　社会に帰属しきれない人々——一人称社会へ

社会性の意識の希薄な者がいることを無視できない典型例をいくつもの事件に求めることができる。〝事件〟であることは既に他者とのかかわりを抜きにはできないことであるとも言えるが、当事者の認識においては、あくまで当事者の一人称でしか成立していないものである。例えば、２００５年11月の姉妹殺人事件（この事件の数年前の母親殺しを引きずる殺人に伴う快感情の再体験としての犯行）、同じく11月のペルー人による幼女殺害事件（この犯行は、自分ではなく、悪魔にそそのかされたためと述べている）、１９９７年の神戸の児童連続殺傷事件の酒《さか》鬼薔薇聖斗《きばらせいと》（バモイドオキ神を作り出し、それへの服従行為としての犯行であるとの分離的な意識）、１９８８～１９８９年の連続幼女殺人事件の宮崎勤（自分を受け入れてくれていた祖父の死によって、自分をサポートする者の喪失感に由来する絶望による自己否定の「確認」としての犯行）などにある種の典型を見ることができる。

これらの犯罪においては、容疑者は自分を社会に適切に結びつけることが不確かであり、自分の行動の基盤となる規範を生み出す世間、「社会」をイメージできていないと考えることができる。あくまで自分が勝手に描いただけの世間でしか考えておらず、他者との共通項を生み出すことに関心がない。生活していく過程において、双方向的なコミュニケーションによって自己概念が成立していることに「気づいていない」。勝手に描いたイメージだけで判断・行動できるという錯覚を持っているとも言える。正しく自分の認知世界という狭い世間でしか他者や場面を考えていない。それ故に、他人が彼らを「反社会的」と評しても、当事者自身からすると、「反」社会と言えるような基盤となる「社会」認識を持っているのではなく、自己の参照としての社会を意識しているとは言えない。そうすると、これは反社会と言うのではなく、むしろ、社会性を持ち合わせていない「社会レス」、つまり、「無社会性」と考えることが妥当であろう。

高校生の意識についての国際比較調査結果（２００４年版）にも同様な傾向は認められる（財団法人青少年問題研究所 2006）。

従来、社会的にのぞましいとされてきた志向性が低くなっている。「勉強がよくできる生徒」米国83・３％で最多、次いで中国79・５％、韓国67・４％、そして、日本は40・５％で最少。「リーダーシップの強い生徒」米国54・１％で最多、中国53・０％、韓国48・７％、日本は15・７％で最少。「正義感の強い生徒」中国54・５％で最多、韓国35・８％、米国32・７％、日本は25・７％で最少である。

また、日本の高校生が他の３ヶ国に比べ、「非常に関心がある」と回答した割合が高かった項目は、漫画やドラマなどの「大衆文化」（62・１％）、「携帯電話や携帯メール」（50・３％）、ファッションやショッピングなどの

「流行」（40・2％）など。米中韓でいずれも50％前後だった「家族」は、日本では32・4％にとどまっている。

また、他の3ヶ国と、日本の高校生の回答が大きく違ったのは、「現在、一番大事にしていることは」という設問だった。3ヶ国が多くの「希望」を挙げたのに対して、日本の生徒の回答は圧倒的に「やりたいことがない」という結果であった。日本の高校生は、「希望するもの」として挙げた割合が最も多い「友人関係がうまくいく」でも4割以下である。進路についても、大学院を目指す割合も4ヶ国で最低の7・2％であった。親友がいない割合は7・0％と最も多く、親からほめられる経験、期待を感じる割合も他国に比べて低く、友人関係や親子関係の薄さも目立った。

これらの特徴は、多くのことを示唆している。他国に比べて日本の高校生は、「人並み」意識が強く、向上指向の意欲が乏しい。将来への展望が漠然としており、かつ、今現在の生活への関与度が乏しい。社会的なつながりについても、友好や楽しみを求めることが基本となっており、将来を切り拓いていこうという積極的な姿勢に乏しい。彼らが抱いている「社会」というものが、ごく狭い身近な範囲に限られており、拡がりがない。将来へ続く時間的な拡張性も乏しいと言えよう。。

この調査から10年後に同じ4ヶ国で行った調査結果を比較する（「高校生の生活と意識に関する調査報告書〈概要〉——日本・米国・中国・韓国の比較」平成26年、国立青少年教育機構 2014）。

それによると、日本の高校生は、自己肯定感が低いことが示されている。「人並みの能力がある」「体力に自信がある」「勉強が得意な方だ」といったことに肯定する割合が低い。また、後述するように、「自分はダメな人間だと思うことがある」といった項目へ肯定する割合は高い。

人生目標について、「自分が幸せと感じること」「円満な家庭を築くこと」が、4ヶ国とも多く挙げられていた。しかし、日本は「自分が幸せと感じること」「円満な家庭を築くこと」「のんびりと気楽に暮らすこと」「周囲から認められること」「お金持ちになること」「高い社会的地位につくこと」といった項目に対して、「とてもそう思う」と回答した者の割合が4ヶ国中最も低かった。

「自分はダメな人間だと思うことがある」と回答した者の割合は、日本が72・5%（「とてもそう思う」25・5%、「まあそう思う」47・9%）と、4ヶ国中最も多い（中国56・4%、米国45・1%、韓国35・2%）。

人生の目標に影響を与えた人は「特になし」が20・1%と最多（米国12・8%、韓国8・3%、中国1・8%）であり、父（25・5%）、母（36・9%）を挙げた者は他国よりも少ない。一方、友達（23・0%）、本（15・0%）、インターネット（11・0%）、先輩（8・7%）は最多であった。

自分自身に対する満足感では、米国の満足感の高さと日本の満足感の低さが際立っている。「とても満足」と回答した者の割合が、米国の49・1%に対し、中国27・2%、韓国23・1%であるが、日本は10・6%に過ぎない。「まあ満足」まで加えると、米国は8割強に達しており、中国と韓国は7割台となるが、日本は5割台であった。

人生の目標について、2006年以降の調査と比較してみると、日本は、「社会のために役立つ生き方をする」という目標が増えているが（2014年31・9%、2011年25・1%）、「高い社会的地位につく」（2014年12・3%、2011年20・0%、2006年14・1%）、「お金持ちになる」（2014年20・4%、2011年31・4%、2006年33・7%）、「円満な家庭を築く」（2014年59・6%、2011年64・3%、2006年67・1%）、「自分の趣味を生かす暮らしをする」（2014年47・3%、2011年58・9%）、他にも、「のんびりと気楽に暮らすこと」（2014年50・7%、2011年57・0%）、「たくさんの友達を持つこと」（2014年41・5%、2011年68・0%）といった項目は減少する傾向にある。

基本的には、個人としても社会的にも挑戦的、改革的ではなく、現在の生活を許容し、現状の枠内での満足志向を持ち続けていることが示されている。

このような意識は短時間に形成されるものではない。少なくとも、戦前世代から戦後世代への生活スタイルの変化に見られる価値観の推移、団塊世代の自己主張とそれに続く団塊ジュニア世代、それに続く世代に反映されている時代的変化に見られる意識（経済、テクノロジーに密接につながる社会意識に表れる）を検討しなければならない。

その基本となることは、それぞれの世代に伝承されてきた生活展望の閉塞感であろう。つまり、戦前戦後における社会的な価値の変動とそれに続く世代の拡散した多様な生活スタイル、その成果が世代間で伝承されることなく、後の世代にモデルが提示されなかったこと、社会的な価値の多様化や個性の重視と言われるものの、それを実現できる社会的許容性がないこと（多くの若い世代にとって、現実には選択できるモデルが提示されていないのにもかかわらず、選択だけが迫られているのが現状）――共通の尺度となっているのは、ほぼ唯一といえる学校の成績とそれにつながる学校ブランド格差や職業格差がある――、さらに、社会的な相互連携の規範が生活のモデルとして推奨されないままに、個々人は「それぞれであれ」とだけが喧伝されている。したがって、モデルの選択も、生活の方針も決定することは促進されずに遅延する。それを正当化するには、積極的な行動決定、一定のモデルを受容することを避けるには、責任を問わない（問われない）、かつ、将来を積極的に考えず、選択を行わないことが得策となる。つまり、大きな変革を求めることで生じ得る挫折を回避し、現状の生活を肯定するままでの身近にできることへと視野が狭まっている。このような心理性が前述したような若者の意識として表れていると考えることができる。換言するならば、積極的な社会的連携を求めない、むしろ、つながりを切り離し、「個」でいることの居心地のよさが浸透していることが示されていると言える（図1－1）。

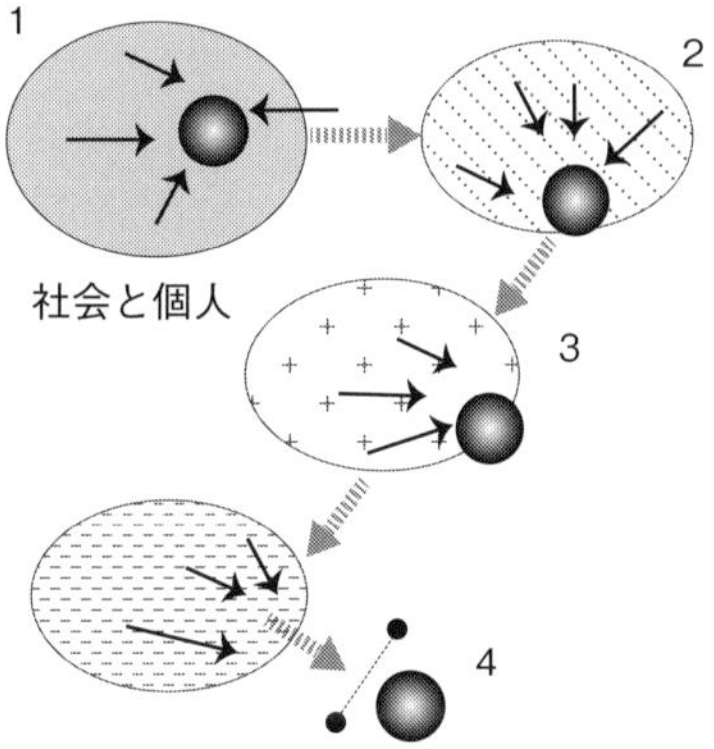

図1-1　個人の心理的な安定は社会への帰属、離脱によって左右される

　このように社会を自己の基盤として意識しない人々の増えてきたことは、これまで連綿として続いてきた歴史を持つ人間社会の崩壊を促すことになりかねない。すなわち、自分で作り出した自己の一部でしかない、一人称の他者（厳密には自分が投影された他者）はコミュニケーションの必要な他者ではなく、そこからは歴史につながる社会は生まれない。個人の認識できる範囲において、意味を持つ「small world」は急速に、より矮小化しつつある。それ故に、現実の他者との試行錯誤によって築かれる紐帯は脆弱なものとなり、このような個人個人のぶれを含んだ社会的共有の基盤は崩れてくる。この基盤崩壊は、努力なくして防ぐことはできない。われわれは個人間のぶれ、社会的な変動のあることを機に応じて意識しなければ、社会を維持することが難しいことを確認し、そして、補修しなければならない。

　ここで以下のことを確認しておきたい。社会は、個人の認識から表れるとともに、同じ空間、時間において「いる」相似形（何らかの共通性を持つと想定できるという意味）である他者と意識を交換することが可能と期待できる時間、空間の場を指す。これは、規模やその人的構成を規定せずともわれわれにとって認識の枠としての意味を持つ。こう捉えることから、個人を超えた共有概念として社会を扱えることができるであろう。換言するならば、コミュニケーションすることによって、互いに広義の情報を共有できると期待できる、人を含めた時空間を指すとも言える。

3　団塊の世代に由来する個人化の歴史が社会性に影響する

　三浦（2005）は、現代において、中流意識の変革、新たな階層化が生じていると述べている。団塊世代は、戦争経験によって自信を失った親世代の価値観の変化や同一性の模索の様子を見ながら、同時に人生の手本とすべきものがない中でなにかを得なければならないという焦燥感を強く持ちながら成長してきた。そして、この団塊世代は、新たな社会的な動きをその時期に応じて経験しながら戦後の復興時代から高度経済成長時代を過ごす中で今よりはもっとましな、ゆとりある、自分らしい生活を得たい、そのためにはもっと勉強して「いい」学校へ、もっと仕事をして上の地位を目指してきた。そして、もっと自分らしい生活をしたいとの上昇指向が強く、いわば、「ボーイズ（ガールズ）・ビー・アンビシャス」（大志を抱く）世代であったとも言える。

戦前に対する戦後の反動的な個人尊重の風潮はこの団塊世代の生き方に大きく影響している。しかし、個人尊重の意味が戦前の家父長制へのアンチ・テーゼとして解釈されたことの弊害として、自分のごく身近な世界へのこだわり、個人の生き方に互いにコメントすることを抑制し、プライベートな生活への干渉を極度に嫌う、一種の脱コミュニケーションを是認する価値観が一般化したことがその特徴として挙げられる。

団塊の世代は戦後の自由な空気の中で育ったこともあり、新しいことを次々と経験し、かつ、自由にものを言うことができたので、自分よりも上の世代に比べて自己主張的である。したがって、学校や職場においてその人数が多いことも加わり、他への影響も大きかった世代である。しかし、それも早や現役引退の時代となった。

このような時代背景を勘案するならば、三浦（2005）の言う下流社会の発想につながっていると言えよう。モノのない時代を出発点として経済成長実現を担ってきた団塊の世代は、いわば下流からより上の（目指せる程度の階層としての）中流を指向してきた。その結果、働き盛りであった1980年代から1990年代には多くは中流意識を持つにいたった。マイホームを持ち、無難に趣味を楽しみ、子ども（団塊ジュニア世代）のお稽古ごとや受験勉強にお金をかけてきた。しかし、団塊ジュニア世代は、小さな時から、合体ロボやバービー人形、リカちゃん人形と遊び、スーパー・マリオの登場によってテレビ・ゲームという新たな個人中心の遊び方に目覚め、集団で群れて遊ぶことはしなくなった。この傾向は、今や、一層過激となり、仮想された「画面」の中のキャラクターこそを、「現実」の人称として肯定することから、「ソト」の世界にいる「世間」の人々をこれに合わせて理解しようとする傾向すら見られる。倒置された現実こそが、当該者の現実になりつつあることも見られる。先に挙げた酒鬼薔薇聖斗《さかきばらせいと》事件、アニメのキャラクターのフィギュアへの嗜好、散発的に路上ライブを行うほぼアマチュアのアイドル（ライブ・アイドル、地下アイドル）のファン（この種のライブでは数人から数十人の規模で、むしろあまり参加者がいないことが当事者個人の高揚感につながる）、メイド・ファッションへの興味などにその例を見ることができる。

個性を大事にすることを標榜した学校教育の場面では、親である団塊の世代のようにはがむしゃらな強制を受けず、強力な人生モデルも提示されない。その一方では横並びで放課後は塾で勉強し、お定まりの受験を意識させられ、親世代以上の学歴を期待される。しかし、団塊の世代はと言えば、子どもの生活ぶりには関心はありながら、口を挟むのはそれまでの生き方からして自分らしくない、子どもは子どもなりの生き方であっていいと自分に言い聞かせて、子ども部屋にいる子どもには声をかけられない。そのような生活状況にあって、子どもは、自分の人生があまりに自由度の大きなものであることを持て余し、人生設計を描けない。基本的には役割としてのコミュニケーション儀式はあっても、明確に互いの考えを共有するには、基礎とする文化の違いは大き過ぎた。団塊の世代は、過去の価値の否定と新たな価値の生成や多様な選択肢を示すことが、個性実現の土壌と錯覚し、一方、団塊ジュニアは親世代の枠にはまらない言動にモデルを見つけ出しにくく、さらにその子ども世代への価値観の継承ができ難くなっている。

4　社会性の意味を科学するために

人が含まれる場をプロセスとして捉え、そこから得られるものがわれわれにとって現実的な意味あるものでなければならない（場については、第4章を参照）。さらに、個人と個人によって作られている集団や社会の構成を同時に考えることであり、日常的な出来事を如何に総合的に検討するかが「社会的になる」ことである。

個人は各々異なる歴史と環境を持っており、互いを理解することはそれぞれの異文化を理解することと言えよう。自分が多数者側にいるという意識はそうでない者を理解する心を損ないかねない。また、自分を理解してもらいたい、こう捉えて欲しいという自己呈示は、一方的な表現になってしまいやすい。人が複数いる（相互作用に直面しているとは限らない）場面においては、必ず、一方が自分を表出し、相手がこれを受け、その循環こそが心的な産物を生み、関係を、社会を構成する（この場を構成している個人だけから発するわけではなく、時間を経た場自体にも自己生成の効果はある）。

アイデンティティを持つことは自我の基盤を考えるためには重要なことである。しかし、それは、決して一様ではなく、階層性を持つものであり、個人（個性）から集団、そして、地域、社会へと拡がる連続体をなすものと捉えていいであろう。したがって、時には個性と社会的な帰属性とは拮抗することも少なくない。アイデンティティを人生のどの時期で求めるかによっては、他者との間に、あるいは、集団との間に境界線を引かざるを得ないことになろう。このアイデンティティを自分の来し方を前提とした歴史として一貫したものにしたいというのではなく、相対的、変化し得るものとの認識を持つことが自分と所属性の適応を促すものであろう。

一方、個人や集団に与えられる社会的カテゴリーは、能動的な働きかけをせずとも、得られるものであり、便利である。しかし、それでは、カテゴリーの境界的な領域にある者については、適切に表現されず、アイデンティティは充足され難い。自分が社会的にどのような意味を持ち、働きをなしているのかを知るためには、相手が自分について自分が期待している自己像を持っていると相手に認識される（あるいは、親密感をもたれると予想される）自分づくりは必要である。自己表現することによって当該の相手に向けた効果が生じるのみではなく、それはその他の者にまで波及する社会性を持つ。

われわれが生活する社会的な環境に含まれている要因は互いにかかわっている。したがって、少なくとも他者とのつながりで個人を考えることも、マクロに社会体制や文化についての検討も含めいかなるアプローチも研究的には可能である。ただし、研究することは、価値的に中立であることはなく、どのような人間観、社会価値を踏まえてのことであるのかは重要となる。そして、その成果は、歴史的に評価されなければならない。基本的には、視点の違いのあることは考慮しなければならないが、人間の幸福や健康が目指されるべきことである。さらに、研究の基本となることは、現実の生活の出来事に働く規則性を説明すること、その背景にある原理を探り、かつ、それを基にして、現在よりも適応的に行動する方法を人々に提供することである。そのためにはいくつものアプローチが考えられるが、目指される目標は心理的健康を高め、価値ある生活の創出、すなわち、他者との適応的な関係を築き、相互協調的な社会を築くことこそが、心がけられなければならないことである。そのためにも、個人を結ぶコミュニケーションの働きを今以上に活かすことの効用は大きい。

5　コミュニケーション状況は豊かなのか？

携帯通信機器の普及率の高さからすると、「誰か」とコミュニケーションするために通信機器を保有していることは当然であり、対人的なコミュニケーション志向性が増していると言えよう。その一方で、日常生活場面では、必ずしも対面のコミュニケーション状況は活発化していないきらいがある。自分を都合のいい環境にのみ囲い込み、なじみの人とのいつもの空間の中だけで自分を表現し合う自給自足的な様相を呈している。したがって、日常的な場面においては、急激な変化やストレスを受けがたい状況に身を置いているものの、社会的な広がりのできにくい特徴が見られる。すなわち、柳田（2005）が指摘するように、ケータイ、ネットの急激な発達と共に、生《なま》の人間と人間が向き合う機会が減少してゆくことによる危険性は大きい。ケータイもインターネット通信も、生の人間との接触ではないので、いわば、対人的な関係の実践的なトレーニングができないと言える。しかし、友達がいない孤独な若者に比べれば、ケータイを介していつでも話を聞いてもらえる相談相手がいるのは決して悪いことではなく、その効用はある。

ところで、人工的な機器から発せられる文字を待つ（相手からいつ発せられるかも定かではない）ことは、いかほどにわれわれの社会性を増してくれるのであろうか。むしろ、対人的な受身さと不信を助長するだけではなかろうか。このような人々の特徴を考え合わせるならば、間接的なツールを通じてのコミュニケーション行動を期待し、そのような行動スタイルを積極的に受け入れていることを読み取ることはできるものの、それは、必ずしも「他者」と分かり合えることを前提にしているのではない。あくまで、便利なツールを操作することで時間を消費していると見なすことができるのではなかろうか。

近年、テレビ等のマスコミに比べて年齢段階を問わず、飛躍的に携帯電話の普及率は上昇している。内閣府の令和2年度の『情報通信白書』によると、全体的には、テレビ視聴時間が最も長く、次いでネット利用、さらに大きく離されているもののラジオ、新聞と続いている。「インターネット利用」の平均利用時間及び行為者率は、全年代について、休日は減少したものの、平日は増加傾向にある。

「インターネット利用」の平均利用時間は、休日では20代を除く各年代で減少した一方、平日では、30代が2012年の調査開始から「テレビ（リアルタイム）視聴」を初めて上回るなど、40代を除く各年代で増加した。また、平日の「ラジオ聴取」の平均利用時間は、全年代では微減ではあるものの、10代及び20代の若年層、50代及び60代で増加している。

また、ソーシャル・ネットワーキング・サービス（SNS）利用については、10代及び20代の平均利用時間及び行為者率が突出して高く、全年代の行為者率は一貫して増加している。

迅速に「できごとや動きを知る」ために最も利用するメディアとしては、全ての年代では「インターネット」が最も高く、年代別では、10代から40代までにおいて「テレビ」を上回っている。一方で、「世の中のできごとや動きについて信頼できる情報を得る」ために最も利用するメディアとしては、全年代各年代で、「テレビ」が「インターネット」を上回っている。

なお、「信頼できる情報を得る」ために最も利用するメディアは新聞であり、「新聞」は年齢が高くなるにつれ割合が増加する傾向にある。

内閣府の同調査によると、高校生が一日の中でネットに「つながっている」時間は前年より31分延びて4時間8分――内閣府の「青少年のインターネット利用環境実態調査」で、インターネット依存が一段と高まっていることが明らかになった。調査では、高校生の99・1%が「インターネットを利用している」と回答し、91・9%がスマートフォンを利用していた。高校生で一日の中で3時間以上利用する人の割合は4・6%増の66・3%だった。

平日のインターネットの平均的な利用時間を学校種別にみると、「3時間以上」インターネットを使っている青少年は、小学生では33・6%だが、中学生では52・0%となり、高校生になると69・5%となる。高校生では、35・9%が「5時間以上」インターネットを利用している。平均時間でみても、小学生（146・4分）、中学生（199・7分）、高校生（267・4分）と学校種が上がるにしたがって長くなる。

インターネット上のトラブルや問題行動に関連する行為の経験を聞いた結果、「インターネットにのめりこんで勉強に集中できなかったり、睡眠不足になったりしたことがある」が18・8%で最も多く、次いで「迷惑メッセージやメールが送られてきたことがある」が17・6%、「自分が知らない人や、お店などからメッセージやメールが来たことがある」が14・7%、「インターネットで知り合った人とメッセージやメールなどのやりとりをしたことがある」が14・5％と続く。

なお、このような通信機器の多用傾向は、最近のことではなく、既に指摘されて久しいことでもある。米国のフォレスター・リサーチ社は２００５年12月、10代を中心とする若者が当時先端の通信機器を活用し、昔の若者よりも人と多く〝接続〟しており、「若者は〝コミュニケーション中毒〟である」（同社）との調査結果を示している。その調査は、12歳から21歳の北米のオンライン・ユーザー５０００人超を対象に実施したものである。その結果、インスタント・メッセージ（ＩＭ）の使用率は83％、携帯電話の所有率は75％超になっていた。特に年少者の利用率が高く、ＩＭ使用率は15歳で87％、携帯電話の所有率は12～14歳で約５割に達したのに対し、成人のＩＭ使用率は32％にとどまっていた。

インターネット利用時間は、若年層全体では週平均約11時間。12～17歳の層では「週に20時間以上」が約２割にのぼっている。ゲーム利用は男女差があり、ゲーム機所有率は、12～17歳の男子で88％、同世代の女子では63％であった。また、男子の55％は、テレビ視聴時間よりゲーム時間の方が長いという。

携帯電話保有数は、２人以上の世帯でも80％を超え、単身者を含む世帯では90％に達している。ほぼ頭打ちの様相さえ呈している。一人で複数台保有することも少なくない(1)。

このデータに見られるように、今やネットへのアクセス、ゲームは若者の生活の「一部」という域を超え、生活の中心となっている。程度差はあるが、日本でも同様の状況である。しかし、このような状況を評して先の記事にあるように、「コミュニケーション中毒」と表現するのではなく、コミュニケーションすることの意味づけの変質、あるいは、コミュニケーション・ツールの「ステージの変容」による現象とすべきであろう。これまで述べてきたように、基本的には、社会は個人の「仮想」世界となりつつあり、一人称のコミュニケーション状況が強まっている。加えて、柳田（2005）の述べているように、ケータイ、ネット依存は効率主義に支配された現代社会の最も象徴的な現象である。さらに、個人対個人を基調とする拡大するはずのコミュニケーションによるネットワークの伸張は決して情報の水準化や相互理解に結びつくものではないアクションも含まれている。それは、『電車男』の出版・映画化、『生協の白石さん』の出版に見られるように、単に話題性が個人的ニーズを越えるという個別事情の共有という現象に例を見ることができる（大坊 2006）。コミュニケーション環境は、常に変遷しつつある。コミュニケーション行為が増大する現象自体は、ツールや環境に内在される手掛かり性の多寡によるものでもある。この点を斟酌して、コミュニケーション行為に含まれる動機・意味を把握しなければならない。

ＳＮＳ依存とは、頻繁にＳＮＳへアクセスし、それが長時間に及ぶ、あるいは（及び）、オンラインゲーム等を長時間にわたってやり続けるなどして、自分でコントロールできず、その依存対象から離れると、不安を感じてしまい、日々の生活でこなすべきことへの関与が乏しくなり、支障をきたすまでになることを指す。

２０１７年全国の中高生を対象とした実態調査（厚生労働省研究班 2018）では、インターネット依存症が疑われる者の推計値は93万人（２０１２年の推計値52万人）と、5年で約2倍近くになっている（https://digital.asahi.com/articles/ASL8056BGL80ULBJ00F.html）。さらに、この依存傾向は、年長者にも増えつつある。総務省の通信利用動向調査によると、高齢者のインターネット利用は２０１０年から２０１５年において上昇。50代は86・6％だった利用率が91・4％へと増加している。同様に60代は64・6％が76・6％に、70代は39・2％だったものが53・5％へと増加傾向を示している。

また、高齢者がネットでショッピングする傾向も増加している。２００５年には3・8％であった高齢者世帯のネットショッピング利用率は、２０１５年には13・6％に増加している。

なお、50歳以上のＳＮＳ（ここでは、Facebook、Twitter、LINE、mixi、Instagram、skypeなど）の利用動向は、ここ3年間を比較しても急増している（表1－1）。しかも、その利用目的は、「従来からの知人とのコミュニケーション」目的が約9割であるように、特別の利用目的によるのではなく、日常的な会話のコミュニケーションの延長と位置づけされていることが分かる。

6　つながり（きずな）依存

ＳＮＳを多用する傾向は、若者から始まったものの、次第に年長者層にも拡大している。上述の総務省の通信利用動向調査結果にもあるように、利用意図は、日常的な会話指向と同様である。誰彼につながっていたい、希薄な結びつきであれ、認めてもらいたいというものである。他人に自分を認めてもらいたい、どのようなものであれ、つながりを持ちたいという欲求は特定の年代に限られることではない。

表1-1　50歳以上のSNS 利用状況　（%）

年代	2018年	2019年	2020年
50 ～ 59歳	59.8	70.4	75.8
60 ～ 69歳	33.6	51.7	60.6
70 ～ 79歳	23.6	40.7	47.5
80歳以上	16.9	42.3	46.7

〔総務省「令和元年、令和2年通信利用動向調査の結果」2019、2020〕

周りの人々がＳＮＳを利用するにつれ、直接対面での会話をする機会が失われ（会話し難くなり）、ひいては、ＳＮＳの利用が強いられているとも言えよう。したがって、携帯電話などの通信機器が手元にないと不安、頻繁にＳＮＳにアクセスしないと自分だけ取り残されるのではないかと心配になる。

それが、形式的なつながりであれ、「今の」一般的なコミュニケーション場となっている。江戸時代の髪結床、町内の井戸端などと同様である。それが、今や仮想空間での居場所なのである。機器の電源がオンでなければ、居場所は完全に閉ざされ、他者からは自分は存在しないと同じと捉えるであろう。社会的な承認欲求は失われることはなく、つながりの深さを求めたいものの、つながりの広がりを求めることで深められない関係を補おうとするかのようである。個々のＳＮＳ特性を理解し、その効用を吟味し、期待している双方向のコミュニケーションができているか否かを点検しなければならない。そして、用途を使い分けるリテラシーを身につけることも忘れてはならない。

まとめ

今後は、これまで以上に、コミュニケーションの基本機能にかかわる、記号化、解読を中心とする社会的スキルの会得、向上が必要になると考えられる（大坊 2005a）。基本としては、視覚は多様なチャネルを確認でき、それぞれへのメッセージの分配が行える。共有できる空間は、他者の存在感を得られる、相手を感じることのできる手掛かりであり、コミットメントを増すのに重要である。時間（連続的な相互作用が可能）は、相手との同時性を感じることができるものであり、強化、比較を可能にする。これらの視点を十分に認識した上で互いの共通項を増す、高質の関係を築く努力が必要である。

第2章　対人コミュニケーションの社会性

1　対人コミュニケーションの要因と過程

(1)　コミュニケーション・チャネルの概念と分類

メッセージは、身体、音声、事物や環境などのメディア（媒体）を介して、具体的なチャネルの行動として記号化され（発話、視線、対人距離など）、相手に伝えられ、そして解読されて意味を持つ。その際に、言語を用いるか否かに着目し、対人コミュニケーションを言語的コミュニケーション（verbal communication: ＶＣ）と非言語的コミュニケーション（nonverbal communication: ＮＶＣ）に分類することがある。これは、コミュニケーションとして伝統的に着目されることの多い言語を用いることに対して、言語以外のチャネルを一括し、二分した分類である。

前者は、その言葉や文章による意味が問題とされるもので、意図的で意識される程度が高い。後者は、視線、音声の形式的側面（発言と沈黙のタイミング、抑揚、大きさなどの近言語的特徴）、顔の表情、ジェスチャー・姿勢や動作、身体接触、対人距離や空間行動（座席の位置、なわばり）、外見（容貌、スタイルなど）、服飾や化粧、さらには匂いやインテリアなど多くのチャネルを含み、それに応じた多様な伝達特性がある。NVCは意識される程度は低く、好悪などの感情の伝達などに適しており、言葉の不足を補うなど、VCの代替としての意味が大きいとされている。

NVCについての研究は、1960年以降多くなってきているものの、その定義は多様である。それは、NVCのチャネルが多様であり、かつ、その持つ意味が多義的であること、さらに、VC、NVCが、元来重複する要素があることによる。加えて、コミュニケーション研究が含み持つ学際性によって生じるものも考えざる得ない。

例えば、ダンカン（Duncan 1969）では、動作的な行動の身体運動、近言語（paralanguage）、それにプロクセミックス（proxemics，近接学：対人距離、空間配置）、嗅覚、温度や接触への皮膚の感受性、そして人工物の使用というカテゴリーがある。その後、ハーパーら（Harper et al. 1978）の、『非言語コミュニケーション』（*Nonverbal communication*）では、衣服などの人工物については言及していない。このことは、非言語的コミュニケーションの定義は多様であるという一例である。実際には、世間常識的には非言語的コミュニケーションという概念は広く使用されている。また、非言語的コミュニケーションは言語的コミュニケーションよりも態度や感情表現を表す効果が大きいことは、言及されている。

言語的コミュニケーションと非言語的コミュニケーションを区別することは多いものの、多くのコミュニケーション・チャネルを非言語コミュニケーションと一括することは包括的に過ぎる。パターソン（Patterson 1983）によって指摘されたように、機能面への視点は必要である（本章3の（4）参照）。

マッケイ（MaCkay 1972）は、意図性に着目し、意図的に認知される表現か否かを問題にしている。加えて、受け手によって解釈される場合には、それが意図的に解釈されるのか否かを組み合わせて捉えようとしている。

メディア	チャネル
音声	発話 音声特徴 発話切断発声 声質 顔：目 顔：口 手
身体	頭 腕・脚 胴 体型
事物	手旗信号 衣服 化粧
環境	時間 空間 物理的特徴

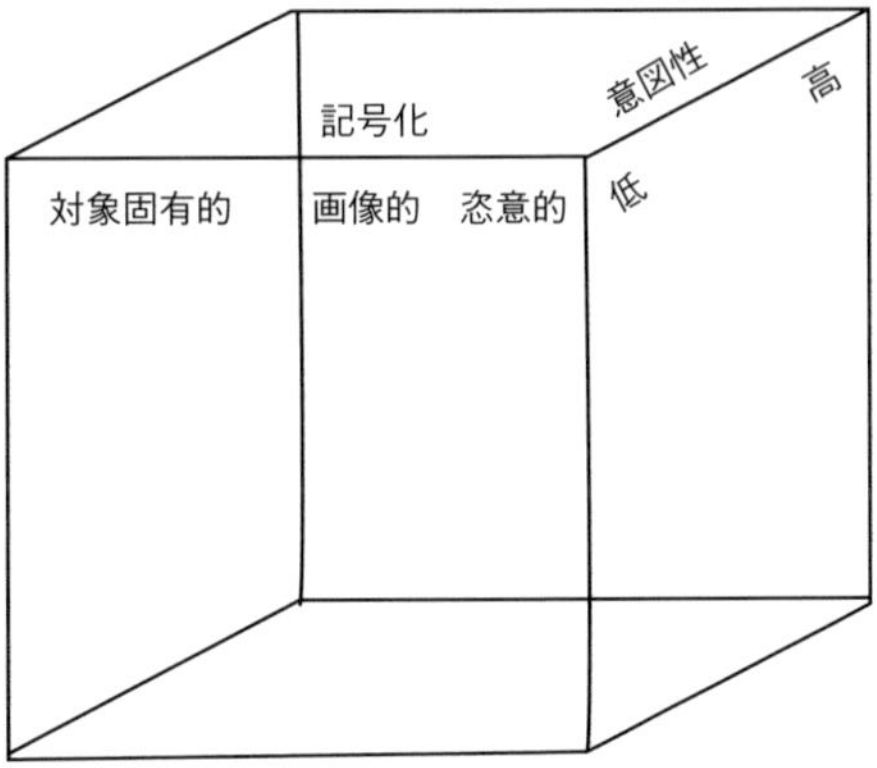

図2-1　言語、非言語行動の分類のモデル　〔Knapp 1978, p.11〕

また、エクマンとフリーセン（Ekman & Friesen 1969）は、記号化のタイプを指示対象（refelent; 当該のコミュニケーションによって指し示す対象）との距離の程度を3段階（①対象固有的〈intrinsic〉：記号と記号による指示対象との距離が最も短く、極端な場合には記号そのものが指示対象自体である、②画像的〈iconic〉：指示対象のある側面をそのまま生かすものであり、③恣意的〈arbitrary〉：記号と指示対象とは近似した形をなしてはいない）に分けようと試みている。記号が元のメッセージとどれだけ距離があるのかに注目している。

大坊（1998）は、対面場面でのコミュニケーションを取り上げ、音声チャネルを用いるか否かに着目し、分岐的な分類を行っている。音声を伴うチャネルとしては、言語的チャネル（発言の内容、意味）と近言語的チャネル（発言の形式的属性：音響学的特徴：音声の高さ、速度など、発言の時系列的パターン：間のおき方、アクセントなど）である。音声を伴わない非音声的チャネルには、①身体動作（視線、ジェスチャー、姿勢、手話、身体接触、顔面表情など）、②プロクセミックス（空間の行動：対人距離、着席行動など）、③人工物（事物）の使用（化粧、装身具、被服、道路標識など）、④物理的環境（家具、壁紙、照明、温度など）が挙げられている。なお、言語的チャネルによるコミュニケーションが言語的コミュニケーション、近言語的チャネルと非音声的チャネルによるコミュニケーションは非言語的コミュニケーションに対応する。

なお、デザイン化された記号として、急速に一般化されて用いられるようになった、絵文字とも言えるアイコンは、非音声的チャネルに位置づけられるものの、〝象形文字〟に極めて近縁関係にあるとも言える。

図2－1は、ナップ（Knapp 1978）が、エクマンとフリーセン（Ekman & Friesen）の記号化のタイプとそのメッセージの持つ意図性とチャネルとを組み合わせて、3次元的に分類したものである。コミュニケーション・チャネルによる言語的－非言語的という分類だけではなく、発信者の行う記号化（encode）の方法、その意図に基づいた視点が必要であることを示している。

なお、ナップが指摘したように、非言語的コミュニケーションと言語的コミュニケーションは身体に由来する感覚・運動器官の延長と捉えるならば、言語・非言語的チャネルを離散的なものではなく、連続体として扱う必要があると言える（第3章参照）。

（2） 記号化と解読

対人関係の過程として捉えるには、記号化のみならず、そのメッセージを受け取る者（受け手）が当該のコミュニケーション行動をどう解釈する（解読、decode）のかにも目を向けなければならない。

記号化には個人差が大きい。表現の仕方だけでなく、その能力、そして記号化のレパートリーを考える必要がある。これには発達的な視点も必要になる。そして、解読に関しては認知とスキルである感受性の問題がある。ローゼンタールら（Rosenthal et al. 1979）は、〝*Profile of Nonverbal Sensitivity*〟（ＰＯＮＳテスト）という非言語コミュニケーション力の感受性テストを開発している。このテストは、様々な対人行動を演じているシーンを解読者に呈示して、演じられている行動が伝えている情報を判定させ、その正確さを測定する手段である。呈示されるシーンは、映像のみ（顔面部、首以下の胴体部、あるいは両者）、音のみ（音声フィルターを通して、音響学的な特徴を変化させたもの、及びオリジナルの音声ではあるが、発話内容を不明とさせるため、断片化させたもの）、そして両方同時呈示の場合がある。実施方法は、容易ではないものの、コミュニケーション行動レパートリー、コミュニケーション能力と感受性とがどういう関係にあるか、記号化と解読との関連について捉えることができる。なお、このテストは、コミュニケーションの記号化、解読の実験を行うほどの手順を要するものであり、実施は容易ではない。

これに対して、非言語行動についての知識を問う質問紙法が開発された。コミュニケーション行動を解読する際には、持っている知識によって、解読の個人差に影響するとの考えに基づくものである。それは、ロシップとホール（Rosip & Hall 2004）では、四つの実験が実施され、そのメタ分析が行われた結果、81項目からなる非言語的手掛かり知識テスト（Test of Nonverbal Cue Knowledge: ＴＯＮＣＫ）である。つまり、非言語的手掛かりについての知識の量が、解読スキルの個人差に影響を与えると考えたものであり、実施は簡便である。男性よりも女性の得点が高いこと、また、一般的な知能とは異なるものであると指摘されている。しかし、項目数が多いこと、項目によってはその状況の捉え方によって複数の正解が考えられるものもある。また、文化圏によって期待される行動が異なることも考えられる。河野と篠田（2008）は、この日本語版の開発を行っている。ロシップとホール（Rosip & Hall 2004）にならった方法で項目を構成し、さらに項目のＧＰ分析を行った結果、49項目のテストを提唱している（日本版ＴＯＮＫ49）。

さらに、小川らは日本での一般化を目指し、かつ、より簡便な方法を検討しいている（小川・松尾 2014; 小川ら 2019）。数次の分析を経た結果、最終的には13項目の日本人用ＴＯＮＣＫ-Ⅱを作成している。いずれのテストも、男性よりも女性の得点が高いことが示されている（ただし、河野と篠田では、短縮版ＴＯＮＣＫを用いた際には、教師では性差は示されていない）。また、小川ら（2019）は、教育程度が高いと、この非言語的コミュニケーションの知識量が多いことも示している。学齢が高いと対人関係のネットワークが広く、友人数も多いことから、多様なコミュニケーション経験を有するので、知識の蓄積が豊かになるのではないかと考察している。

これらの研究結果は、対人関係の経験や文化によってコミュニケーションについての知識が形成され、その知識によって、対人場面にて非言語コミュニケーションを解読され、さらに、表出にも影響することを示している。さらには、文化（男女差、世代等の下位文化を含め）による影響を受けやすいことをも示している。したがって、文化を比較することには十分に有用であるものの、個人の持つ知識を比較するには、これらの媒介要因を十分に考慮しなければならないことが大きな課題であろう。

（3） 質問紙によるコミュニケーションの表出性を測る：ＡＣＴ

フリードマンら（Friedman et al. 1980）は非言語的表出性（Nonverbal expressiveness）を測定する目的で、自記式の質問紙検査（Affective Communication Test; ＡＣＴ）を作成している。ＡＣＴで測定される非言語的表出性は顕示性、社会的外向性、優位性（dominance）、親和性、自尊心とは正の相関、また内的統制（*internal locus of control*）や神経症的傾向とは負の相関を示し、パーソナリティの安定性、社会的な積極性が関与している概念でもある。さらに、情動の送信能力とも正の相関関係も認められているが、男女差はほとんど認められていない。

大坊（1991）の日本語版ＡＣＴは、男女ともその平均値はほぼ60点で男女差はなく、概ね正規分布を示している。アメリカの結果（平均点男性、69・1、女性72・8）と比べると男女とも低い得点である。ＭＰＩ（モーズレィ性格検査）の社会的外向性、押見ら（1986）の対人不安（負の）、堀毛（1987）の社会的スキル、遠藤ら（1981）の自尊心、エドワーズ（Edwards）のＥＰＰＳの親和欲求、支配欲求、中村・斎藤（1985）の対人的志向性（ＩＯ）、テイラー（Taylor 1953）のＭＡＳ（負の）、ＥｐｐＳの求護欲求、そして自律欲求の順で高い相関関係を示していた。分布型、男女差についても安定性があり、一定の信頼性も備えている。なお、低ACT者に比べて高ACT者は、対人関係の種類を判断する正確さが有意に高く、また、その判断の際に、多くの非言語チャネルを手掛かりとして用いていることも示されている（大坊ら 2010）。このように、非言語的な表出性のみならず、解読能力とも正の関係を示しており、有用である。

（4） NVC行動の解読

具体的な非言語行動の解読を研究するものとしては、エクスライン（Exline 1971）の先駆的研究では、相手からの視線量、発言量の程度がどう感情的に認知されるのかについて、質問紙調査を通して検討している。それによると、認知された緊張度は視線量については中程度（50%＞100%＞0%）、発言については、相手の発言＞自分の発言（相手が聴取）＞沈黙の関係が得られ、自分が発言している時に相手からの視線のない状態が最も不快と見なされていた。また、年長者に対して最も緊張し、異性に対してはより快と見なしていた。

なお、大坊（1988）は、二者間のコミュニケーション事態をどのように認知しているのかを実際のコミュニケーション場面を考慮して検討している。それによると、同性、異性、相手との親密度、話題、コミュニケーション・チャネルによって、緊張度、快・不快度、好意度が左右されることを示している。同性、異性の場合であれ、緊張度は両話者とも沈黙している際に最大であり、次いで、自分の発言時、相手の発言時、共に発言している場合の順であった。沈黙の持つ否定的な効果は大きく、また、沈黙は不快で、嫌悪されるものであることが明らかであった。

さらに、相手からの視線がない場面は、発言の有無に関係なく緊張し、不快であると認知され、二者が共に沈黙している場面は相手からの視線の有無に関わらず緊張感、不快感が大きいと見なされることを示している。

人は、自分のメッセージを相手に伝えながら、自分のメッセージが相手にどう受け取られるのかを予想している。同時に、相手は、自分が受け取ったメッセージを解読して、それに応じて返信している。すなわち、互いに、行為者であると同時に観察者としても行動している。コミュニケーション行動の解読に際しても、発信者が込めたメッセージの意味と観察者が解読した意味を照合することは大事である。

ベルニアーリら（Bernieri et al. 1996）は、社会的文脈にかかわらず、会話者の表出行動が活発であれば、そのコミュニケーションがうまくいっていると観察者が判断する現象があることが見出されている（これを「表出性ハロー（expressivity halo）効果」という）。この現象については、木村ら（2005）、木村ら（2010）でも確認されている。

会話の当事者は利用可能な情報が多く、詳細な情報処理を行うため「表出性」の影響を受けにくいが、観察者は利用可能な情報が少なく、大まかな情報処理を行うため、顕在性の高い「表出性」の影響を受けやすいものと考えられる。

さらに、小川（2003）は、発話量の均衡がもたらす影響について、会話者と会話の観察者の立場からの検討をしている。その結果、会話者の場合、応答量や質問量が均衡していると、相手に対して親しみを感じるが、観察者の場合には、このような関係が見られないとしている。

一方、小川（2011）は、会話者の場合には会話への関与度が観察者よりも高く、相手との関係性についても強く意識し、相手の行動への注目度も高く、記憶できる可能性も高いとしている。一方、自分自身では自分を客観的に捉えがたく、むしろ相手の行動に着目しがちとなり、その特徴をよく認知しがちとなる。これに対して、観察者は、より客観的に会話全体の多様な側面に注目できるとしている。

さらに、表出性ハロー効果のメカニズムにも通じることではあるが、コミュニケーションの活発さについての一般的知識に基づいたヒューリスティックな認知判断を行いやすいと考えることができる。

横山・大坊（2012）は、二人の会話場面でのコミュニケーション特徴がどのように説得的と認知されるのかを検討している。それによると、以下のことが示されている。非言語的特徴としては、会話の初期にはアダプターが少ない（言葉を重視し、あまり緊張していないことを示す）、ゆっくり話す（落ち着き、ゆとりを示す）、視線を長く向ける（割合も大きい、相手へ注意を向けていることを示す）、さらに、女性では笑顔は少ない（真剣さを示す、なお男性は元々乏しい）、男性ではジェスチャーが多い（喩える、言葉を強調する）。

言語的特徴としては、連帯性を示す発話をする（相手に好意的な印象を与える）、説得の論拠となる意見を述べるだけにとどまらず、うなずきを多く行いながら、相手の意見を尋ねる。相手を尊重していることを示しながら方向づける示唆を与える発話や示唆や方向づけを求めるといった相手への質問である発話を多く行うことが示されている。

（5）対人関係の解読と手掛かりとしての非言語チャネル

様々な種類の対人関係にある人々の実際のコミュニケーション場面を基にして、非言語コミュニケーションのチャネルについての解読研究がある（大坊・横山・磯・谷口 2010; Nixon & Bull 2005; Nixon 2009など）。

大坊ら（2010）は当該の人物の対人関係を問う方法によって、非言語行動を検討している。大学キャンパス、街頭、職場、一般家庭で当事者の許可を得て撮影された映像（1関係シーン約5分程度の約50種類の素材のうち、各関係シーンのクリップ（20秒）計24シーンを提示し、以下の対人関係の種類の判定を求め、また、その判断の手掛かりとなったチャネルの選択を求めた（複数選択可）。関係の種類は、①血縁関係（きょうだい、親子）3、②友人・同輩10、③恋人・夫婦6、④上下関係（上司部下・先輩後輩）4、⑤初対面1種類であった。

その結果によると、④上下関係が最も解読度が高く（52・8%）、次いで、③恋人・夫婦（45・1%）、②友人・同輩（41・4%）、①血縁関係（28・9%）の順となり、⑤初対面（1種類のみ）が最低（22・7%）であった。上

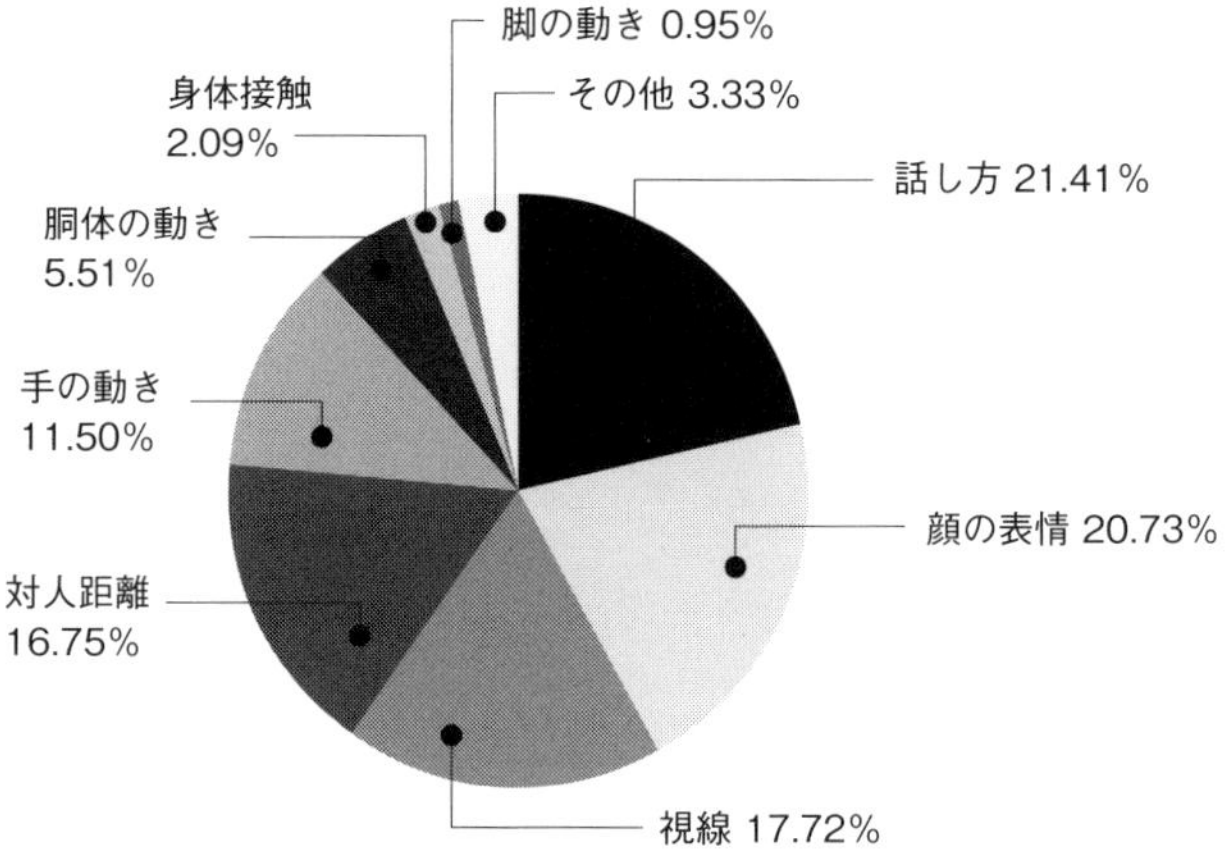

図2-2　対人関係を解読する手掛かりとして用いられたコミュニケーション・チャネルの比較

下関係では上司（先輩）が自由な手の動作があるのに対して、部下（後輩）は、動きのない一定の姿勢であること、親密な関係では、短い対人距離、身体接触が特徴的な手掛かりになったと考えられる姉妹（兄弟）はその親密さが友人との混同を招いていた。初対面の場合には、相手に慣れていないぎこちなさが予想されたが、慣れていない故に、親和的なメッセージをこめた笑顔、視線を向けることも少なからず見られ、それが他の種類の関係と混同される傾向があった。

選んだ関係の手掛かりとした非言語手掛かりは、1シーン平均に用いた手掛かり数の個人差があり、選択手掛かり数は、1・9から5・9種類であった。図2－2にあるように、話し方、顔の表情、視線、対人距離、手の動き（ジェスチャー）が多く使用されていた。脚・胴体動作は少なかった。

なお、ニクソンとブル（Nixon & Bull 2005）、ニクソン、（Nixon 2009）は、二者間の様々なコミュニケーション・シーンを提示して、その対人関係の種類を問うということで日英の比較研究を行っている。その結果によると、日英ともに他国人についてよりも自国の人々の関係について正確に認知できる、英国人は、英国人び日本人の社会的地位の関係について正確に認知できている。また、日本人は、日本人及び英国人同士の関係の親密さ

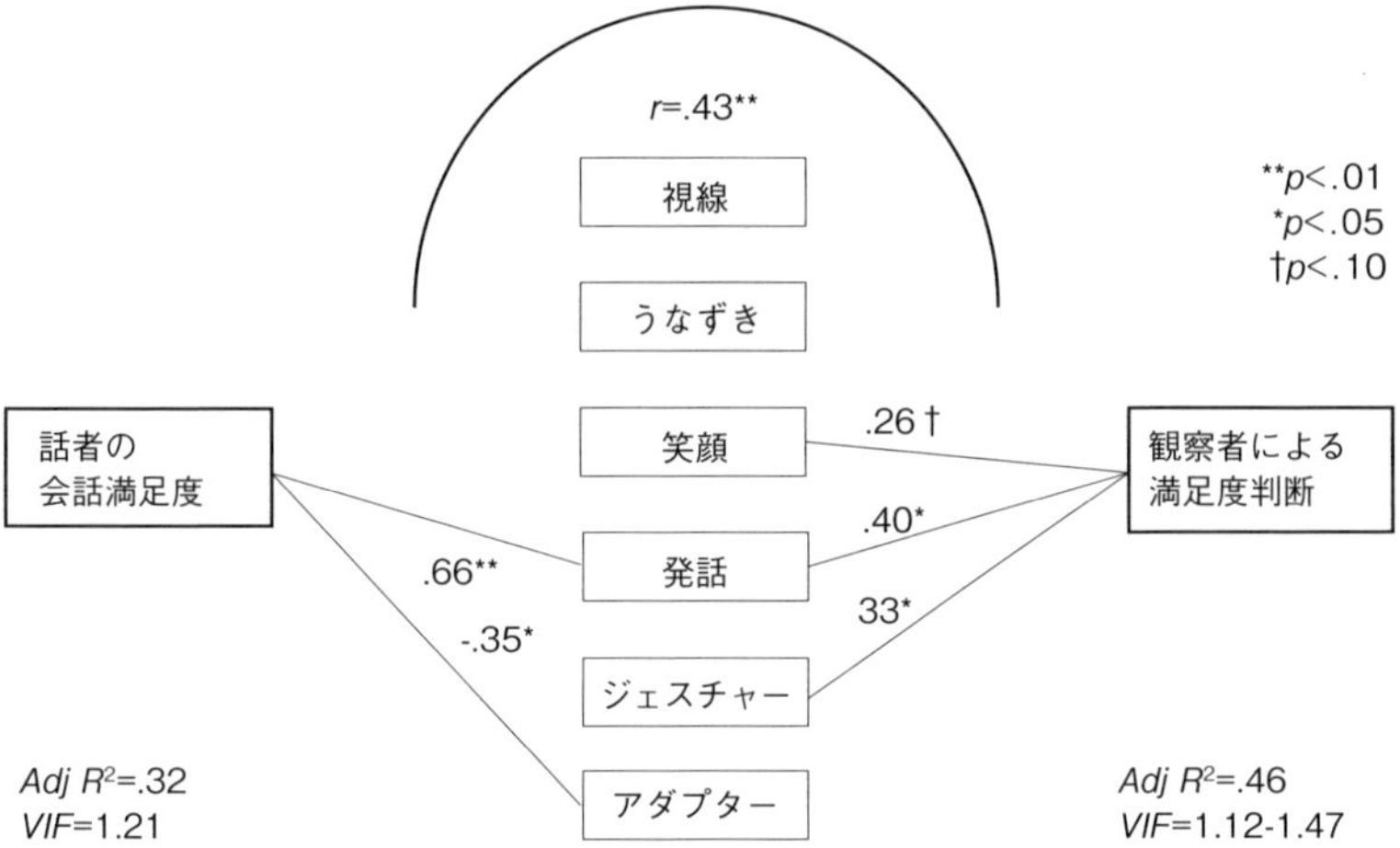

図2-3　話者と観察者では、重視するコミュニケーション・チャネルは異なる
〔木村・大坊・余語 2010〕

を正確に認知できる。さらに、自国人と他国人とでは、判断する際のスキルが異なる可能性があることも指摘している。この点については、非言語的なコミュニケーションの解読トレーニングによって十分に向上できると述べている。

(6) コミュニケーション者と観察（認知）者の視点

ベルニアーリら（Bernieri et al. 1996）が提唱した表出性ハロー効果は、コミュニケーション当事者自身の自己認知とその行動を観察する者の他者認知との関係を記号化と解読の視点で考察するきっかけとなっている（図2－3）。

木村・大坊・余語（2010）は、未知の男女各々同性の大学生二者の会話場面を設定し、その会話行動と会話満足度との関係を検討している。そして、話者の行動と満足度、話者の行動と観察者（話者とは面識のない）による満足度評定との関係を検討している。

結果を重回帰分析（ステップワイズ法による）で分析したところ、話者の会話満足度に対して、発話から有意な正の影響を持つパスが、アダプターからは有意な負の影響を持つパスがそれぞれ得られた。発話が多く、アダプターが少ないほど、話者の会話に対する満足感が高かった。一方、観察者による会話満足度判断に対して、発話とジェスチャーから有意な正の影響を持つパスが、笑顔からは有意傾向ではあるものの正の影響を持つパスがそれぞれ得られた。観察者は、発話やジェスチャー、笑顔を手掛かりにしており、それらが多いときほど話者の会話に対する満足感が高いと判断していたことが示された[1]。

コミュニケーションを行う当事者と観察者にも認知の非対称性がみられる。この背景にあるメカニズムについて、木村（2015）は、行為者と観察者はコミュニケーションを認知する際に利用可能な情報が異なる。行為者はコミュニケーション中の感情や身体感覚などの内的状態や、過去の経験や知識を利用できる。一方、観察者は自分の経験を踏まえ、外部から観察可能な情報に注目し、特に顕現性の高い情報から強い影響を受けてしまう。また、行為者は自らのコミュニケーションへの関与が高く、正確に情報処理しようとする一方で、観察者は関与が低いので、自分の持つ知識によって簡便に情報処理しようとする。それ故に、観察者は観察可能な顕現性の高い情報に頼るため、活発なコミュニケーションほどうまくいっていると認知する。行為者は、様々な情報を利用できるので、常識的な意味での活発さに影響されない認知を行うことができると述べている。

2　伝達過程のモデル

コミュニケーション過程の捉え方としては、シャノン（Shannon）流の通信工学的な視点に立脚する、メッセージの送受信の単位分けを行うモデルが多々ある。対人コミュニケーションとは、メッセージの送受信ができるとともに、相互のメッセージは連続的に交換されるものである。したがって、個体や状況要因との交互作用を扱うダイナミックな見方が必要である。

図２－４は、竹内（1973）の社会的コミュニケーションのプロセス・モデルである。これは、集団及び社会レ

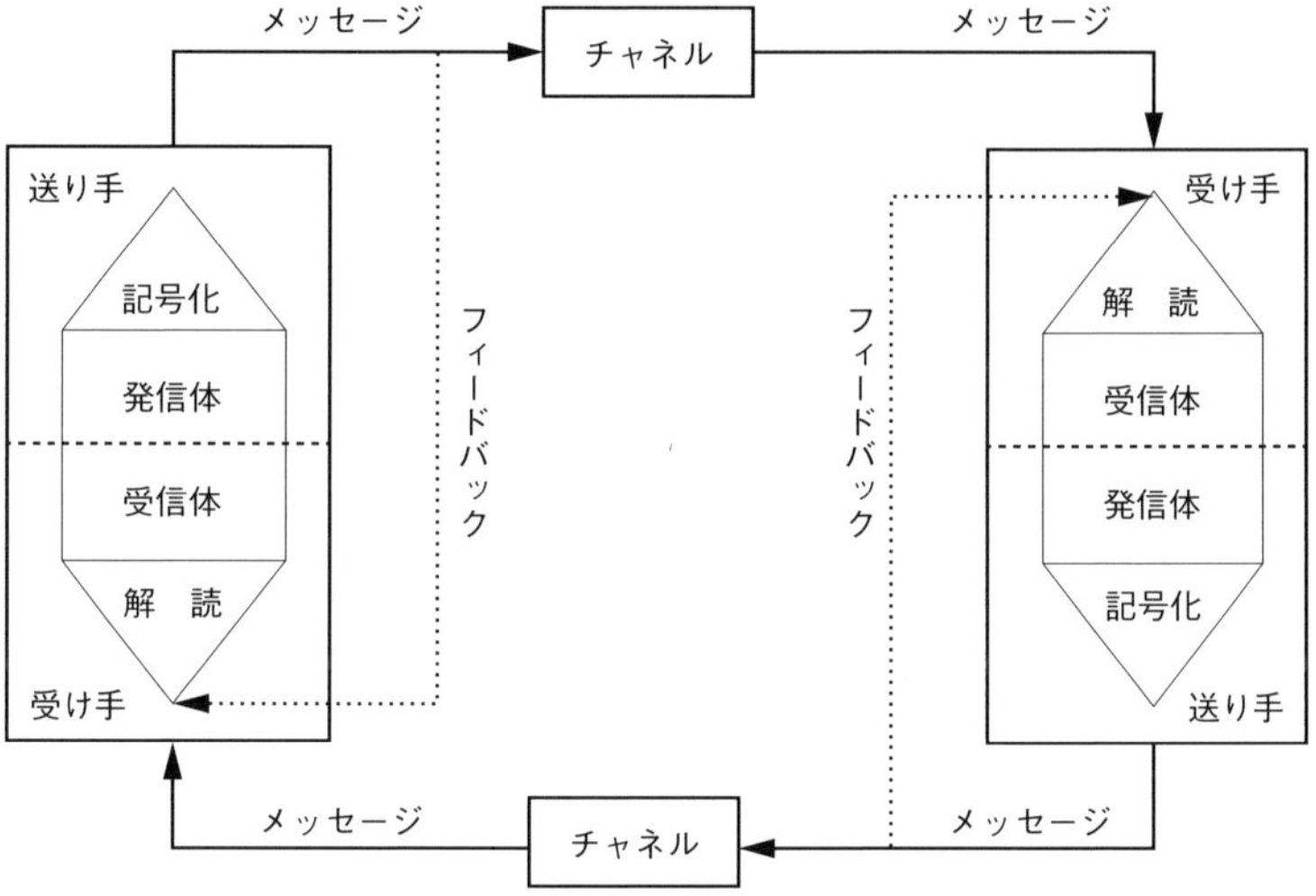

図2-4　竹内の社会的コミュニケーションのプロセス・モデル　〔竹内 1973〕

ベルでのプロセスをも想定した考えである。その特徴としては、シャノン流のものに比べて、自己フィードバック（Self-regulation）の概念が含まれている。それから、モデル図では閉じた回路になっているが、著者の説明によると、開かれた回路であるとされている。すなわち、個人は入力、出力の両方の働きを持っている。相手からのメッセージが入力されるだけではなく、環境からの様々な刺激が入力される過程を含んでおり、このことは、出力についても同様である。さらに個人間のみでなく、集合体における情報処理を含んでいる。

このモデルは簡潔で明解であるものの、対人コミュニケーションの視点からすると、個体の内容要因として認知的側面（これは解読の問題と密接につながっている）、あるいは、感受性の問題、その側面と受け手、送り手、その橋渡しであり統合する部分はどのようなものであるかが課題となった。

送り手はメッセージを、あるチャネルを介して相手に伝える。人は多様なチャネルを持っているが、そのうちどのチャネルを選択するのか、チャネルの選択過程を考慮しなければならない。メッセージを伝えるチャネル間の関係を比較することが必要となる。

さらに、対人関係を展開するコミュニケーションは、当該の関係は何を目的とするのかによって、大きく様相を異にするものでもある。

クック（Cook 1979）がアーガイルとケンドン（Argyle & Kendon）の社会的スキルモデル（Social skill model）を拡張して作成したモデルを示している。これは個人のルールに基づいて、目的に合わせた翻訳（記号化）を介して相手に反応する、記号化する（コミュニケーション行動）。その記号化の段階で、特定のチャネルを選択することになる。

なお、同一内容のメッセージを誰もが同じチャネルで伝えるわけではない。さらに、コミュニケーションのチャネル間の関係も必ずしも十分には明らかになっていない。例えば、メーラビアン（Mehrabian 1968）は、想定した対人場面では、視線が重視されるとしているが、その状況や関係の意図によって変化することは自明である。

ただし、非言語的コミュニケーションの中で、他に比べて、音声と身体接触以外のチャネルの行動は、視線を介して認知されることからすれば、視線の重要性は否定できない。

非言語的コミュニケーションのチャネルの間に相補的関係を述べたアーガイルらの「親密性平衡モデル（intimacy equilibrium model）」は、示唆に富む（Argyle & Cook 1976など）。相手との関係に備わっている親密さを損なわないように一定の水準に保つためには、非言語的コミュニケーションのチャネル間で相補的な関係が生じるとするものである。例えば、相手との距離が大きい場合に、微笑を増す、あるいは視線を多く向けるというものである（第5章参照）。

ただし、このモデルには、言語的コミュニケーションが含められていないが、これを考慮に含めるならば、より一般性のあるコミュニケーション・システムとして、このモデルを拡張することができる（Daibo 1982の発言、視線を含めた不安の〝discrepancy活性化モデル〟44頁参照）。

言語的－非言語的コミュニケーションのチャネルの関係を考える際には、他の多くの変数との関連で捉えなければ、場合によっては当該の関係が相殺されて明らかにならないこともあろう。そこで、コミュニケーションの作用を明らかにするには、マルチ・チャネルとしてのアプローチが必要になってくる。

例えば顔しかチャネルとして使えない状況では、伝えたい感情は、顔面表情に強調されて込められがちとなる。他にも使用できるチャネルがあるならば、そのチャネル間で当該の感情が表出される配分がなされる。したがって、測定、データ処理の技術に依存することではあるが、可能な限り、複合的、同時的にコミュニケーション・チャネルを扱わなければならない。

さらに、各チャネルの機能の検討の課題がある。例えば視線の機能として中心的なものは、情報収集であろうが、相手への関心、好意、嫌悪などの感情といった対人的態度の表出、さらに、発話をコントロールする、調整する役割もある（Argyle 1975）。当該の対人関係や状況において、そのチャネルが果たす機能のうちのいずれかが主に表出される機能としても、その他の機能は、他の非言語的チャネルでどのように代替えされるのかを検討するのかという研究もあっていいのではないかと思われる（チャネル機能の代替可能性）。さらに、メラビアン（Mehrabian 1968）は、言語的コミュニケーションと非言語的コミュニケーションとの矛盾が起こった場合には、一般に人は非言語的コミュニケーションに信をおく傾向があると述べている。それは、言語的コミュニケーションに比べて、非言語的コミュニケーションは場面にかかわらず、自動的に、常に発動されていること（Patterson 2011）、意図的操作が働きがたいことによると考えられる。この問題については、対面・非対面場面のコミュニケーションの比較や説得や欺瞞のコミュニケーションの研究に多くの示唆が期待できる。

3　コミュニケーションの階層性

（1）　媒介されるメッセージと対人関係

対人関係は、自他の存在を共有して他とは識別的な単位を築くことである。それは、無媒介に形成されるのであろうか。人は自分の感情や考えを何らかの方法によって他者に伝え、また、その相手からの反応を解読し、自分の意図と照合させ、対人関係を運営しようとする。メッセージは決して直接伝達されるものではなく、特定の個人の暗黙の規則、そして下位文化や上位の文化に由来する規範に基づいて共通性のある信号によって行われる。しかも、その信号自体は他者との相互作用を通して具体的に形成され、変容される性質を持っており、伝えられる意味も単一とは限らない。相対的で意味の境界に重なりを持ち、変動するものであるがために、信号は対人関係を含む社会的脈絡と関連させて繰り返し比較され、意味の照合を要するものである。

社会的な行動をその動機面から把えるならば、自分の経験を優先し、そのコストを最大限に見積もることが人間の基本的な性質と言えるであろう。さらに、人間の行動は常に変化し、自分の置かれている環境に影響され、適応していこうとする。低次の反射的な行動以外には、他者指向の機能が含まれていると言える。社会的促進、社会的手抜きの現象、ローゼンタール（Rosenthal 1966）らの実験者効果の例などに端的に表れているように、他者の存在自体がわれわれの行動に影響を及ぼすものであると考えざるをえない（後述するシンクロニー傾向もこの例と言える）。個人が含まれる「社会」自体が自律的な全体性を持ち、個別に作用する要素には分解できないとする予定調和的な、運命として表現する構造的視点もあるが、行動主体からすると、このような全体性を俯瞰することには限界があろう。

他者との関係において、自分との違いを前提としたところから、緊張が発生し、行動することを促す。そして両者の理解が一致する行動が展開され、安定した状態を築こうとする。この基本方針の下に、なんらかの媒介的な手段（チャネル）を用いてメッセージの交換を行う必要が生じてくる。このような過程を通じて形成された両話者の保有する情報量、表出された関心や影響力の対比を対人関係と表現していいであろう。

(2) 伝達の階層性

対人関係で媒介されるメッセージの伝達性に着目して、エクマンとフリーセン（Ekman & Friesen 1969）は、個人にのみ意味を持つ（idiosyncratic meaning）非言語的行動と他者と共有できる意味を持つ（shared meaning）非言語的行動とに分けている。前者は、同種の環境や刺激条件において生じるものであり、後者は個人を越えて成立する一般的な意味を持つ行動である。さらに、記号化と解読の過程における特徴を考え合わせて、3種類の行動を区別している。第一は、特定の一人にとどまらず、複数者によって類似の解釈がなされる行動で、これを「情報的な（informative）」非言語的行動と名づけている。解読の一般性があるというものであるが、その行為が意図的に記号化されることを必ずしも意味するものでもなく、送り手についての正確な情報を伝えるものとも限らない。第二は、「伝達的な（communicative）」非言語的行動である。送り手が意図的に受け手に特定のメッセージを送達する行為である。解読上の意味を共有する情報的行動は意図的な記号化によるものではないので、その多くは伝達的ではない。伝達的な行動は記号化の意図を問題にするものであり、解読上の意味を共有することを前提としない。第三は、「相互作用的な（interactive）」非言語的行動である。これは、相手の行動に影響を及ぼそうとしてとられる行動である。相互作用事態において、両者が互いにこの行動を取るならば、送り手の行動を解読する受け手は相手と同様な仕方で反応するので、情報的で、かつ相互作用的である。行動の影響が一方のみに働くのであれば、その行動は特殊で相互作用的なものと言える。このような区別をすることによって、交換されるメッセージの意味を記号化と解読、意図性の点で整理し、相互作用の脈絡に応じて考えていくことができる。

この見解には、コミュニケーションを要素・連鎖的に捉える視点と要素に分割しない構造的視点が含まれていると見なすこともできよう。

すなわち、メッセージを搬送する要素が連鎖するという視点からすれば、メッセージは先ず個人に固有な意味を持ち、それを表すコミュニケーション行動が特定のメディア、チャネルを介して伝えられるので、いくつもの段階で意味の拡散が生じやすく、情報として組織化されがたい水準にとどまりやすい。したがって、相互作用でとられる行動は多大なエネルギーを要する困難なものとなる。

一方、構造的な視点に立つと、コミュニケーションが成立する場は要素として分離できない全体性を持つものであり、意味の共有は前提となり、記号化と解読は不可分の相互作用的行動となる。こう考えるならば、コミュニケーション送受信者を分離せず、「場」のなかで行われるダイナミズムを一種のエネルギーの偏在、流れとして捉えることになる。現象としてのコミュニケーションでは説明し難い、察知、以心伝心的な了解などは、このような場という関係とメッセージの蓄積によるエネルギーの偏在による特異的な過程として考えることもできよう。

(3) メッセージを伝達する「身体」

他者に対する何らかの意図・メッセージは、音声や身体などのメディアを通して特定のチャネル――発言、視線、手足の動作など――に表される。与えられる意味の如何を問わず、文化を超えてコミュニケーション・チャネルとして用いられる（コミュニケーションにおける身体の役割、意味についての詳細は、第3章にて述べる）。身体自体、コミュニケーションを送受信する共鳴装置とも言えよう。しかし、チャネルに応じた伝達特性の違いは否定できないが、同一のメッセージを同じチャネルで伝えるという普遍性は高くない。しかも、使用媒体は場面依存であり、意図を超えて限定されやすい。一般に使用可能なチャネルには敏感であり、伝達の意図が過度に強調されたり、時には歪曲されることもある。多くのチャネルを使用できる対面的場面では、メッセージが複数のチャネルに分配されて表出される傾向がある。したがって、一般的にはチャネルの特性を踏まえて併用することによって非対面的場面に比べて効率の良い伝達がなされやすい。

人類による人為的な伝達として意味の理解を促す方法として意識される言葉への注目、及びそれによる社会的同一性の高さがある。それを踏まえて、伝統的には言語的、非言語的コミュニケーションという分類がある（20頁参照）。言語的コミュニケーションは、シンボルとしての言語を用いてメッセージを伝えることであり、意図的で、伝達の語義、内容が問題になる。言語使用に意味されるように高度な抽象性があり、伝達内容の包括化がなされるので、言語圏を異にする文化間においては、伝達効率は低い。これに対して、非言語的コミュニケーションは、多くの下位チャネルを含んでおり、本章（1）で述べたように、個々の相互作用に必ず随伴しており、逐一の交換的対応が観察されやすい。さらに、感情的伝達、無意図的で、自動的な行為であることが少なくない。したがって、言語的コミュニケーションに比べて通文化的でもある。

なお、（2）（36頁）で述べたように、言語的、非言語的コミュニケーションという分類は、伝統的に用いられてきたものであり、現象として観察されやすい身体部位に依存するチャネルに即している。顔－顔面表情、眼－視線、口－音声、手足－動作などの対応はあり、それぞれが担う機能も概ねの範囲で区別可能であると言えよう。しかし、コミュニケーション自体はその人の心的エネルギーであるメッセージを伝えることであり、身体部位が各々独立の働きをするとは限定し難い。メッセージ送信において身体は全体的に機能すると考えることが必要である。したがって、特定のチャネルに着目したシングル・チャネル・アプローチは、身体部位を独立的に捉えたものであり、メッセージ伝達を部分的に誇張した視点に立っていると言えよう。本来、人が社会的であるためのの基本単位である身体自体に由来する社会性を反映するコミュニケーション指向を考え、各部位、部位間、部位を超えた「コミュニケーションとしての身体の重層性」（菅原 1996）を再認識する必要がある。

（4） 現象説明から機能への注目

対人コミュニケーションは、多数のチャネルを用いることによって成立する。しかも同一のチャネルであっても社会的脈絡において異なる意味を持ち得る。したがって、身体部位に由来するチャネルを識別の根拠とするアプローチでは十分ではない。そこで、チャネル間の関係、相互作用事態で果たす役割を探ろうとする視点が登場してきた。視線活動と対人距離との相補的関係の発見から、アーガイルら（Argyle & Dean 1965; Argyle & Cook 1976）が提出した親密性平衡モデルにその端緒を見出すことができる、マルチ・チャネル・アプローチによる機能分析がある。その基本的視点は非言語的行動の由来などに着目したエクマンとフリーセン（Ekman & Friesen 1969）の機能分類の発想に求めることができる。

さらに、パターソン（Patterson 1976, 1983, 1995, 2011）は、社会的相互作用において伝達される対人的な効果に着目した機能論を展開している。

コミュニケーション行動の交換過程のみを観察の対象とするだけでは、社会的相互作用の全体を把握しきれない。コミュニケーションの機能を始め、相互作用の前提諸要因（個人属性、対人関係、場面など）を含めて広範囲な視点を要するとしている。

非言語的コミュニケーションの機能としてパターソン（Patterson 1983）は、以下の5種類を挙げている。

①相互作用の成分にかかわる情報の提供（伝達したい事物のカタチや大きさを宙に描いて示すなど）、
②好意を表わすなどの親密さの感情表出（好意伝達のために相手を見つめる、近い席に座るなど）、
③発言の交替を促すなどの相互作用の調整（会話事態で、話し手に向かって自分の発言の意図を自分の身体の向

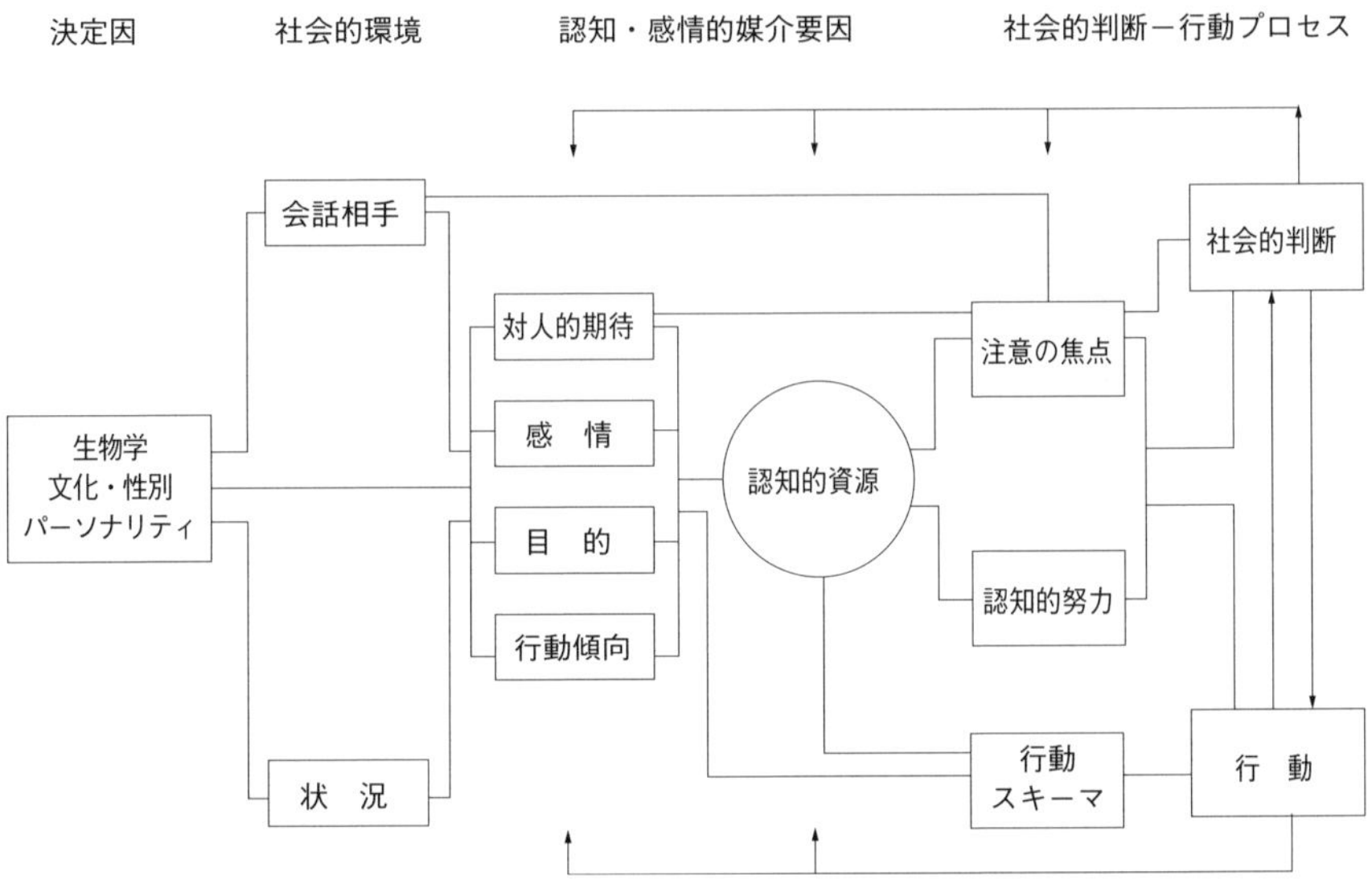

図2-5　パターソンの平行プロセス・モデル（Parallel Process Model）　〔Patterson 1995〕

きを相手に向け直したり、咳払いで示すなど）、
④社会的コントロールの実行（地位に応じた勢力の行使、相手を説得するなど）、
⑤社会的役割に基づくサービスや作業目標の促進（職務により他者の身体に触れる、儀式的な会話など）

このうち「親密さの感情表出」は、人と人の結びつきの基礎をなすものであり、「情報の提供」は、対人的な働きかけの過程における中心的な働きをなす。⑤は、様式としてはメッセージの交換が行われるが、個人的意思の入らない、予定されたメッセージの交換である。

コミュニケーションの送受信は基本的には自動で行われるが、すべてにおいて自動なわけではない。多大な認知的努力を必要とする。平行プロセス・モデルは、共通の決定因と媒介過程によって、非言語的コミュニケーションにおける記号化と解読過程を一つのシステムに組み込んだものである（図2－5）。コミュニケーションの当事者の生物学的特徴、文化、ジェンダー、パーソナリティは、比較的安定した決定因となる。生物学的観点は、適応的で生得的なコミュニケーション・パターンを形成する進化的な役割を反映する基礎要因である。加えて文化的背景を踏まえたジェンダー、パーソナリティなどが相互に影響して、非言語的コミュニケーションの基礎的な共通点と差異を生み出す。

対人的な相互作用は特定の相手と特定の社会的状況で開始される。そして、われわれは異なる相手と異なる状況で異なった形で相互作用を行うため、結果として社会的環境は非言語的コミュニケーションのパターンを制約することになる。

決定因と社会的環境が相互作用の文脈を決めることになるのに対して、認知的・感情的媒介要因はコミュニケーションの方向性を決めるプロセスである。相手に何らかの期待を抱くことは、自分の行動が相手が期待している行動を促進することにもなる。感情は、個人の一時的な行動傾向や目的、関係性、社会的制約から生じ、社会的判断の形成と非言語的な行動パターンの両方に影響する。

行動傾向は、特定の社会的環境によって引き起こされた話者の状態である。例えば、ある相互作用で不安を抱いた経験は、その後の相互作用への関与度を低め（対人距離を多くとる、視線量を減らすなど）、社会的判断に悪影響を及ぼしうる。目的は人々が望むものの社会的表象でもあり、行動のモチベーションを左右する。

日常生活を管理するのに利用可能な認知容量としての認知的資源がある。社会的相互作用を通して、認知的資源は個人的な問題、経済的困難、設定された期限、行っている会話の環境など、幅広い種類の関心事に利用される。認知的資源の容量は無限ではないので、相互作用以外に認知容量を使うことは、非言語メッセージの送受信に割り当てられる資源が少なくなるということを意味する。さらに、その資源は、自分自身、相互作用の相手、状況、もしくは会話内容に対して分配される。

このモデルは、それぞれ独立で扱われていた二つの研究パラダイム（行動過程と社会的判断）を一つに統合する手段として発展したものである。さらに、社会的環境との折り合いをつけるための自動的な過程の有効性や実用性に注目したものである。

非言語的行動の機能を問題にすることによって、アーガイルらのモデルに一見矛盾するかのようなチャネル間の相互性（reciprocity）を示す結果や、そして、状況に応じて話者間のコミュニケーション・パターンが近似していくシンクロニー（synchrony）傾向（本章9参照）を示すチャネルに違いのあることなども考えることができる。

なお、（1）で述べたように、マッケイ（MacKay 1972）は、送り手（受け手）のメッセージ送信（受信）の意図性に着目している。意図的な送信が意図を持ったメッセージと解読されるとは限らず、無意図的な行動が意図を持ったメッセージと解読されることも少なくない。この指摘は、コミュニケーションの機能を問う以前にコミュニケーション行動自体への感受性、送受信のスキル自体の問題を提起している。すなわち、上記の「機能」は、目標指向的コミュニケーションが目標指向的と解読された場合に意味をなすが、それ以外の場合には、一方の意図のみが独立して作用することになり、決して対人的相互作用とはならない。もちろん、このような意図の乖離が生じる場合をも、マクロに言えば、それを招来した経過を含めて「相互作用的」と表すことはできるが、対人関係を考察する観点からすれば主眼ではない。時系列的に見れば、そのコミュニケーションを開始する時点までの両者双方についての知識、保有するコミュニケーション・スキルがこのような意図性の問題を生じる。

4　均衡を志向する

対人コミュニケーションは、自分の属する社会的環境に最大限に調和することを前提として、メッセージを交換しようとする意図の基に成立する。元来、メッセージの伝達は、両者の間で一致していない情報や態度についての落差を埋め、両者が保有する情報量を一定に保つことを目指して行われる。しかし、同一集団内の他者との関係においても、あえて一致しない概念や期待を持ち、一時的な不均衡、緊張を求めることもある。それは、社会的アイデンティティとしての集団への所属性を維持しようとする一方で、個人としてのアイデンティティを持とうとする、拮抗した心理性があるからにほかならない。したがって、このような葛藤は、中核的な内集団にある場合、あるいは外集団事態では生じ難いであろう。

ある時間幅で観察するならば、なんらかの目標に向かう過程においては、行動を促す動因を要する。目標に達することは、一連の過程において、その緊張を解消し、心的に安定した状態を得ることになる。しかし、安定するためには、ある量のエネルギー充足が一定時間維持される必要があり、充足か否かの判断は継時的に遅延して生じる。それ故、充填された心的エネルギーは、必ず過飽和となる期間がある。それを、時系列的に表現すれば、ある定常状態からさらに上位の定常状態を求める準備状態をつくることにもなる。

人は、時間の連鎖の中にあって、過去・現在・未来の連続性を理想的に追求するがために、均衡への強い志向性を持っていると言える。このことについては、ハイダー（Heider 1958）の個人的な認知系（individual system）やニューカム（Newcomb et al. 1965）の対人認知の集合系（collective system）についての諸研究からも多くの証拠が得られている。個人的認知系と集合系のメカニズムは、個人内過程と対人的な過程の結びつきを理解できるインターフェイスとも言える。すなわち、個人内均衡と対人的均衡がともに目指されるが、そのダイナミズム自体に求められる均衡（個人内均衡へのコミットメントと対人的均衡へのコミットメントの二重の比較による）を発見することである。

対人的な葛藤状況では、その解決の仕方は一通りではないが、相手との結びつきを志向する限りにおいては、その解消を試みる。相手が表出した記号（code）から、相手の意図を推測する。その結果を踏まえて、相手の解読の特性をも推測しながら、一定のメッセージを伝えようと試みる。自分の属している環境を不均衡なものから均衡した状態へと変えていくためには、このような相互的なコミュニケーション行為を続けていく必要がある。

ハイダーとニューカムの見解の最大の違いは、後者が対人的な不均衡を解消し、緊張を低減させるために不可欠な要因として、対人コミュニケーションを取り上げたことである（Newcomb et al. 1965）。相手からのコミュニケーションを経ることによって、相手の具体的なオリエンテーションを知ることができる。換言すれば、コミュニケーション行為を考慮したことによって、均衡理論は、「対人性」を扱う理論となったのである。なお、認知的な不均衡、対人的緊張があると、緊張を解消するために、コミュニケーション行動が促進されることが確かめられている（Taylor 1970; 大坊 1986 など参照）。

対人コミュニケーションは、相互作用する者の個人的属性、個人間の関係、そして、場面などを含む環境を主たる要因としながら、各要因間の高度な交互作用に大きく依存するゲシュタルトをなしている。

（1） 個人間にある落差（discrepancy）はコミュニケーションを活性化する

a 認知的な不均衡、情報の落差

認知的均衡諸理論では、均衡の崩れがあると、緊張が発生し、認知・行動が不安定になる。それ故に、それを解消して安定した状態を目指すと考えている。特に、フェスティンガー（Festinger）は、その認知的不協和理論において、その均衡の崩れ（不協和）を解消するための行動傾向を詳細に述べている。また、テイラー（Taylor 1970）は、認知的な不均衡を与えた二者の討論場面を設定している。それによると、ＰＯＸ（実験の参加者Ｐ：会話空相手であるさくらＯ：話題Ｘ）関係が不均衡（さくらＯへの好意度、話題Ｘに対する態度に基づいて、Ｏの話題への態度を操作することで設定）の場合には、会話の初期には緊張を示す発言が多く、会話が進行するにつれて、緊張を示す発言は急減し、緊張解消しようとする発話行動が増大する。一方、均衡関係にある場合には、緊張を示す発言は少なく、会話全体を通じて発言は増減なく安定していることを示している。ただし、この研究では、会話を行う参加者の一方のみの行動に着目したものであり、双方向のコミュニケーション行動を扱っていないことには留意しなければならない。

さらに、PO関係がマイナス（好意的ではない）でｘに対する態度がPとOでは異なる場合（Heiderの均衡理論では均衡状態と想定される）には、当初から敵対的な発言が変化することなく多く、対人関係は分解（dissociative）の方向を目指すことを指摘している。このことは、認知とコミュニケーション行動とでは、理論的予測との整合性が異なることを示している。

また、ローゼンフェルドとサルワルド（Rosenfeld & Sullwold 1969）は、仮想の人物についての情報量を操作し、その情報を話者に伝えた上で、二人の会話実験を行っている。情報量による落差が会話行動に影響することを確かめたものである。それによると、与えた情報量の落差を3段階設定しているが、落差が大小では発言量は少なく、違いはないが、落差が中程度の場合には発言量は最大であった。情報量の落差と発言量との間には、逆U字的な関係があった。会話過程において互いの情報についての確認がなされるが、持っている情報量が同程度であるならば、確認する事柄も少なく、安定し、発言するニーズは高くならない。落差が最大の場合には、落差の過大故に発言を通じて歩み寄るニーズも高くならない。その一方で、落差が中程度の場合には、その落差を解消できる可能性が高いと認知できるので、解消への働きかけの余地があると捉えていると考えられる。

認知的な落差、不均衡は、認知的均衡理論によって説明されるように、回復が目指されることがコミュニケーション行動によっても確認されると言える。ただし、相対的なことではあるが、過大な落差があるならば、解消へ向かう行動は撤退されるものと言えよう。しかしながら、何についての落差であるのか、及び落差の度合いについては当該の研究での条件操作では比較できるものの、その一般化は難しい。

この点について示唆する研究として、自他関係についての認知の落差を扱った研究がある。

b　親密さについての自他関係の認知の落差

大坊（1980）は学級内の他の成員との日常の交友関係に基づいた親疎感を測定し、その程度が一致（高接触、低接触）対、落差対（一方は相手と親しいと認知しているが他方はそう認知していない）の対面での会話を求めている。その結果、親密さの認知が一致している対では、発言の活発さは親密さの高低に比例し、時間経過による変動はなく安定している。しかし、認知の不一致な対では、コミュニケーション当初では、高接触対と同様に発言は活発であるものの、その活発さは急速に低下する。その二者間のコミュニケーション量の落差も大きい。

個人の発言時間を比較すると、認知が一致している高低接触者対に比べても、認知落差のある対の高接触認知者が最大で、その相手が最小であった。すなわち、親密さの認知が一致している群では、活動性は安定しており、認知の不一致な群では、発言の活発さは時間経過に伴い急速に低下していき、話者間のコミュニケーション量の落差も大きい。

なお、相手についてのパーソナリティ認知評定では、全般に会話後の方が友好的な方向へと変化するが、とりわけもともと低接触の対が最も友好的な方向へと変化していた。

これらの結果から、発言の全般的な水準は、対人的な親密さの程度と、またコミュニケーションの安定性は、互いの認知が整合していることと対応しており、認知の落差があると、会話は急速に不活発となっていった。これらのことからすると、会話を行う者同士の関係認知は、関係そのものにかかわるものであり、第三者についての情報量や会話の話題への認知の操作による不均衡よりもコミュニケーション行動への影響は大きいと考えられる。

c　パーソナリティとしての不安特性についての落差

個人の不安動因が行動を活性するとのテイラー（Taylor 1953）の不安動因活性化理論、類似性のある者への魅力が高まるとの類似性－魅力理論（Byrne 1971）、ハイダーやニューカムの認知的均衡理論、フェスティンガーの認知的不協和理論を理論的背景として行われた研究に基づいて提唱されたモデルとして、会話を行う二人の不安度の落差が発言活動を活性化する効果を持つという、不安の落差（discrepancy）－活性化（activation）モデルがある（Daibo 1982; 大坊 1990, 1998 など）。

一連の研究では、互いに未知の女性会話者のパーソナリティ特性としてテイラーのＭＡＳ（顕現性不安尺度：杉山 1968）を用い、その水準から高低各種の組み合わせ条件を設定した対面、対面場面での二人の会話実験を行っている（大坊ら 1973; 大坊 1977, 1982a; Daibo 1982 など）。個人の不安水準による効果よりも話者間にある不安度の落差の有無（高不安同士、中不安同士、低不安同士の同水準同士が一致群で他の不安度の異なる者は落差群）が発言量や視線量（時間、頻度）に大きな説明力を持つことが示された。

大坊（Daibo 1982）によると、非対面場面での会話では、落差群の一般的な共同言語活動性（話者の両方がともに発言するなど）が一致群に比べて一貫して顕著に高い。しかも、この傾向は会話進行とともにより明らかになる。さらに、不安落差と発話の活動性との関係について、次のように考えられている。会話者間にパーソナリティの違いのあることが、このような場面での行動の仕方のずれとして認知され、相手の行動について迅速に、適切には理解しにくく、緊張を発生する。そして、その緊張を軽減するための意図的な行為として発言が活発に用いられる。すなわち、不安落差群の発言の活発さは、話者間に生ずる緊張を解消しようとする一種の均衡回復のための現象と見なせる。

このような行動は実験場面で要請されている課題状況への適応を示し、相手との関係を保持しようとする欲求を前提としていると考えることができる。

これに対して、不安一致群の発言は活発ではない。これは、パーソナリティの高い類似性による安定した相互作用の結果と考えられる。初対面の人に出会い、そこで何らかの自分の行動特徴との共通点を相手の行動に発見

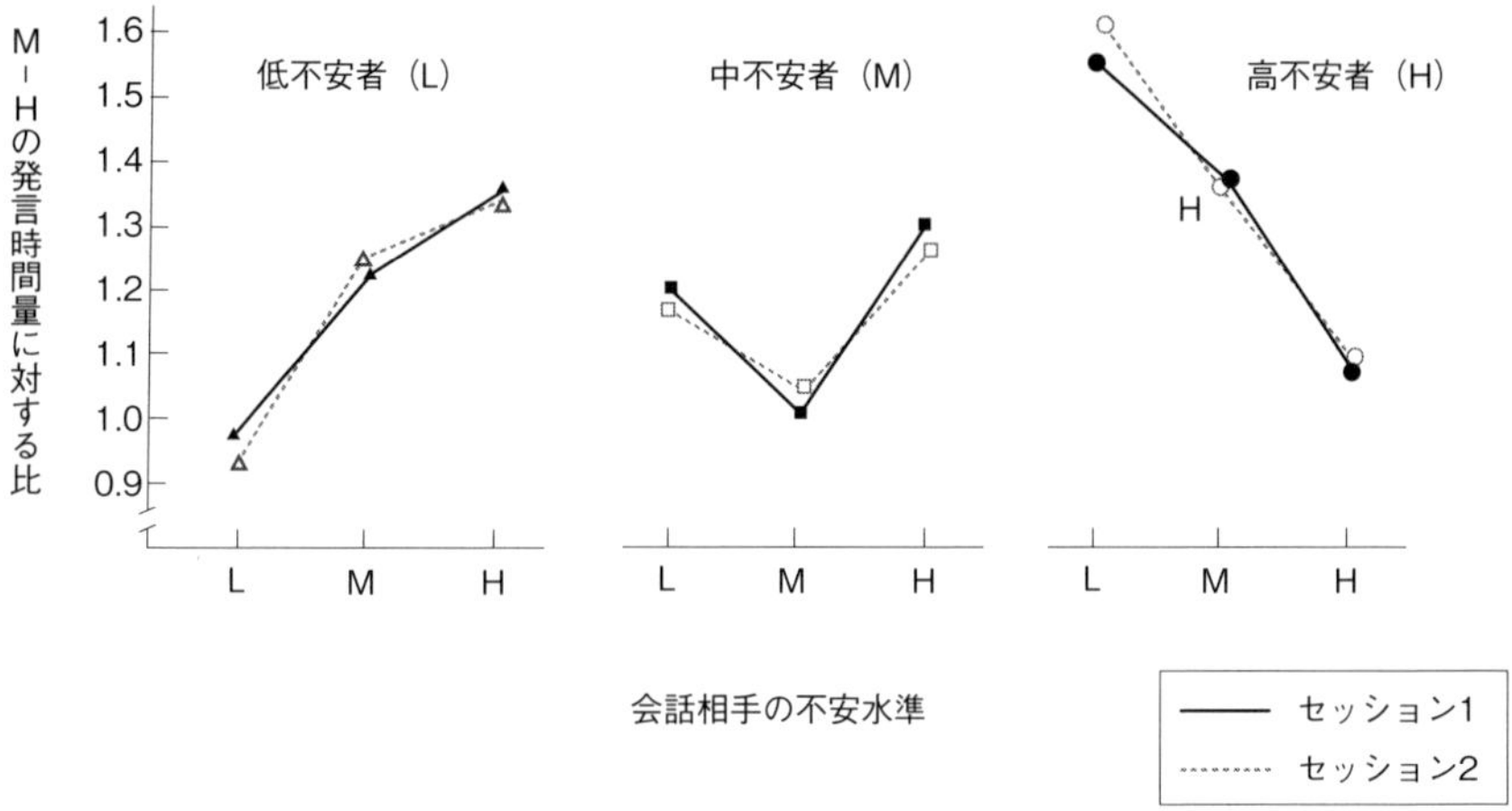

図2-6　対面場面における話者と相手の不安水準の落差と発言時間との相補的関係　〔Daibo 1982〕

し、相手との間で理解し得る部分を多く予想し得る。それ故に、不安落差群に比べて緊張が低く、発言への欲求が弱いと考えられる。

なお、対面場面では不安落差の有無が発言の活発さにもたらす効果は、非対面場面での分析結果（大坊 1977）で知られた効果よりも大きい。個体の発言強度を比較すると、各不安水準者ともに、不安水準の一致している組み合わせ条件において、最も発言の活発さは低い（Daibo 1982）。対面場面は、使えるチャネルが多様であり、相手を総合的に理解し得る状況である。しかも、ラターとスティーブンソン（Rutter & Stephenson 1977）が述べているように、対面場面は状況としての脅威も少なく、自発的に交流し合える状況である。したがって、この場面は、状況としての制約は少なく、話者間の不安落差の有無に基づく特徴の差を鮮明にする効果を持っていると考えられる。

例えば、対面場面では不安水準の一致している会話対に比べて落差のある対は発言が活発であり、この差は個体の不安水準による差を上回る。図2－6は、話者の不安水準を高・中・低の3群に分けて、その相手の不安水準との組み合わせ条件における、発言水準（一発言あたりの平均時間）の比を示したものである。各群ともに、同水準者との組み合わせで最も発言レベル

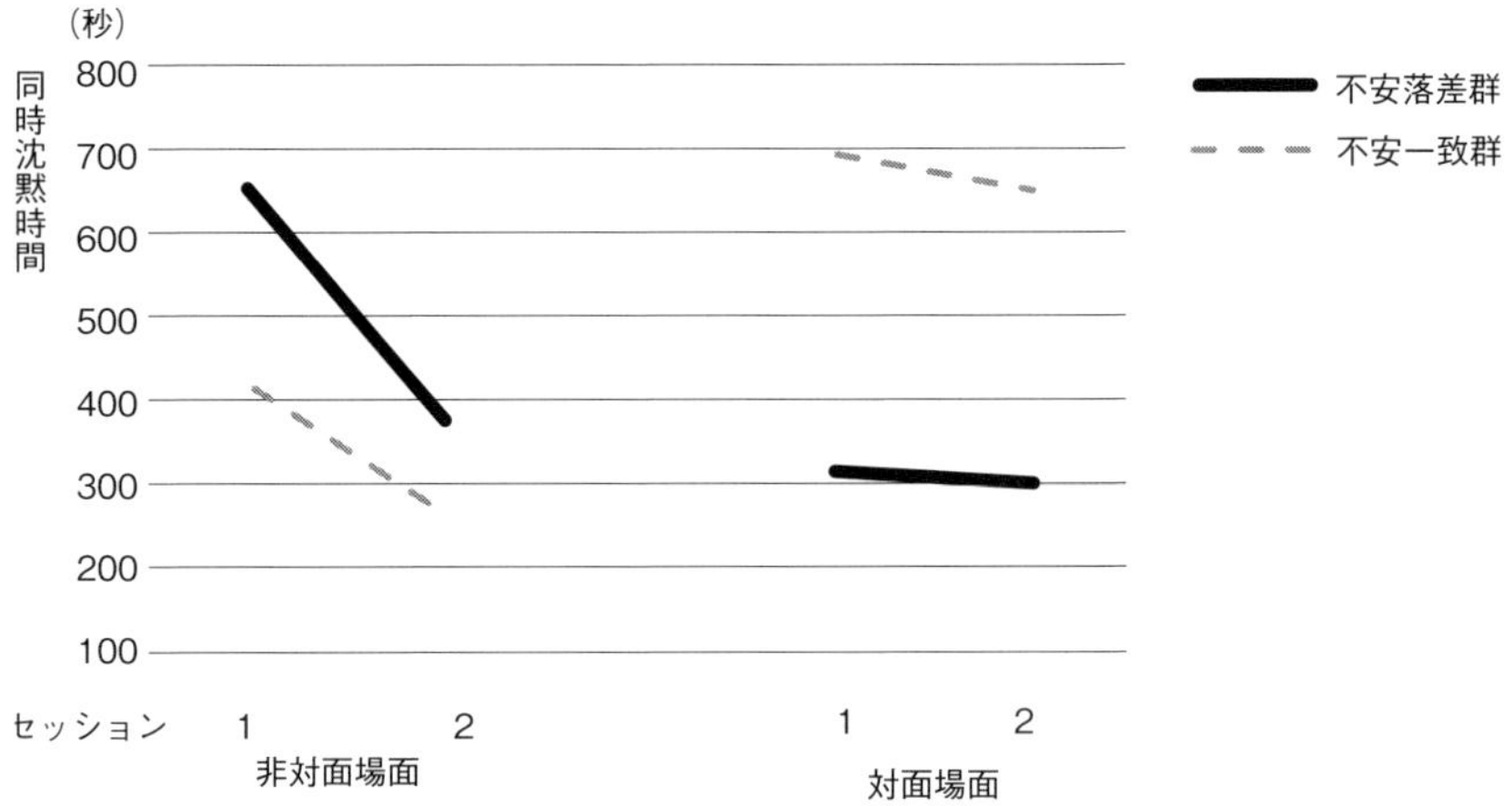

図2-7　対面場面と非対面場面では、不安落差群、一致群の会話の活発さは逆転する同時沈黙時間の比較
〔Daibo 1982〕

は低くなっている。しかも、日を空けて行った同じ話者同士による会話セッションでもこの関係は安定している。先に述べたように、テイラー（Taylor 1970）は、二者間の会話事態で、両者の間の認知的不均衡は緊張を示す発言を示すが、時間経過に伴って緊張解消を示す発言が増えることを報告している。会話に及ぼす不安度の落差の効果もこれと同様な均衡回復のための方略によると考えられる。

すなわち、パーソナリティが似ていないことによって捉え方や行動の違いが会話過程でしだいに認知され、その落差が緊張を生じ、その解消のために、意図的な手段である発言が増大してくると考えられる。一方、一致群での緊張は大きいものではなく、安定している。なお、不安度の一致群では相手のパーソナリティ認知の正確度が高いことも知られている。このことも対人行動の安定さを示す一つの要因と言えよう。

なお、非対面的な場面での発言量は、全体的には一致群＞落差群であるが、落差群の発言は急速に高まっていく（図2－7）。この場面ではとりわけその初期において、相互に理解するための材料が少なく、相手について積極的には評価できない段階である。そのために探索的な色彩が強く、コミュニケーションはうまく展開し難い。不安水準の落差による類似性の低

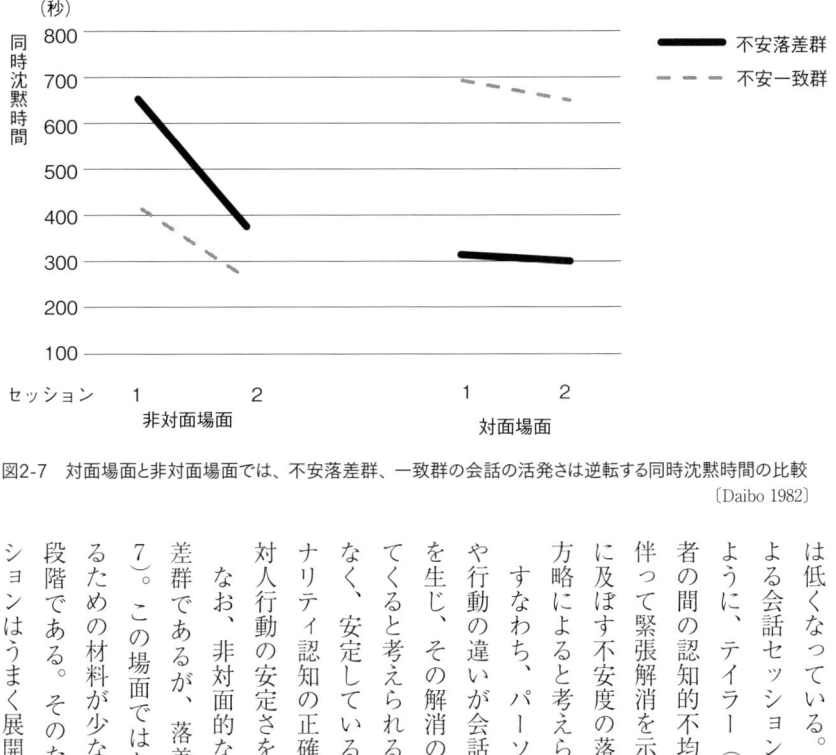

さが、相互理解の困難さ、そしてチャネルが少ないことによる状況的な緊張の高さが相乗的に作用すると考えられる。会話初期において発話は大きく抑制されるものと考えられる。それが、会話経過に応じて相互の不一致が認知されると、その不一致を埋めるための意図的な発言行動がしだいに活発となっていく。したがって、時間経過での発言量の増大が顕著になると考えられる。「活動性の急速な上昇」がその特徴となる。

対面場面では、各種のチャネルが使用でき、相手についての認知も迅速に形成されやすく、早い時期から安定した関係が形成されやすいと考えられる。

場面特性との関連によって両者の間にある落差解消の行為が発言行動の安定性と変化・力動性へと異なって表れると考えられる。したがって、不安落差群は一貫して対人的な認知の解消に向かい、発言行動が活性化されやすいと言える。一方、一致群では互いの類似性の認知が早期に達成されやすく、また、使用できるチャネルが多いことでメッセージ送受の容易さも働き、あえて活発に発言する必要がないと考えられる。

非対面場面では、使用できるチャネルは限定されており、音声（発言）の果たす役割感は大きい。互いに未知の者同士にとっては、相手についての理解の手掛かりは乏しく、場面としての緊張度は高い。パーソナリティの類似している者は、相互作用によって相手を理解することが容易であり、相対的に緊張度も低い。これに対して、類似していない人は場面に由来する緊張と相互疎通のとりにくさによる緊張とが生じる。また、対面場面においては、使用可能な伝達手段は多様であり、柔軟な相互作用も容易と言える。この場面性が、不安の落差要因に対して交互作用的効果をもたらしていると考えられる。

なお、対面場面では、2人の発言が重なること（同時発言）が多く、かつ、両者とも沈黙（同時沈黙）の少なさという、会話対レベルとしての発言の活発さは、落差群＞一致群であり、会話対レベルとしての視線（互いに相手を見つめ合うなど）の活発さについては、一致群＞落差群の関係が見られている（大坊 1982a）。このように場面・メディアの特性を反映しながら、不安の落差の有無に応じて発言と視線の相補的な関係が見られる。すなわち、コミュニケーションの相手との関係（類似性）によって活発になるチャネルの補い合う関係が見られることになる。これは、関係に応じた相互依存性をよく示すものといえる。

双方が持っている情報や自他の関係についての認知、パーソナリティの違いによる落差はそれを埋め、均衡を維持しようとする行動と考えられる。それは、対人的な均衡理論が述べているように、互いの間に生じる緊張を解消しようとする社会的な関係維持の動機によるものと言えよう。しかし、テイラー（Taylor 1970）、大坊（1990）が示したように、自他関係の落差は当該の関係に大きな障害となる。認知において落差の程度が極端であれば、相手との差異が強調され、自分の認知への内閉性が強まり、解消へ向かう行動が減退すると考えられる。過大な緊張、重要度の高い自他認知の落差などの場合には緊張の解消を目指すのではなく、相手との関係の分解へ向かうと考えられる。

なお、持続する、日常的な関係は、対人認知のシステムにとって重要で基本的である故に、その関係を継続するために適度に解消を必要とするような最適な緊張水準が内在しているのではないかと考えられる。

(2) コミュニケーション活性化にかかわる諸モデル

コミュニケーション行動の活性化と認知について、前節（1）aに関連するモデルがいくつか提唱されている。各々が扱う行動は異なるものの、ここでそのいくつかを紹介する。

a 覚醒モデル

パターソン（Patterson 1976）は、相互作用相手のコミュニケーション行動の変化をどう認知するかによって、自分のコミュニケーション行動が変化することについて述べている（図2-8）。

相手のコミュニケーションの直接性（immediacy; 活発さ）が変化した際に、その変化量が小さければ、自分の

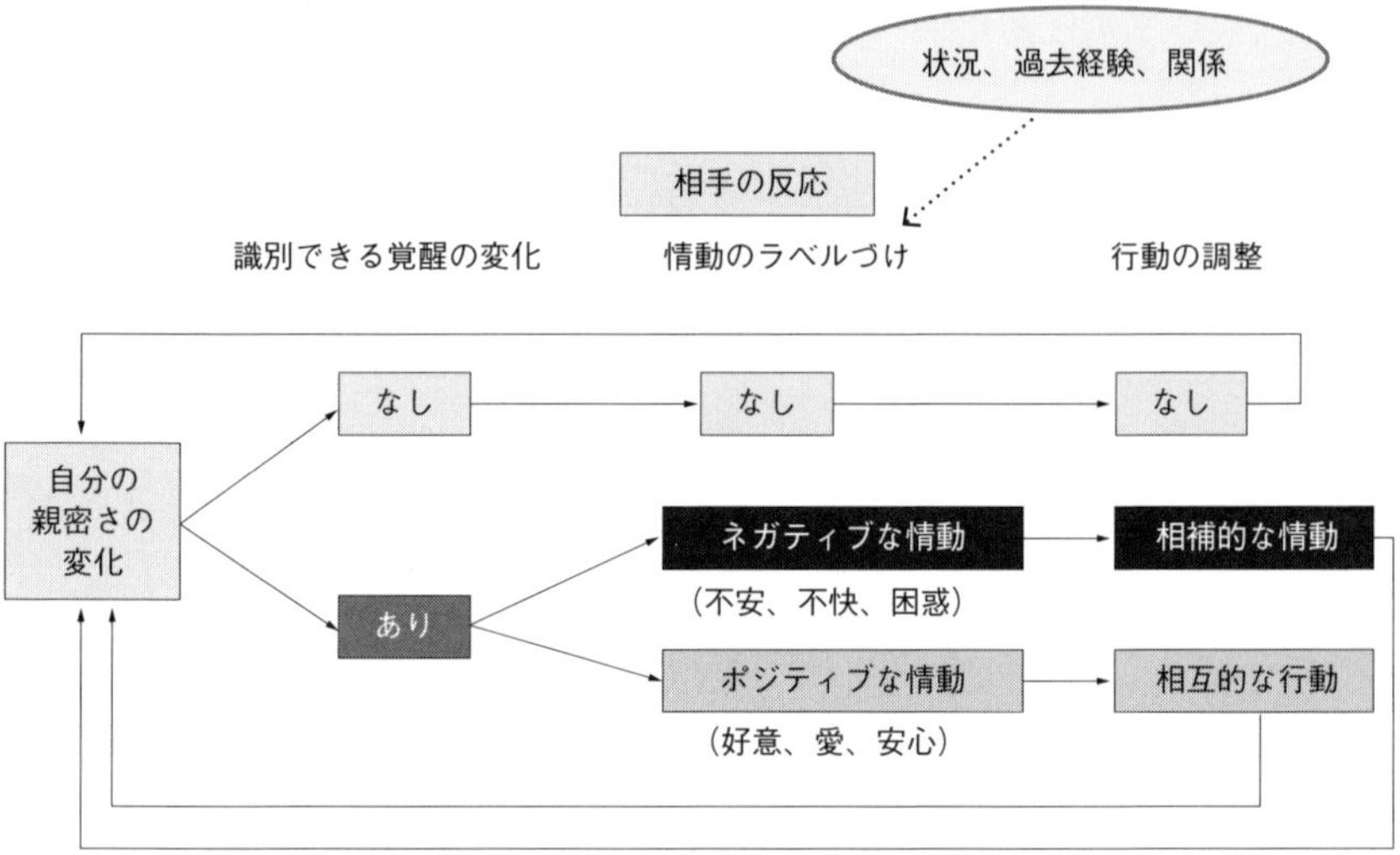

図2-8　パターソンの覚醒モデル（Arousal Model）　〔Patterson 1976〕

覚醒の変化は生じず、認知もされないので、自分の行動を調整する必要もない。しかし、NVCの直接性が大きく変化したと認知するならば、自分の覚醒水準も変わり、当該の行動変化について解読し、自分の情動の解釈・ラベルづけが始まる。

その過程は2種類あり、過去の経験に照らし、状況及び関連する手掛かりがポジティブであれば、好意、愛、慰めなどのポジティブな情動反応がなされる。ネガティブな手掛かりが得られると、恐れや不安などのネガティブな情動反応がなされる。ポジティブな情動が生じたならば、互恵性を高め、返礼的な意味で相手と同様に自分の直接性を高める。この変化が再び相手に認知され、自分の親密さの表現が肯定的に受容されたと判断され、さらに、ポジティブな返礼が続き、次第に両者の親密さが上昇していくことになる。一方、ネガティブな情動が生じたならば、関係の進展を望まず、相手とは反対方向の行動変化をとろうとする。この両タイプの変化は、いずれも相互作用における満足を最大化するためのものである。このように、情動変化とそのラベルづけによって、互恵的あるいは保障的なコミュニケーション行動がとられることになる。本章の9（65頁）

で扱うシンクロニー傾向の現象を理解するためにも有益な視点を含んでいる。

このコミュニケーション行動から生じる情動、認知の変化が、相手に一定の効果を与えるとの考え方は、カペラとグリーン（Cappella & Greene 1982）、アンダーソンとアンダーソン（Andersen & Andersen 1984）のモデルに通じる。

b　不一致覚醒モデル

カペラとグリーン（Cappella & Greene 1982）の不一致覚醒（discrepancy arousal）モデルは、会話者双方が相手の行動への期待と実際の行動のずれがあると覚醒の変化が生じるとしている。生じた覚醒が適度ならばポジティブな感情が生じ、相称的な行動が行われる。覚醒が過度であれば嫌悪感情が生じ、相手とは異なる行動をとろうとする。そして、覚醒の度合いによって引き起こされるコミュニケーション行動の強弱も決まる。

c　覚醒－誘発性モデル

アンダーソンとアンダーソン（Andersen & Andersen 1984）の覚醒－誘発性（arousal-valence）モデルは、一方の直接性の増大が相手に認知される（覚醒変化を経験する）。非常に高い覚醒変化と認知するならば、嫌悪感が起こると、補償的な行動が生じる。覚醒の増大が適度なものと認知すると、情動的な覚醒を感じるとそれに応じた行動変化が起こる。ポジティブな情動であれば、互恵的な行動を、ネガティブな情動であれば、補償的な行動が起こる。覚醒変化が低ければどのような行動変化も起きない。

いずれも、コミュニケーション行動を自分ないし相手がどう認知し、それによって生じる正負の情動によって、返報的か補償的なコミュニケーション行動が生じるとの見解は共通している。しかし、コミュニケーション行動の変化（直接性の変化）をどのような手掛かりに基づいて認知するのか、行動への期待との違いをどう認知するのかについては、定性的な指摘にとどまっている。着眼した行動現象やモデルの視点は示唆に富んでいるが、その後の展開が十分になされていない。これは、従来の心理学的な現象中心－現象記述－の研究姿勢からはこれまでは許容されてきたことではある。しかし、コミュニケーション量に基づく基準点を明らかにしなければ、精緻な行動予測はできない。データの蓄積が必要であるとともに、実験的に得られた結果を基に、シミュレーション的な解析を強く期待したい。

5 コミュニケーションの連続性――あいさつ行動

出会いのあいさつは、会話開始の導入を作るものであり、対人関係の端緒となる（大坊 1999）。知り合いに会えば、相手との親しさに応じて、まず視線を向け、相手に気づいたことを示すことに始まって、会釈、「おはようございます！」などのステレオタイプなせりふ、手を軽く挙げる動作などのあいさつをする。視線は相手とのつながりを求め、受ける第1段階のコミュニケーションなのである。もし相手が自分に気づいても視線を避けるしぐさを示したら、相手はたとえ短時間の時候のあいさつであれ、つながりを持ちたくない。そんな相手に話しかけてもきっと快適な気分にはなれない。

ケンドンとファーバー（Kendon & Ferber 1973）は、様々なパーティ場面でのあいさつ行動の推移を分析している。それによると、以下の通りである。

（1）遠くからのあいさつの段階（相手の存在を認め、手を振るなど）、
（2）接近と準備の段階（視線を外す、身づくろいしながら近づき、しだいに視線を合わせ、微笑み、一定の距離

をとり、手を差し出す）、
（3）近づいた段階（時候のあいさつなどの常套的なことばの交換をし、握手や抱擁などをする）、
（4）密着した段階（次第に個人的な内容の会話をし、最近の出来事などを話し、飲みものなどを勧める）

という典型的な段階の進行があると報告している。

出会いのあいさつ行動は、会釈する－軽く手を振る－握手－肩に触れる－身体ごと抱きかかえる－キスをするなどとその親密さに応じたレベルがある。アーガイル（Argyle 1988）によれば、見知らぬ者同士の場合のあいさつはもっと簡単で、相互に視線を向け合う（互いを認め合う）、頭の動作（頭を相手に向ける、振るなど）、言葉によるあいさつ（時候などの）、個人的な気づかいのやりとり（近況など、タッチングはなし）の手順が見られるとしている。出会いのあいさつに対して、「別れ」のあいさつは、一般に正反対の手順が見られる。交わしていた視線をいったん外し、出口方向に身体を向け、立ち上がる準備として身体をかがめ、うなずくかのように頭を動かすというような段階を経る。出会い時に比べてその段階は厳密ではなく、往来で急に出会った場合などでは、一方が別れを切り出し、その合意が相手にないままに案外に唐突に別れにいたる場合もある。

その後の対人関係の継続性を考えるならば、一方がし向けたあいさつのレベルや量に応じた返礼をしなければならないと言える。この意味で、同等の交換が期待される事態とも言えよう。あいさつは双方のコミュニケーションが比較的明確な段階を追って、しかも短時間になされるものであるから、送信、受信がはっきりと意識されないとその先に進み難いものであり、親密さを維持し難い。

適応的なあいさつ行動は相称的なものであり、関係の親疎・公式性を如実に反映する行動連鎖の例と言えよう。明確な段階があり、それをお互いに踏まえなければ満足できない。

ただし、あいさつのステップは無限に続くものではなく、自分が働きかけただけのステップを相手も返してくれることを期待している。それよりも多くても少なくても互いに不満を抱くことになる。あいさつ行動は、関係確認と期待の連続するコミュニケーションとも言える。

なお、あいさつ行動は、対人関係の親疎、文化によって大きく影響されるものでもある。

6　社会的交換理論と認知的均衡理論の視点

日常の社会的生活において、われわれは、他者と様々な情報を伝達し合い、態度や反応を交換しながら、互いに影響を与え合うことによって、対人関係を形成し、展開している。この過程は、一般的には互いが持っている違いをしだいに融和させ、一体化させる方向に向かう。同時に、他者との比較においてわれわれは自分の特徴を知ることができ、また、自分を振り返りながら他者を理解できるものである。このように、他者の存在、その他者との相互作用によって展開される対人関係を具体化する過程において自己を理解し、他者への影響を及ぼし得る社会的存在となっていく。他者の存在は自分の行動のモデルとなり得るものであり、自らの行動の適否を推量するのも他者の反応に基づいてなされる。この場合、他者の存在が必ずしも自分にとって肯定的な意味を持つばかりではなく、それによって不安や悩みを惹起されることもあるが、癒し得るのも他者の存在であり、それは両価的な意味で、対人的なあつれきの交換とも言える。このような場を構成する要因としては、基本的な当該の二者の他に、相互作用を持つ可能性のある状況内外の他者との関係、自分に向けた評価をすると想定できる重要な他者（significant others）との関係も考えなければならない。社会的な交換はこのような重層的な対人関係の中に成立している。

個人間の伝達が基本であるが、個人を含む集団間においても多様な伝達がなされている。伝達ということ自体は、一方的な場合にも成立することではあるが、実際の社会生活においては、一方のメッセージ伝達によって送り手、受け手の双方への影響が生じるので、伝達は、対人的な循環をなす。さらに、伝達による双方への影響の意味を考えるならば、伝えられるメッセージから受け手にとっての価値が発生し、それを享受ないし高めるために反応がなされると考えられる。この点からしても双方向の反応の連鎖が起こる。対人的な影響過程の点から、互いの行動は相手の刺激であり、相手の働きかけへの反応でもあるので、それぞれの資源の交換として考えていくことができる。

例えば、ある人（A）が友人（B）に誕生日のプレゼントを贈る。その友人Bはプレゼントの意味を解読し、相手Aから向けられた好意を感じる。そして、即時とは限らないが、Aの誕生日の時に同様にプレゼントする、または、Aが恋愛関係で悩んでいる時に親身に相談にのる、あるいは、他の友人との会話の中でAのやさしさを誉めて話す、などの波及性が考えられる。また、会議の席上で、Cの出した意見に対して、Dは賛成の意見を出す、Eは反対の立場を表す、Fはなんら反応しない。これらの三者の反応もそれで終わらず、CはD、E、Fに対してCの受けた支持や他者の立場の正当性を斟酌して、さらに同調したり、反論をし、あるいは別の場面でこの三者に対して異なる好意的態度をとることもあろう。このように、「交換」は、資源の種類、状況、時間、対人関係の公的さや親密さなどと多面的に関連している。

対人関係や対人行動を把握するためには要因を部分的に抽出していくというアプローチでは不足である。交換行為は当該交換者の関係・時点にとどまらない広範な波及効果をもたらす。その状況としての特徴と、そこにいる者の諸特徴の全体を眺望した捉え方が必要になってくる。

図2－9は、状況の構造を示したものである（Brown & Fraser 1979）。この構造の中で、セッティングや目的は概ね心理学的な研究の対象となりやすい。また、パラダイム化しやすい、実験的な設定による関係の特異さを

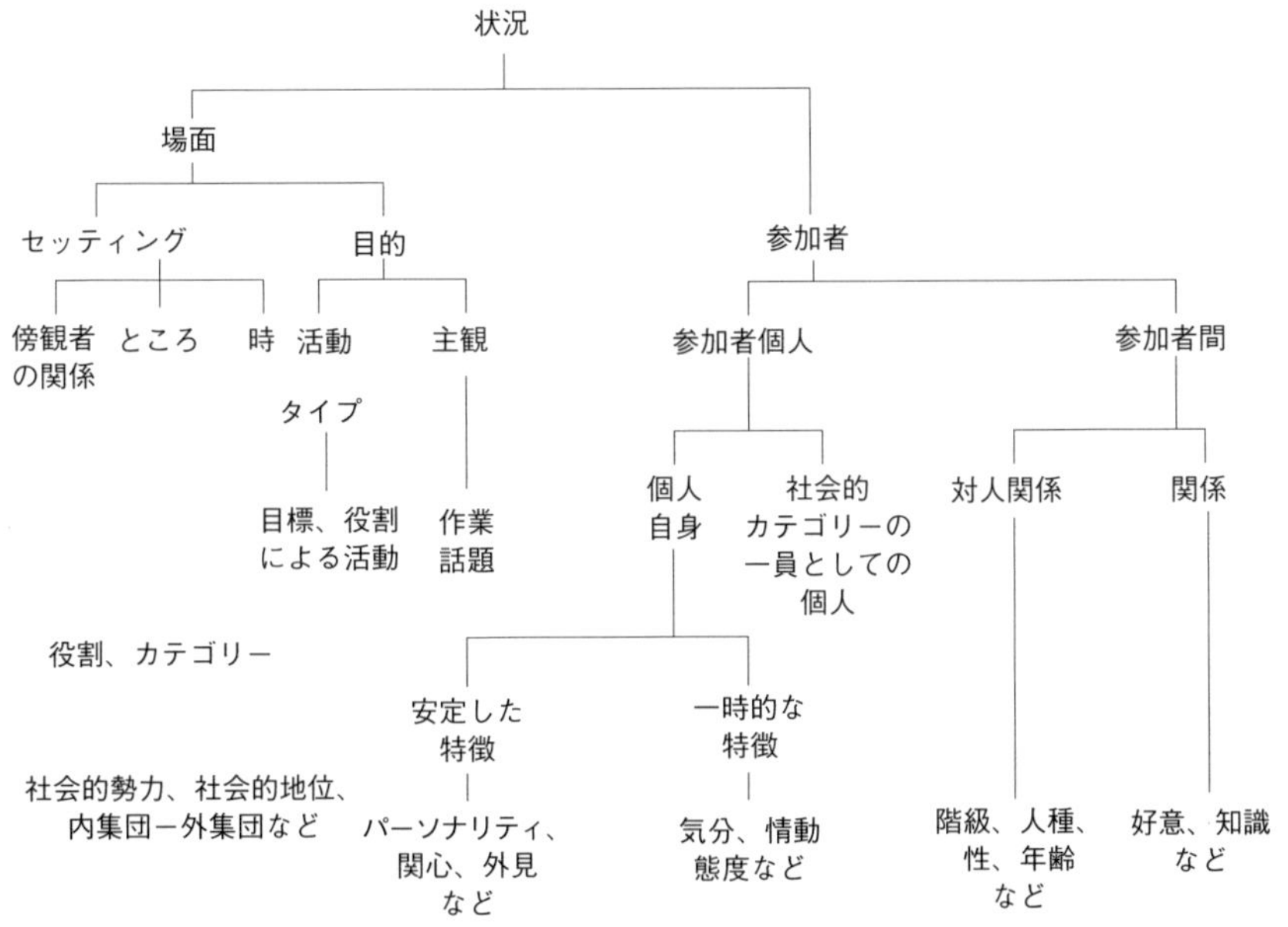

図2-9　状況の構成因　〔Brown & Fraser 1979〕

抽出した研究もなされている（協調－競争のゲーム論的検討や社会的ジレンマ研究など）。しかし、対人関係が含まれている状況の場合、相手との関係における目標が何か、その場の参加者の役割・カテゴリー関係などと社会的相互作用スタイルとの関連は、十分には明らかにされていない。また、交換の波及過程はいくつもの段階を経るものと考えられる。いずれにしても、ここに示されているように、状況を構成する複数の要因があり、かつ、階層をなすものであることからすると、少なくとも、心理学的な研究を行うには、どの要因、階層のどのレベルを扱っているのかを明示する必要はあろう。

クック（Cook 1979）の社会的スキルモデルに基づくと、交換の対象者の意図をどう捉えるか、その場面・状況で許容される行動の範囲はどうかが問題となる。この場合、社会的な、及び個人の経験によるルールによって推測がなされる。そして、相手との関係の目的などを踏まえて「相手との関係を持続する」という目標に立てば関係強化のための行動が選択され、コスト提供がなされると考えられる。例えば、ここでルールが社会的なものか個人的なものかによって個人を超えたステレオタイプな状況に即した行動か、その個人に特異的な行動が取られる。さらに、他者に向かう行動を考えた場合、その行動生起のための認知的枠組みが存在する。しかも、その枠組みの客観的な特性ではなく、認知された（主観的な）特性に人は左右されるものである。

コミュニケーションを行うことは、一方がメッセージを発信（コスト）し、相手がそれを受信（報酬）し、受け取ったメッセージの意味を解釈し、必要に応じて返信するという連鎖的な交換過程とも言える。この交換は必ず何らかの場面で行われることであり、上述のような状況の要素を含んでいる。

親密性平衡モデルでは、相手との間にある親密さの程度についての認知が変化すると、一種の葛藤状態となり、その状態を解決しようとするコミュニケーション行動が生起すると考えられている（Argyle & Dean 1965）。これは、均衡を回復するための認知的な緊張解消のための行動変化である。

他者との関係や集団での均衡を指向する存在とも言える人間であるからこその動機的特徴がある。しかも、人は、各々の状況で使用可能なチャネルにメッセージを分配しており、あるチャネルによる表現が適切でなければ他のチャネルを変化させる。これは、相手との親密さの均衡が崩れたと認知した者が均衡を目指すことである。換言すれば、対人的な均衡を指向するために個人内で相補的な行動調整が行われることを示している。

一方の発言に対して同種のチャネルあるいは異種のチャネルで応答するのは、相手の存在を承認すること――一種の強化子となる――であり（Matarazzo et al. 1964）、同時に自分の置かれている状況を肯定するという積極的な意味を有している。送り手と受け手という役割を相互のものとして成立する対人コミュニケーションでは、相手の反応を自らへの刺激とし、自分の行動を相手への刺激となすコミュニケーションの循環性はまさしくコスト－報酬の系列と表現できる。したがって、一方が話しかけ、その相手がそれに応じなければ、開始者は、自分の働きかけ（コスト）に対する報酬を受けられないという非相称的な事態となるので相互に交替して行われる反応の連続は滞る。例えば自分へ向けられた視線量が多いほど、視線の送り手に対する好意度は大きい（Kleinke et al. 1968）ことを始め、発言などについても同様の相関的な関係が多く報告されている（大坊 1986）。その一方、好意の程度が高まるとコミュニケーション量の飽和状態、つまり過大な冗長性が招来されると予想されるので、対人コミュニケーションの過程をコストと報酬の連鎖とは単純に規定できない。

さらに、社会的交換を、よりマクロに経済活動の基本となる交渉過程や儀礼、贈与慣習などの社会システムとして考える視点も欠くことはできない。経済行動の原初的な一形態である物物交換は部族間や国家間の取り引き、貿易の形へと展開している。しかも、対人関係における交換は必ずしも明示的とは限らず、同種ではない多くの資源についても成立するものでもある（Turner et al. 1971）。したがって、社会的交換の形態は多様であり、コストと報酬の連鎖は時間的な経過をたどると考えられるので、その具体的な過程は社会的相互作用の視点から力動的に検討されなければならない。

7　コミュニケーションされる資源

対人関係は一方の働きかけとそれに対する他方の評価・反応（報酬）の連鎖系列で展開されている。ターナーら（Turner et al. 1971）は、交換されるもの（resource; 資源）の内容に関心を寄せ、その構造及び交換されるものの適切さ、因果関係について検討している。交換される資源は具体性（concretness）－愛と金銭－と個別性（particularism）の次元で表現できるとしている（図2－10）。それによれば、例えば「愛（love）」は個別性が大きく、具体性は中間的、「サービス・奉仕行為（service）」は具体性が大きく、個別性は中間的とされている。この視点を基にして、ターナーら（Turner et al. 1971）は、与えられた資源に対する返礼として選択された資源の

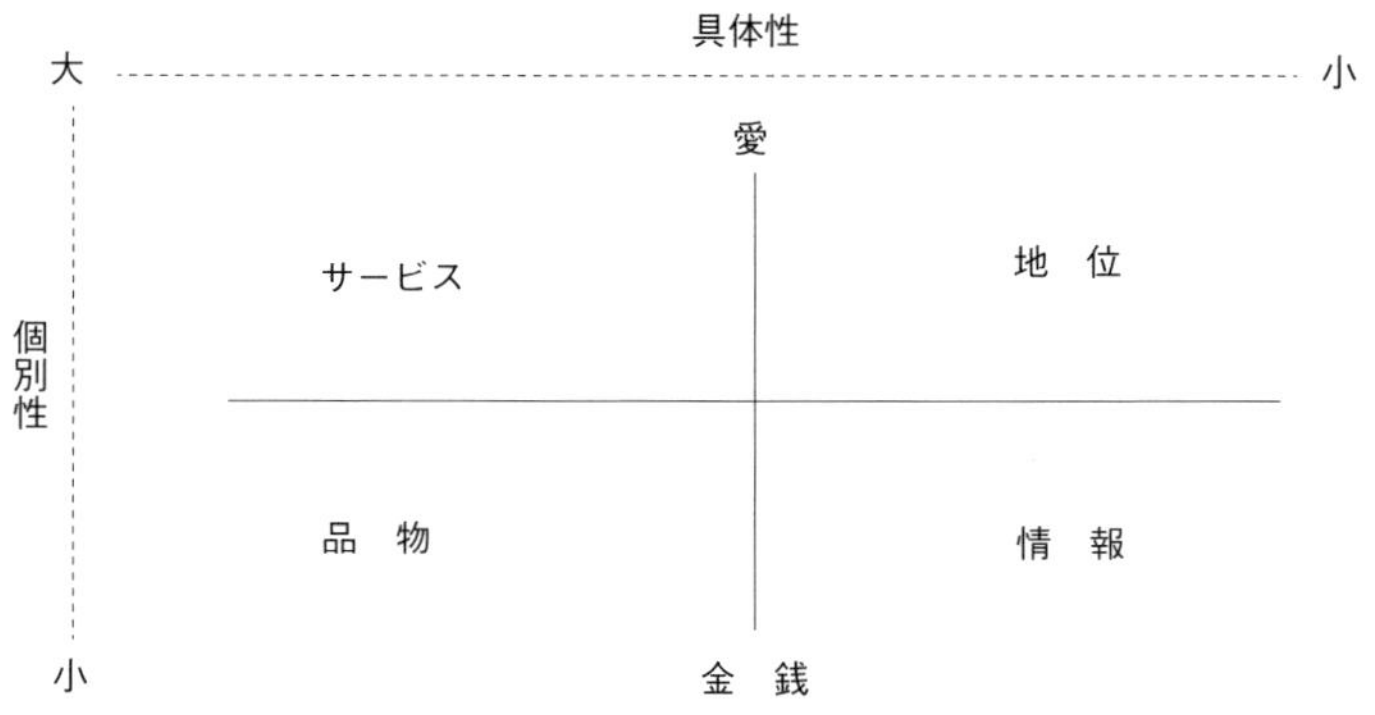

図2-10　対人関係で交換される資源　〔Turner, Foa & Foa 1979〕

種類とその選択強度を検討している。それによると、提供資源と同一資源が概ね最も選択されるが、愛、地位、品物については愛が最大であり、特に愛に対する愛の選択率は最大であった。金銭については金銭とサービスが同等に並んでいる。基本的には金銭を除いて返礼として愛が選択される傾向があること、資源と同種の資源が選択される傾向があることが示されている。また、返礼として好まれる資源については、提供資源以外の種類について比較すると、品物については金銭が金銭には品物が期待されることの他に、地位とサービスについては愛が突出しており、また愛についてもサービスの割合が大であることが特徴的であり、この両者の交換的な関連が密接なことが知られる。これらは社会的交換の対象が必ずしも等質のものでなくとも成立すること、かつその場合にはそれぞれの提供資源に対応して選択されやすい交換資源のあることが示されている。

親密な関係における満足や持続を促す公正さを、交換される資源の種類の観点から検討した研究として増田（1991）がある。彼は、18歳から35歳の男女を対象者として、壊れた恋愛関係にあった相手に対する公正さの認識を6種類の資源の点から求めている。それによると、具体性、個別性の高い資源ほど関係の公正さに影響を与え、とりわけ愛情とサービスの影響が強く、情報と金銭資源の影響はごく低いことを報告している。

また、高良（1991）は、親密度の異なる友人関係において資源の授受の公正さについて検討している。その結果、いずれの資源についても平等さは達成されているが、愛情と支持（地位）についての平等の達成度は、親友＞知人と異なっており、一方、金銭についてはいずれの関係でも達成度は低く違いはない。このことは、対人関係の親密さを探るための視点として、交換される資源によって関係の特質を適切に把握できるものとそうでないものとの違いがあることを示している。ターナーらの資源カテゴリーの妥当性の検討を含めて交換内容に関する研究が今後さらに必要であろう。

なお、ターナーら（Turner et al. 1971）は、資源の円環構造についての見解を示しているが、相手に向けるコスト価については述べていない。しかし、交換の資源として用いる際には、資源自体の価値とともに、その表出形態（行動様式）は重要である。それは、当該の相互作用者の関係の社会的性質に大きく依存するであろうし、交換の場面の特徴、そしてコミュニケーションの方法や特徴は大きく関わることになろう。具体性－個別性という次元での整理とともに実現に要する時間やより直接的に認知されるコスト価を把握しておくことも必要となる。上記の研究は、このような具体的な対人関係やコミュニケーション特徴との関連でさらに発展するものであろう。

8　コミュニケーションにおける相対性と二重の相補性

会話場面においては、多様なコミュニケーション・チャネルが用いられている。そのチャネル間の関係については、相互の関連性を示す研究が多い（Argyle & Dean 1965, 大坊 1996, 1998 など）。視線と発言パターンとの間に相補的関係が見られる（大坊 1982a）。しかも、46頁から51頁に述べたように会話者の不安度に高低の違いのある（不安水準の落差の有無）ことによって、発言と視線の活動性の方向が異なる。さらに、話者2名の共同的活動性（同時発言、相互視など）と非相称的な個人の活動性（一方だけが発言する単独発言、あるいは一方だけが相手をみる一方視）に関しても、相補的関係が見られている。すなわち、不安の落差群では、共同的な活動性に関して発言は活発であるが、視線は不活発である。個人の活動性に関しては発言は不活発になるが、視線は活発であるという二重の相補的関係が見られる。不安の一致群は、これと逆の関係を示している（不安の落差－活性化モデル〈Daibo 1982; 大坊 1996〉参照）。

ここに、発言と視線の相補性、及び対としての共同的な活動性と個人レベルでの活動性との相補性、いわゆる二重の相補的関係があると考えられる。

アーガイルとディーン（Argyle & Dean 1965）の親密性平衡モデルに意味されている相補性は、視線と距離などの特定のチャネル間のみならず、コミュニケーション手段全体に関しても成立すると考えられる（59頁参照）。この関係が示されるのは、社会的な事態でのことであるが、個人内での一種の均衡指向のメカニズムであることを示しているのではなかろうか。ミクロに表現するならば、個人内の生理レベルでのホメオスタシス、対人関係の認知について認められる認知的均衡理論に共通するメカニズムが想定される。

また、同時に集団・社会行動を捉えていくためにも対人的な事態、対人関係全体を一つのシステムとして捉える必要がある。

共感性あるいは、相手との親密度が高いと相手のコミュニケーション・パターンと近似性が高まるシンクロニー傾向がある（本章9参照）。しかしながら、このような変化は、無限に直線的に高まるのではない。当該の関係において、コミュニケーション量は一定（限定される）である。したがって、一方の発言が活発であれば、相手の発言は抑制されるというような対人的なレベルでの相補的関係が成り立つ。発言と視線の相補的関係があり、そして、大坊（1982b）にあるように、男女間の会話では男性の発言は活発であり、相手の女性では視線が活発であるということからも、対人関係の要因を介して、相補的関係は高度に認められる（相手が用いるチャネルとの関連で用いるチャネルも替えられるという相補性が成立する）。自分が用いるチャネル間の相補性（あるチャネルを重

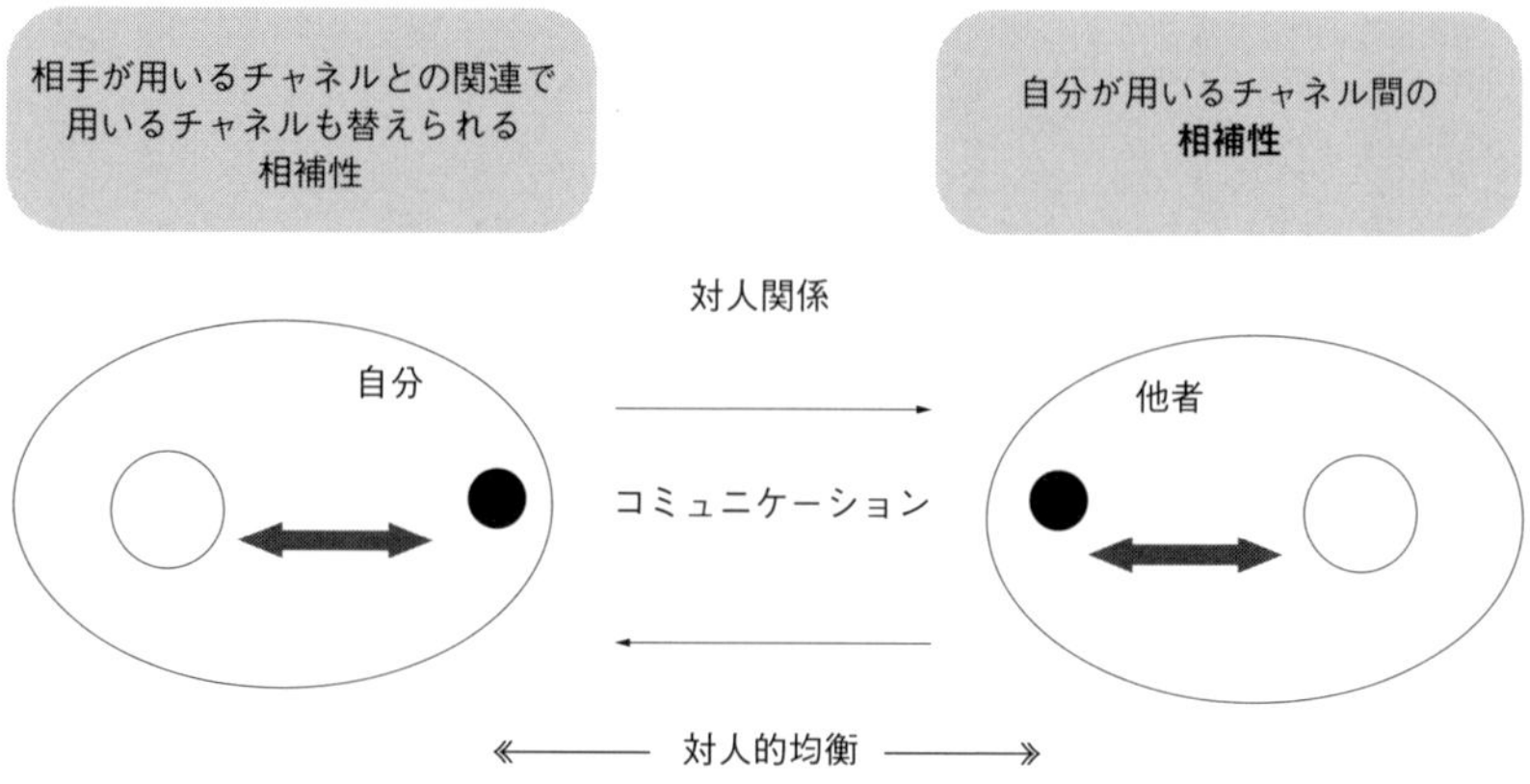

図2-11　個人内均衡と対人的均衡との二重の相補性　〔大坊 1982c〕

用し、他のチャネルをあまり用いない）は個人内に生ずる均衡指向の傾向であると考えられる。

いわば、個人内と個人間（対人的）の二重の均衡を求める相補的関係が存在していると考えられる。図2－11は、この関係を示したものである（大坊 1982c）。

ただし、個人内の均衡と個人間の均衡がうまく合致せず、相容れないこともあり得る。認知的ないし、コミュニケーションの分解的な傾向もある。この事実自体も、概ねこの個人内の均衡にウエイトをおくこととして捉えることができる。

日常的な場面では個人内の均衡ないし個人間の均衡に重みをおきながら、何らかの社会的行動がとられている。しかし、この2種類の均衡はある意味では異なる様相を示すと考えられる。時間の経緯によってはいずれ矛盾をきたしうるので、認知的変換（歪曲）なり、あるいは抑圧も起こるであろう。

人間が、自分の行動ルールについて、あるいは自分の置かれている状況、あるいは関係について均衡を指向するということは、様々な様相において共通的に認められると思われる。さらに、これらのことは、人間は対人場面においてきわめて相対的な存在であることを示している。例えば フィードラー（Fiedler）のリーダーシップについての条件即応モデルに見られる個人と状況との交互作用的な相対性なども、相通じる視点にあると言えよう。

対人コミュニケーションと認知過程はきわめて密接な関係にある。多くの研究においてコミュニケーション・パターンと対人認知との対応も確認されている。対人認知はコミュニケーションと同様に循環的ループを辿るものと考えられる。他者の認知というものは、対象者自体ではなく、対象者に由来するイメージと対人関係——具体的にはコミュニケーション過程——を通じて獲得される、一種のフィードバックされるイメージとの融合した所産と言える。

この認知は、本章4の（1）で述べた不安の落差‐活性化モデルの背景となった研究にて示されているが、話者の不安特性と関係していることが分かっている（大坊 1982a）。その結果によると、対人認知の正確さは、低不安者は大であり、高不安者は相手の不安水準を過大評価する傾向にある。それを会話対の組み合せ条件で比較すると、高低の不安水準類似群はいずれも認知が正確になされている。すなわち不安が一致している関係では、認知の正確さ、安定さが認められた。このように、個人のパーソナリティ特徴が、不安の落差の有無の条件で、交互作用的な結果をもたらしていることになる。

社会的行動は多数の要因によって複合的に影響されている。そして、単一の次元では予想しえないような力動的な特徴が現れてくる。要因としては容易には抽出し難いが、可能な限り複合的な指標を設定して研究する必要がある。

9 コミュニケーションのマッチングとしてのシンクロニー傾向

相互作用過程は、参加者の相互依存的な時系列として捉えることができる。何らかの情報——感情を含めて

――を伝達する事態において、一方のメッセージ送信に対し、他方はそれを解読し、何らかの意味を認知したうえで自分のメッセージを記号化して、送信を行う。この循環的なループが双方に保証されるならば、対人関係は成立し、展開することとなる。

この過程において、先行する相手のメッセージ、その具体的な表出であるコミュニケーションを認知すること自体に、社会的な影響過程が内在しているといえよう。

対人関係の影響を受けて、時間経過にともなって、コミュニケーションのパターンが相手の示すパターンに近似していく現象が見られる。自分の発言に対して相手が応じることは、自分への関心や評価の表れとして捉えられ、満足をもたらす。このような相互依存の過程を示す現象として、一方の発言量が長く（短く）なると、相手の発言量も連動して増減する事実がある。具体的には、発言時間、沈黙の頻度、発話速度、音声の強さ、アクセント、身体動作などで確認されている（身体動作については、反響動作とも名づけられている）。モリス（Morris 1977）、マタラッツォとウィーン（Matarazzo & Wiens 1972）は、これをシンクロニー傾向（synchrony tendency）と名づけた。コンドンとオグストン（Condon & Ogston 1967など）と、ケンドン（Kendon 1970）は話者自身の身体各部位の動きの連動と同時に聞き手も話者の発話の進行に応じて身体動作が対応することを、また、心理療法場面でのセラピストとクライエントの姿勢が一致することを、チャーニー（Charny 1966）が報告している。

このシンクロニー傾向は、実験的な諸研究を概観したウェッブ（Webb 1972）によると、「面接者が自分の面接活動の水準を変えるのに応じて、面接者が行ったのと同じ方法で、被面接者が自分の面接行動（活動水準）を変える行動現象である」と述べている（p.115）。

この相互依存的な現象は、二つの側面から捉えられる。第1には、相互作用者のコミュニケーション・パターンが時間経過にともなって、正の相関関係が高まる現象である。第2は、相互作用者のコミュニケーションの活動水準が近似し、差が縮小する現象である。したがって、第2の側面からすると、むしろ負の相関関係が強化す

表2-1　対人コミュニケーション場面における参加者のコミュニケーション行動の類似化現象を示す主な概念

名称	指標・パターン	主な研究例
synchrony	発話（utterance）時間 沈黙（silence）時間 発話比（speech rate）	Matarazzo, Wetitmna, Saslow, & Wiens（1963） Matarazzo, & Wiens（1967） Webb（1972）
congruence, congruency	発話 休止（pause） 交代時休止（switching pause）	Feldstein（1968） Welkowitz & Kuc（1973）
convergence	音声強度（vocal intensity）	Natale（1975）
pattern matching	休止、音声（vocalization）	Cassota, Feldstein, & Jaffe（1967）
response matching	行動全般	Argyle（1969） Giles & Powesland（1975）
symmetry	音声強度（vocal intensity）	Meltzer, Morris, & Hayes（1971）
accommodation	アクセント、発音	Giles & Powesland（1975）
interactional synchrony, entrainment	発話、身体動作	Condon & Ogston（1967） Condon & Sander（1974）
facial mimicry（表情模倣） congruent facial expression（表情同調）	顔面表情	Dimberg（1982） Ichikawa & Makino（2007） Hess & Fischer（2013）
シンクロニー傾向（正・負） synchrony	発言時間（正）、沈黙後の積極発言時間（負）	大坊（1977）[1]
引き込み　entrainment	母の発話と乳児の体動 うなずき、心拍間隔	渡辺・石井・小林（1984）、渡辺（1996）
behavior matching	姿勢、身体動作	Bernieri & Rosenthal（1991）[2]
behavior（behavioral） mimicry	顔面表情、ジェスチャー、姿勢、独特のくせ、その他の身体動作についての自動的な模倣（意図的、無意図的を問わない）	Chartrand & Lakin（2013）[3]

1）大坊は、Matarazzoらのsynchronyを採用し、上記の名称を付した。渡辺らは、entrainmentを採用し、後に、対人関係の効果から「引き込み」の名称を用いている。

2）互いに鏡に映すようにかのように行動する(mirroring)ことであり、教室、治療場面や知り合いになる場面で観察されている。そして、自己報告のラポートや類似性、関与度と相関しているt述べている。

3）mimicryに関連する用語としては、単にmimicryとする他にも、spontaneous mimicry、human mimicryなどもある。なお、宇津木（2010）のように、ひろく動物のコミュニケーション行動を視野に入れ、戦略的な意味を含めて、mimicryを「擬態」と訳している例もある。

る場合も考えられる（77頁参照）。

この現象はいくつかのチャネル、指標について広汎に知られており、また、研究者によっていくつかの異なるラベルが付けられている。その代表的なものは表2－1に示してある。なお、マタラッツォらの命名にしたがって、シンクロニー傾向という名称を用いる（"synchrony"はsynchronize〈同時に起こる、同時に繰り返される、同期させる、同調させる〉に由来する語である。彼らの注目した行動現象は、時間的な経過をたどる中でのパターンの類似化であり、一時的な位相を抽出するものではないので、「同調」という語を用いることとした。同調行動〈Conformity behavior〉という近似した概念もあり混乱しやすいおそれもあるが、現象の意味を考えてあえてこの名称を用いている）。

個々の研究において、対象とされたコミュニケーション行動は多様であるとともに、その現象を説明するモデルも一つではない。次に代表的なモデルをいくつか概観する。

（1）マタラッツォらのシンクロニー傾向モデル

マタラッツォら（Matarazzo et al. 1963）は、面接実験時の被面接者の会話行動にこの現象を見出している。面接者の発言時間の長短を統制した条件では、被面接者の発言（ないし沈黙）時間がそれに対応して増減することを特に相関関係の点から確かめている。

面接者の一回当りの発言時間を操作すると、被面接者の応答の時間も直線的に変化することを示している（前出 1963）。また、面接者の沈黙時間を操作した場合にも被面接者の沈黙時間が同方向に変化することも報告されている（Matarazzo & Wiens 1967）。

さらに、宇宙飛行士と地上の連絡員との通信の場合での発言時間（Matarazzo et al. 1964）、大統領の記者会見時にも、記者の質問量（文章数として分析している。発言時間とは、.80以上の相関がある）とケネディ大統領の答弁量との間にも同様にシンクロニー傾向が認められている。（Ray & Webb 1966）。これらのいくつかのデータを基にして、マタラッツォは、発言のシンクロニー傾向については、相手との関係によって異なるが、発言量には一定の比例関係を保つ傾向があると考えられている。そして、これを言語的相互作用比（Verbal interaction constant）と名づけ（Matarazzo et al. 1962, p.424）、就職時の面接では求職者：雇用者＝5：1、大統領：記者＝2・7：1、宇宙飛行士：連絡員＝1・2～2・4：1という値を示している。

それではなぜ発言活動について正の相関関係が高まるのであろうか。

マタラッツォらは第1にバンデューラ（Bandura）の観察学習、モデリングの考え方を適用している（Matarazzo & Wiens 1972）。すなわち、参加者にとって、実験的な場面、面接場面は経験の乏しい新奇な状況であり、効果的な行動の仕方について知り得ていない。そのために、相互作用の相手（面接者など）の行動を模倣することによって、自分の行動の枠組みを得ようと試みる。その結果として、前述のように、面接者の発言行動が増減すれば、面接者（参加者）の発言行動も増減することになる、と彼らは考えている。

役割規定のない場合にも同様の現象が知られている。相互に未知の男女大学生同士の場合にも接触が増すにつれ、相互の発言平均時間が正の相関を呈することが報告されている（Feldstein 1968）。一方が、相手の行動を模倣すれば、発言パターンが変わる。その変化した発言パターンを相手もまた模倣する。この交互の変化系列の集積として、会話における発言行動の相互性が強まると考えられる。

また、このことをアーガイル（Argyle 1969）は、相互性（reciprocity）の模倣と表現し、マタラッツォらと同様の捉え方をしている。そして、この行動は、相手から何らかの報酬を受ける、相手が高地位者であり、自分が模倣することによって、相手が報酬（満足）を受ける場合にとられると考えている。さらに、マタラッツォら（Matarazzo et al. 1963）は、面接者の発言は強化子の機能を持つことも述べている。被面接者が発言すると、面接者がそれに応答する。その応答は被面接者にとっては、自分への関心の高まりとして認知し、心理的に満足し、一種の報酬となる。それが被面接者の発言への強化子として働き、さらに、発言行動が増大するというものである。マタラッツォとウィーンズは、これを「面接者の活動性が高まるほど満足度は大きくなる（greater-satisfaction-in-the-presence-of-greater-interviewer-activity）仮説」とも名づけている（Matarazzo & Wiens 1972, p.95）。これは、社会交換的な強化の考え方である。

しかし、この考え方は以下の点で制限つきである、と言わざるを得ない。第1には、面接場面であることが、参加者に明示されている場合には、モデリング的な反応は合致するものの、互いに実験事態に未経験な者の会話行動の場合には、相手との関係に応じて、親密さ、地位序列の関係がどう認知されるかによって、相手からの承認を求めようとするか否かが異なる。したがって、模倣し合うこと自体は必ずしも保証されないと考えられる。さらに、面接場面とそれ以外の場面とでは参加者の認知の仕方に違いがあると考えられる。このことを説明できるモデルでなければならない。

さらに、強化の視点からすると、強化子としての面接者の発言量と被面接者の〝強化された〟発言量との対応についての数量的な根拠及び、消去はどのように進むのかについての指摘もない点は、彼らの主張を〝制限つき〟と弱めるものであろう。

第2には、自分の発言と面接者の発言をコスト（cost）－報酬（reward）の連鎖と考えると、必ずコミュニケーション量の上限の問題がでてくる。この系列を連続していけば、たとえ、両者の発言が重複なく交代的に進行しても、全会話時間を発言の連続で埋めることになってしまう。すなわち、相互の発言の交代による発言時間の増大と会話者の満足度とが一次的な関数関係にあるかどうかは厳密には検討されていない。

しかし、現在までのところ、この発言の飽和を示唆する報告はない。また、同時に、どこで被面接者は報酬による満足を最大限に得るのであろうか。すなわち、面接者の発言が社会的承認としての報酬性を、具体的にはどの程度有するのかを明らかにしなければならないと思われる。特にこの点に関しては、ウェッブ（Webb 1972）は、発話の速度（speech rate）についてシンクロニー傾向が見られるが、発話の速度が速すぎると、不快と認知され、決して報酬価を持ちえないことを指摘しており、マタラッツォらの見方への限定を与えている。

(2) ナタルのコミュニケーション・モデル

ナタル（Natale 1975）は、マタラッツォらと同様に面接実験を行い、面接者と被面接者の発言様式との相関関係を調べている。ただし、ナタルは、音響学的な属性の一つ、すなわち、音声の強さ（vocal intensity）を取り上げている。彼は、〝ロンバード（Lombard）反射〟（周囲の騒音水準が増大すると、当人の音声水準も増大する現象）やレインとトラネル（Lane & Tranel 1971）の実験結果、すなわち、騒音条件下では音声水準が増大することを手掛かりとして、次のように述べている。すなわち、シンクロニー傾向は、会話において、コミュニケーションの明瞭性を維持するために（Signal-to-Noise S/N）比の変化に順応しようとして行う自動制御のメカニズムを示すものである。これは、会話相手の音圧水準が上昇すると、相対的に自分の発言の明瞭性が低下する。いわば、〝騒々しい〟状況と同等となる。したがって自分の水準を高めて、強い信号を送り出そうとするという考え方である。そして、この現象は会話することとの有意味性や重要度が高いほど、顕著に表れるとしている。

また、彼は、結果の一部に、相関関係が低下する例を見出している。後述のウェルコヴィッツとクック（Welkowitz & Kuc 1973）の報告を引き合いに出しながら、場面の持つ効果とともに参加者の共感性、社会的望ましさなどのパーソナリティ特性が、この現象に関与しているだろうと推測している。

この自動制御的な見解でも、前項と同様に、コミュニケーション量の上限の問題を引き起こす。相手の水準が増大するのに対応して、自己の水準の増大が起こるならば、時系列の中で、適切な会話の水準を逸脱して、双方とも騒々しい状態を呈することになる。会話としての最適水準を説明しうる見方が必要である。発言の明瞭性を保つための自動制御というメカニズムからすれば、個々人の明瞭性保持の視点とともに話者2名の全体としてのコミュニケーションの明瞭性を考慮にいれなければならない。すなわち、音圧水準が増大して、会話としての上限の閾値に達したところからは、冗長性を減じ、水準低下の方向に向かう同調が行われるであろう。ナタル（Natale）はこの点についてはは言及していない。また、負の相関関係を示すことについては、シンクロニー傾向の説明メカニズムと同等なところから説明していない点も、懸念される。

（3）ウェルコヴィッツらの共感現象としての見方

ウェルコヴィッツら（Welkowitz et al. 1976）は、上記の研究例にある面接実験と異なり、5～6歳の子供同士の対。6～7歳の子供同士の対として、役割規定のない会話実験を行っている。発言の休止（P: pause）と発言交代時の潜時（SP: switching pause）とを指標として分析している。それによると、対ごとに話者間で相関をとると、年少群に比べて年長群での正の相関が高く、特にSPにおいて顕著であった。

彼らは、SPは、発言交代時の沈黙であることから、対人的な関係を反映する指標とも見做している。すなわち、会話相手との関係を配慮することが可能になるために、この現象が生ずるとしている。そして、この違いはちょうどピアジェ（Piaget）の述べた自己中心語（egocentric speech）の段階から社会的言語（Socialized speech）の段階への発展と方向を一にするもので、シンクロニー傾向は、社会化を示す指標と述べている。また、同様に児童を対象者とした実験で、発言の頻度が、時間経過の中で相互に近似してくること、さらに、2名の話者の発言頻度の差異は、話者の年齢（3歳6ヶ月、4歳7ヶ月）と負の相関を示す報告もある（Garvey & Ben-debba 1974）。このことも、上述の発言パターンが社会化の指標であることをさらに示すものと言えよう。

彼らは大学生の会話パターンの類似化についても検討を行っている（Welkowitz & Kuc 1973）。それによると、SPの適合“congruence”（相手のコミュニケーション量との差異の低減）と相手のパーソナリティを「温かい」と評定する程度と正の相関のあることを見出しており、シンクロニー傾向を対人的な共感行動の一型と考えている。

なお、セラピストとクライエント（神経症などの患者）の発言パターンについての適合と共感性指標（Traux の

process measures〈セラピーでの発言の内容についての観察評定によって求められる〉）との相関関係を分析した研究でも，クライエントの発言後の沈黙時間，反応時間（発言に到る潜時）について，その適合が共感性と有意な相関関係を示している（Staples & Sloane 1976）。ただし，この研究では，発言時間の適合とセラピストの共感性とが負の相関を示しており，発言指標については前述の関係は成立していない。なお，この場合，共感性の高いセラピストに対して，患者の発言は少なくなっており，むしろ，心理的受容を感じることによって，コミュニケーションの必要が少なくなったのではないかと考えることができよう。

これらのことは，〝正の〟シンクロニー傾向は，相手との関係が親和的であり，その関係を維持することが望まれる際の一つの対人的表現であることを示している。殊に，ウェルコヴィッツらの考え方では，相互作用者間の〝対人知覚〟の内容が肯定的か否定的であるかが重要な視点になっている。したがって，シンクロニー傾向の程度と，相互の他者認知との関係をさらに検討していく必要がある。

(4) ジャイルズの調節理論

ジャイルズ（Giles 1973）は，民族間（ないしは，同一社会内での異言語使用者間）の言語の用い方に関心を寄せている。

ジャイルズらは，主として発話者のアクセントや発音に見られる類似性，すなわちシンクロニー傾向を取り上げている（図2－12参照）。そして，この現象を説明する視点として，昨今の代表的な対人関係理論を取り上げて考察している。基本的には，シンクロニー傾向（彼らは，これを〝調節〟〈accommdation〉と名づけている）は，相手からの社会的承認を得ようとする欲求の反映と考えている（Giles & Powesland 1975; Giles & Smith 1979）。

先ず，会話相手との関係についての認知がなされる。第1段階としては，相手との関係を持続，発展させていくべき相手であるか否かについてである。その結果，関係の維持を要する場合には，相手の行動との非類似性を

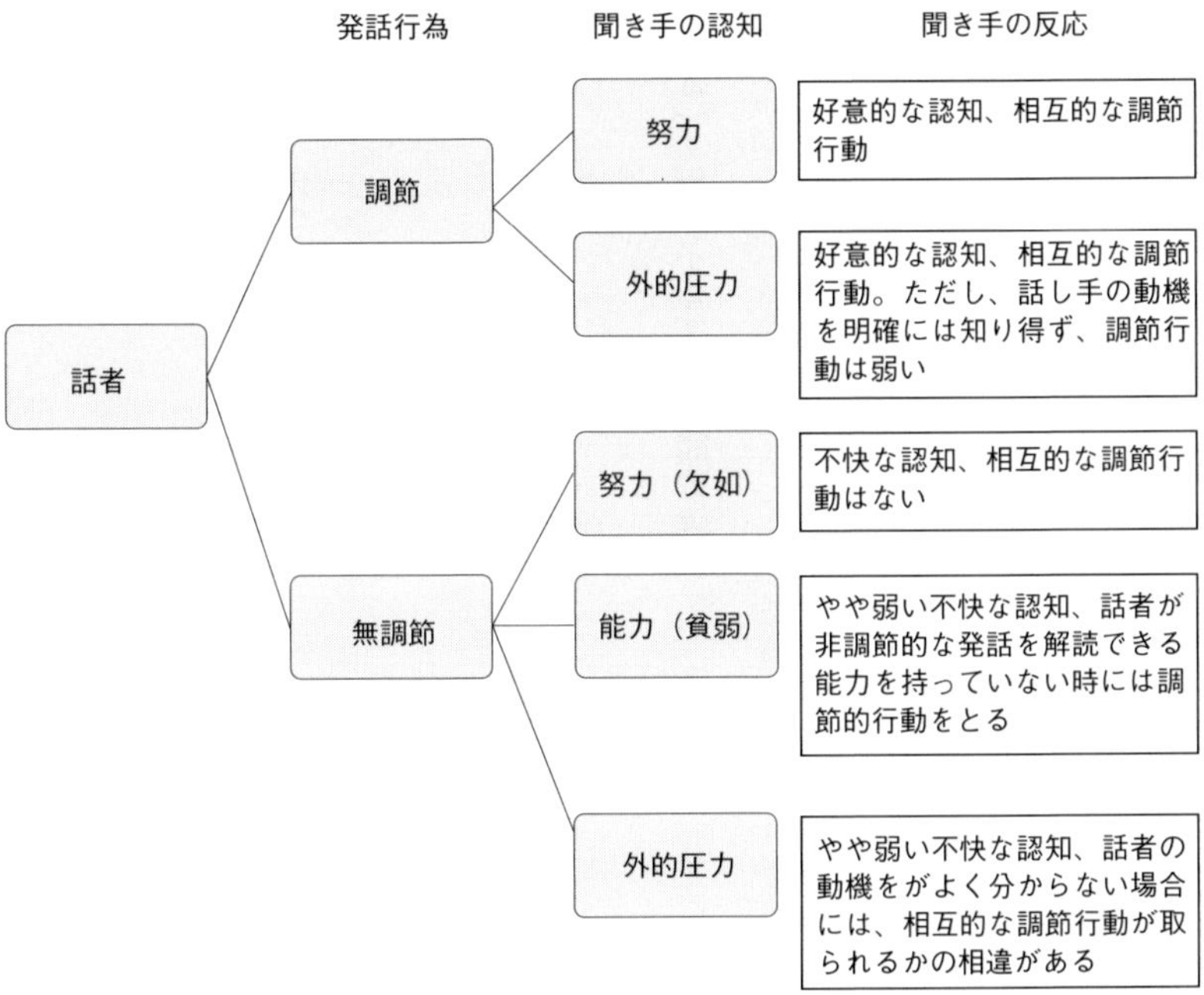

図2-12　発話における改訂版の調節モデル　〔Giles & Powesland 1975〕

減ずることによって、相手から好意的に評価されるように努める。それは、相手（聞き手）からの社会的承認（一種の報酬）を受けようとするための働きかけ（一種のコスト）と考えられる。具体的には、相手の会話行動に基づいて、相互作用の相手自身が自分のものとしている性格・行動を推測する。その特徴のうち、相手自らが受容している特徴を探索する。次に、自分が相手と類似した特徴を表すと、相手はこの類似性を肯定的に評価し、自分を承認するであろうと仮定する。その結果、相手から受け入れられると思われる特徴を自分の会話行動のレパートリーの中から選択し、表出するというメカニズムが考えられている。相手との関係を維持し、かつ、自己評価を高めようとする欲求が、このシンクロニー傾向を産出しているといえる。

彼の理論には、バーン（Byrne 1971）の態度の類似性と魅力についての直線的関係のモデル、コスト－報酬の交代的プロセスの社会

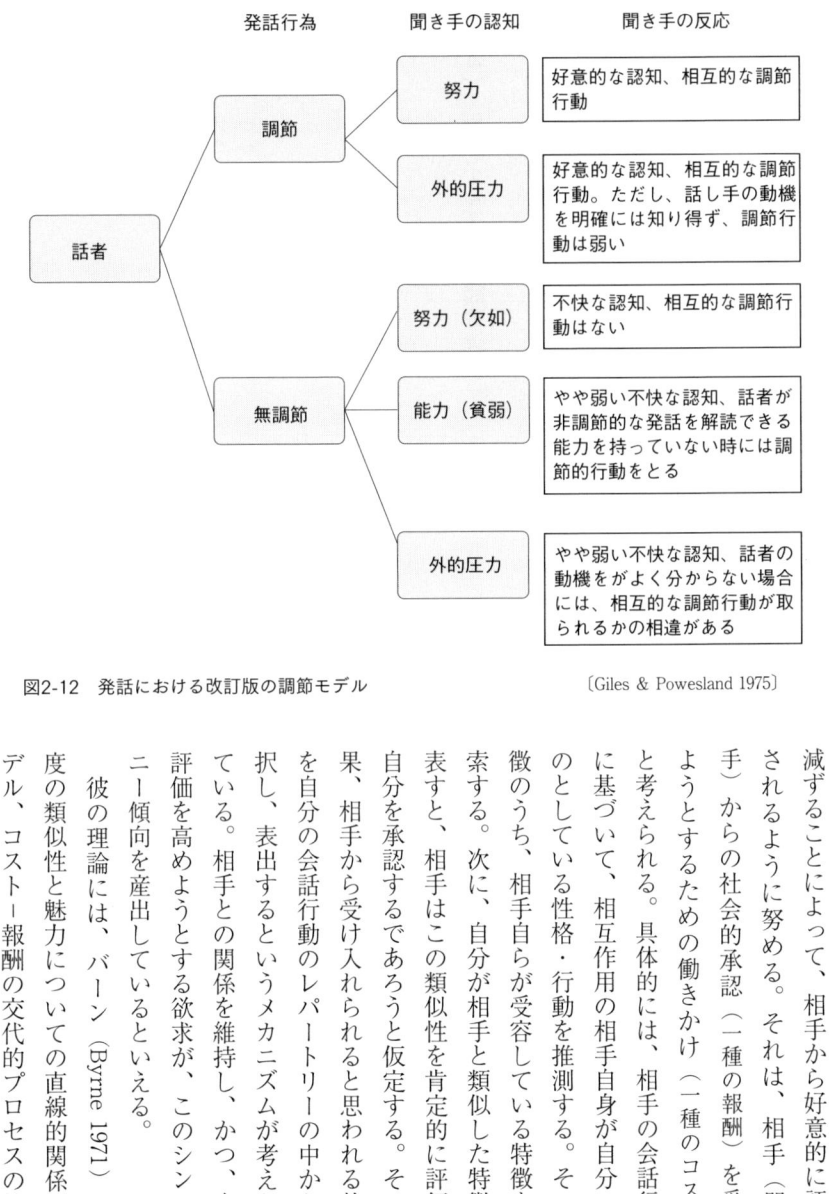

的交換理論、原因帰属理論などの考え方がベースとされている。

ジャイルズらは、「調節」の発生の有無、その程度を、原因帰属の視点で次のように表現している。図２－12は、話者と聞き手の（相手）の知覚、反応の関係を説明したものである。話者の発話行為に対して、聞き手は、努力（聞き手への働きかけ）、外的圧力（環境に由来する強制力）、相手の対人的な働きかけの意図を見極める言語的能力の要因の作用によって、相互的な調節、一方的な調節、調節の欠如というコミュニケーションが形成されるとしている。

特に彼らは、エスノセントリズム（ethnocentrism: 自民族中心主義）についての関心から、同一社会内においても、例えばカナダの英語使用者と仏語使用者とでは、会話の相手が何語を話すのかに応じて、アクセントのシンクロニー傾向の方向が異なることを発見している。

他の研究者は、〝正の〟シンクロニー傾向を主に取り上げているのに対し、彼は、〝負の〟シンクロニー傾向（彼の用語では、拡散：diversity ないし、divergence, negative response matching）についても多くの言及を行っている。異なる言語使用者間には、拡散現象が認められる。この点について次のように考えている。話者にとっては、自分の帰属する準拠集団から社会的受容を得るために、その集団への同一性を保ち、異言語使用者との相違を強調させるための一つの方略であると考えている。したがって、正のシンクロニー傾向と比べてより意識的行為とも考えている。しかし、彼ら自身、異性間の恋愛的関係の場合には、必ずしも男性の男らしい会話の特徴が、相手（女性）にそのまま受容され、行動に移されるとは限らないことを指摘しているように、社会的承認の仕方は、相手との関係に応じて異なることが考えられる。また、会話の他の特徴、すなわち、発言時間などを考えてみると、相手の発言が活発であると、一方は自分の発言を抑制することによって、相手の発言行為を許容し、そのことによって社会的承認を受ける手段になる可能性が高い。したがって、正・負両方向のシンクロニー傾向がともに社会的承認の表出と考えられるので、その方向の違いをどこで説明するのかが一つの問題点と言えよう。

なお、ジャイルズとオゲイ（Giles & Ogay 2007）は、言語行為について自らが提唱した調節理論であったが、それを言語行為から非言語をも含めて検討し、理論の改良と精緻化を進めた結果、コミュニケーション調節理論（Communication Accommodation Theory: CAT）を提唱するに至った。元々は、相互作用で観察されるアクセントとバイリンガル・シフトを扱う社会言語学的なモデルであったが、CATは「コミュニケーションによる相互作用における関係化とアイデンティティを築く、維持するプロセスについての学際的なモデル」へと拡張されたと言える。このモデルでも言語は依然として理論の中心的な焦点であるが、人が自分のアイデンティティを示すために用いるコミュニケーション記号（例えば、ドレスやヘヤースタイル、化粧品、食事のパターン）もCATの観点から理解しようとしている。

この理論について、わが国では、栗林（2010）が展望している。そこでは、この理論の特徴を概観した上で、日本の社会心理学領域では、対人コミュニケーションの研究では一部言及されているものの、その他の領域では十分には取り入れられていないと指摘している、この理論に関連性の高いものとして、社会的アイデンティティ理論を挙げ、さらに自己提示研究において活用できる可能性が高いことを述べている。

（5） シンクロニー傾向は普遍か

前項までにも触れてきたが、シンクロニー傾向が認められないとの報告もある。経験の浅い面接者では認められるが、経験を積んだ面接者では認められない（Pope et al. 1974）、統合失調症者はシンクロニー傾向を示さない（Dinoff et al. 1971）などの報告がある。さらに、対としての会話量は、時間経過とともに一定の量に近づくこと（大坊・杉山・赤間 1973）、沈黙後の積極的な発言時間については正のシンクロニー傾向があるものの、個人の発言時間全体については時間の経過とともに次第に負の相関を示すに至る（負のシンクロニー傾向）ことが知られている（大坊 1977）。

これらのことから、コミュニケーション自体に正のシンクロニー傾向を前提とすることはできず、むしろ、その事態の対人関係の特徴を典型的に反映する現象と考えられる。シンクロニー傾向は、相手との関係の持続ないし解消への欲求を力動的に反映する現象である。したがって、そのプロセスには、認知的均衡や対人的親密性、共感性の要因が影響すると言える。

関係の持続を望むならば、相手の発言に対応した変化が見られるであろうが、そうでなければタイミングのずれた反応が示されるであろう。また、コミュニケーションの連鎖からすれば、負のシンクロニー傾向も建設的な意味を持つこともあると考えられる。一方が相手に対して好意的な感情を抱き、相手の発言が活発な場合はどうであろう。相手の発言を容認し、聞き手に徹するならば、負の同調が起こることが十分に考えられる。このように会話者間の認知的均衡が、この現象に作用する大きな要因であると考えられる。

シンクロニー傾向は、二つの側面からとらえることができる。第1は、話者の言語活動パターンが時間経過とともに類似し、正の相関関係が高まる傾向、第2は、話者の言語活動水準が近似した値へと収束して差が減少する傾向である（Welkowitz & Kuc 1973）。この現象は、共感性、対人的温かさ、社会化能力などと関係するものであり、相手との関係を進展させることと関連している（大坊 1985）。

正、負のシンクロニー傾向の型を考えてみると、概略して五つのタイプに分けることができよう。2人がともに、相手のコミュニケーション・パターン、水準へと近づき、パターンが類似していく相互的な正のシンクロニー傾向（Ⅰ）、このパターンの変化が一方のみにみられる、片側の正のシンクロニー傾向（Ⅱ）が正のシンクロニー傾向として挙げられる。そして、各々が自分の水準、パターンを保持する、平行関係を続けるものがある（Ⅲ）。一定の距離を保つ、正・負の中間に位置するものである。

負のシンクロニー傾向としては、Ⅰ、Ⅱの逆転した関係がある。Ⅳは一方のみが乖《かい》離するものであり、Ⅴは2人ともに、相手の水準から遠ざかり、類似性を低減させるもので、ⅠからⅤへと、同調性は低減すると考えられる。ただし、ここで留意しなければならない点として、同調的な変化が生ずる初期の活動水準の問題がある。2者間のコミュニケーション量の差の観点からすると、会話の最適水準（何らかの水準があるとして）に比べて、Iのタイプは、一方が高水準（+）から低水準（−）へ、相手が低水準（−）から高水準（+）への変化であり、Vのタイプは、一方は高水準（+）からより高水準（++）へ、相手は低水準（−）からより低水準（−）へと向かうものである。それと、負のシンクロニー傾向の存在が、すなわち、直ちにコミュニケーションの破綻に到ることではないと考えられる。

次に、対人関係の認知的不均衡の問題が考えられる。一般的には、不均衡それ自体が均衡へ向かう力動性を惹起すると捉えられている。しかし、認知対象の重要性が高いか、または不均衡が過度な場合には、それを解消しようとする姿勢を撤回し、自分なりの水準やパターンに戻り、あるいは固執するという〝分解的〟な変化が生ずるメカニズムが考えられる（Taylor 1970）。これが、負のシンクロニー傾向を示す第2の要因として挙げられよう。

いずれにせよ、負のシンクロニー傾向は、動作、姿勢（Kendon 1970; M-cDowall 1978）についても認められることをも考慮するならば、負のシンクロニー傾向は、それ自体、決して否定的な対人関係の欲求だけを示すものではない。ホール（Hall 1966）の指摘しているように、相手との関係を積極的に続けることに含まれる、対人的リズムの一つと言える。

これまで述べてきたことは、発言及びそれに随伴する音声チャネルに関して、その特定のチャネルにおいて、相互作用者間でパターン、水準の類似化が起こることであった。

さらに、異種チャネル間に正の相関関係が高まる現象も知られている。マタラッツォら（Matarazzo et al. 1964）は、面接者の発言時間を統制して、うなずき（head nodding）の程度を操作した実験では、うなずきが被面接者の発言行動を促進し、正の相関関係を持つことを示している。また、合づち（"Mm-hmm"）についても同様の発言行動促進の効果のあることを見出している（Matarazzo et al. 1964）。

同様に、コンドンら（Condon & Ogston 1967; Condon & Sander 1974）は、話し相手の声に、聞き手の身体動作が一致して反応する現象に着目し、これを相互作用的シンクロニー“interactional synchrony”あるいは、エントレインメント（entrainment）と名づけている。コンドンとザンダー（Condon & Sander 1974）は、おとなからの話しかけ（母国語のみならず中国語でも）に応じて、新生児の身体動作が生じることを示している。この時期における新生児の反応は目的的とは言い難いが、概ねリズミックな応答は示されていない。さらに、このような母子間の同調現象で得られた音声と身体動作の対応リズム（波形分析による）と、成人の会話（音声とうなずき）での結果が類似したパターンを示すことも知られている（渡辺ら 1984）。

また、やまだ（1996）は、この母子間に見られる同調を示すコミュニケーションを互いに共鳴して「うたう」かのような共同体としての現象として捉えている。両者の送受信は高度に共鳴し、他者が介入しにくい濃密で、要素的には分解しがたい全体性をなしているとしている。自他の識別を前提としない融合的世界から発して、しだいに共振することによって身体としての自分と鏡映的な他者を認識し、世界を変えていくことに通じる必然的現象として理解できる。

さらに、ブッシュマンの社会は、協同性、分かち合いを抜きには成立し得ないことを理解の根底において今村（1996）は観察と考察を行っている。採集、日常的な協同作業（獲物の解体作業、家屋建築時の作業など）などの場面で参加者の一連の行動が互いに同期することも観察されている。例として、3人の女性が瓜科の植物の根茎を掘り出して採集する行動の観察が報告されている（p.79-85）。1人が根茎を掘り出す度に他がそれを見、また自分も掘り出す作業を繰り返す。それぞれの単独の作業を他に注意を向けながら続ける。競争ではなく、掘るというリズムを同じ場所と時間を共有するゲームのような光景である。また、この根茎掘りは、繊細な注意力と集中力を要するものでひたすら没頭しなければならない。砂を掘り出す動きに合わせて一人が歌い出すと、たちまち他もそれに唱和しながら、時に手を休めて手拍子を入れながらも掘り続ける。細い茎を50センチ以上も掘り、砂をかき出しながら茎が折れてしまわないように注意集中を要する。そこで、この作業をしながら歌うということは、「意識の集中と解放を両立させた行為である。没入するがゆえに心が解き放たれるという、一種のフロー体験に近い感覚であろう」と今村は述べている（p.82）。掘る動作個々のシンクロニーというのではなく、それぞれが同じ動作をしていることを側に感じながら、掘る動作と連動している歌のリズムを共有していることに協同性の文化が表れていると考えられている。

さらに、今村は、「かれらの同調的な相互行為は、『個人の行動が、他の人々に波及的に広がる』というような個人を出発点としたものというより、すでに人々に共有されている気分が、なにかをきっかけに表出し、響き合うといったものである」と述べている（p.87）。

ここでは、具体的なコミュニケーション行動の同期の例ではないが、同じアイデンティティを持って生活することに由来する（あるいは帰着するとも言える）間主観的な行動の連動として、シンクロニーを捉えることができると考えられる。

シンクロニー傾向は発達のごく初期である乳児期から、そして多様な対人関係において広範に認められることから、ホール（1970）はこれを、われわれが社会的な存在であること、そのために対人コミュニケーションを続けること自体に含まれる「固有の対人的リズム」であると述べている。このように、シンクロニー傾向は、同一チャネルに見られるミクロな連動現象から、マクロな一連の行動の連鎖についても認められる。社会的関係を築く原初的起源となるコミュニケーションを示しているかのようにも解釈できる。社会的存在である人間が、自分の身体を用いて示す「共振」現象は、あたかも、ある源から発した振動波が周囲にある同種の事物の振動を促すことと同様なのであろう。意図性がないかごく低いことからしても、ア・プリオリに他者を考慮し、社会的関係の構築に向かう内発性を示すものであろう。

これらの知見からすると、人間は対人的な働きかけ――同一チャネル、及び異なるチャネルであっても――に対する同調した応答性を生得的に持っていることになる。それは、特にコンドンらの研究で取り上げられているように、身体動作などNVCに観察される、無意識的なメカニズムに大きく依存する現象であると言える。この現象は、対人関係の成立、発展の契機となるものであることを否定するものではない。しかし、ジャイルズらの言うように意図的で、積極的な社会的影響過程として考えた場合に、VC及びそれに随伴する音声的側面の重要性は大きい。

コンドンらは、音声に対する身体動作の周期的な呼応、すなわち、〝同期〟を問題にしている。継続的にパターンの類似化が促進されるというシンクロニー傾向とは厳密には異なる側面を扱っている。また、他の多くの研究では、いわばコミュニケーションの同調現象が生ずるか否かに焦点を合わせている。先に述べたように、対人関係を反映する指標として考えていくと、同調現象を乱した場合、どのように認知され、対人関係が変容していくかについて一層の検討を重ねていかなければならない。

(6) シンクロニー傾向研究の新たな視点

従来の研究では、個人及び参加者総計のコミュニケーション量を一定の時間枠を設定し、そこでの出現頻度、持続時間その総和として表し、その統計分析を行うものが一般的であった。コミュニケーションは連続した時間の中で行われるものであった。しかし、参加者相互のコミュニケーションの持つ情報をできるだけ活かして分析するための工夫は必要である。その試みの一つとして、参加者の身体動作を総体的に把握する目的で、波形分析を用いた例を紹介する。

フジワラとダイボウ（Fujiwara & Daibo 2016）は、身体動作のリズミカルな特徴が個人間の結びつきにどのように寄与するかを調べている。これまでの研究では、シンクロニー傾向は対人関係を強化・維持する働きがあるので、一種の社会的接着剤の一形態であると説明されている。そのことを話者の身体動作を総体として扱う方法として、動作を二次元軸の座標上の波形を分析している。

女性同士2名の6分間の会話実験を行い、その2人一組の時系列動作データをウェーブレット変換し、ウェーブレット・コヒーレンス（wavelet coherence: WTC）を算出した[2]。この結果と実際には会話していない他者のデータとの比較を行った結果、実際の会話者間のWTCが明らかに高く、シンクロニーが行われていたことを示している。

また、フジワラら（Fujiwara et al. 2020）は、これらの知見を拡張して、身体動作のシンクロニーに対する速いテンポと遅いテンポの影響を考慮している。2部構成の実験では、男女同性の見知らぬ人（研究1）と同性友人（研究2）の間で各々の二者間相互作用を調べている。参加者の5分間または6分間のチャットをビデオ録画し、その参加者の身体動作を定量化した。具体的には、参加者の頭部と両手の動作量について、動作解析ソフトを用いて時系列的に算出した。二人一組の時系列動作データをウェーブレット変換し、WTCを算出した[2]。これを使用してシンクロニーを検討した。研究1は回帰共通性分析と階層線形モデリングを採用し、様々な周波数帯域の間で、個人間のラポールが0・025Hz（つまり、40秒に1回よりも遅い）及び0・5〜1・5Hz（つまり、0・67-2秒ごとに1回）のシンクロニーと関連していることが示された。研究2では、0・5〜1・5Hzのシンクロニーは、友人間では影響を与えるものではなかったが、比較のために実際には会話しなかった他者と組み合わせて検討したデータとの比較を行ったところ、見知らぬ人との友人関係を築く動機はあると予測しうるものであった。これらの結果は、相互作用する個人を結びつけるための独特のリズムが存在していること、シンクロニーが既存の友人関係によって調整されるものであることを示していた。

なお、同様の分析方法を用いて男女差を検討したところ、男性に比べて女性同士の場合にはシンクロニーが生じやすく、また、この効果は、独白か会話であるかによって異なるものではなかった（Fujiwara et al. 2019）。

10　対人コミュニケーションの社会性

6（56頁）で述べたように、対人コミュニケーションには社会交換的なメカニズムが働いている。個々のメッセージの交換は発信者にとってはコストをかけた行為であり、受け手にとっては自分への関心是非・強さ、正負の承認となる性質を持つので報酬価がある。したがって、コミュニケーションの直接性は強化因子として働く。このように、ミクロな視点ではメッセージの応答は社会的な交換過程と見なしうる。メッセージの交換とは定性的な表現であるが、コミュニケーションを量的に表現できること、しかも、例えば親密性平衡モデルの主張にあるように、親密さを表現する場合に異種類のチャネルによる代替が可能である。したがって、コミュニケーション・チャネルの違いによる強化・報酬価値を測定できることになる。

しかし、社会交換理論では環境的な全体の布置を必ずしも考慮せずに要素的に時点を取り出して交換行為を問題としてきたきらいがある。個々のメッセージ交換は時系列となり、歴史的事実となる。個々の交換行為を基礎としながら、当該の対人関係に相応する定常的なシステムをなそうとしているとも言える。すなわち、そこに一定の内部的な収斂《しゅうれん》力を持つ固定的な状態が目指されていると考えられる。この目標が均衡状態である。さらにこの均衡は階層性を持つものであり、個人内部の一貫性を保持するために指向される個人内均衡と対人関係を主とする社会的環境との調和を図る対人的均衡とがある。後者は社会的存在として内在するホメオスタシスとして捉えることもできよう。この例は、儀礼的な贈与の慣習であるポトラッチの制度にも見ることができるネイティブ・アメリカンに見られる饗宴の主催であり、自分の持っている財を無条件に提供することによって、他者に対する威信を維持するものである（青井 1980）。このような「持てるもの」を放出する行動は、コスト－報酬の交換とは言えず、「社会」全体の均衡を指向する現象の一つと言えよう。この非相称的な贈与の習慣は、その意味を拡大すれば、規範的等価性を抽出できるかも知れないが、社会システムを保持するという均衡指向の行為である。すなわち、個々の交換行為の連鎖は上位の社会システムの全体的布置の中に含まれており、さらに時系列の中でプロセスとなる。家庭内での親から子へのプレゼントは子への強化の意味を持ち得るが、財の移動は家庭を出ることはなく、また、養育過程において親が子にかけるコストは一方的なものであり、衡平性を欠く。しかし、提供する（できる）ことの有用感による満足や、与えられたコストを子が享受し、成長すること自体への期待感は異なる資源間での交換を示すものでもあろう。さらに、当該時点を超えた過程に生じる満足感もまた、個々の交換を超えた社会システムの均衡の例と言えよう。

このような経過で達成された均衡状態は実際には必ずしも収束する意味での定常ではない。現実には変化を含んだ力動性が存在している。その内部のシステムでは個々の交換行為に伴って、他者認知の過程が進行している。獲得された均衡状態にしたがって、認知された他者情報を修正、補強しようとする、一種の対人関係の質の変化が起こる。この認知的検討の段階において、さらに高度な均衡への動機が生じると考えられる。したがって、対人関係段階の進展に伴ってコミュニケーションの持つ機能自体も変容していくと考えられる。ただし、このような均衡から不均衡への変化の過程はコミュニケーション行動についてはこれまで十分に検討されていない。個々の交換行為の連鎖としての事実からのみではなく、環境の全体的布置の視点からコミュニケーション過程をシステムとして捉えるアプローチとの接合点を探らなければならない。

第3章　記号としての身体

1　身体を媒体とするコミュニケーション

通常、人は、主に身体（感覚器官、運動器官）を介して自分の伝えたい心的メッセージを発信し、他者はこれに共鳴し得る自分の身体を通じて受け取る。ただし、身体に由来するチャネルの行動は逐一にメッセージに要素的に対応するものでないことがほとんどである。コミュニケーションする際には、相手に伝えたいメッセージを音声、しぐさ、顔の表情等の多様なチャネルに連鎖的に込める（大坊 2001, 2003）。

例えば、相手の責任を責め、非難するために、「拳を振り上げ」「眉間に皺を寄せ」「大きな声を発する」とする。その相手は、この行動を相称的に自分の身体に置き換えて「感じる」。「あの拳の振り上げ様、深く刻まれた眉間の皺、いつもの穏やかな声とは違うあの甲高い声」を異様なこととして受け取る。それは、同型の身体を持つ者であることが前提となっている文化があるからこそ、つまり、一種の鏡、共鳴体を持つことによって可能になるはずではなかろうか。(1)

もし、一方が、これと異なる身体を持っているならば、「同様な」解読は容易ではないと考えられる。コミュニケーションは、われわれにとって多くの当たり前になっている前提があるから可能なことと言えよう。コミュニケーションの発生、その歴史を考えるならば、人々は、互いの身体を照らし合わせることによって直接的にメッセージを交換していたであろうことが推測できる。身体各部が掌るコミュニケーション機能が十全に働く限りにおいては、精密に共鳴していたであろう。しかし、多様な人々の登場、文化的な多様化が進み、「共鳴する」ことに、条件が付与され、あるいは、表出や解読に段階の違いや程度の差が生じてきたと捉えることができる。換言すれば、相互作用形態が複雑化し、「解釈」の余地、含意に幅が生まれざるを得なかったからと言える。つまり、個性を持つ人々が多くの活動を行うようになったための必然の所産と言えよう。

異星人が地球を訪れ、ある家庭にやってくるというSFコメディ映画がある（『ブラボー火星人』（原題 "*My Favorite Martian*" １９９８年制作、クリストファー・ロイド主演、ブエナビスタピクチャーズ配給）。そこで地球人がどのような特徴を持つのかを探るために、最初に行ったことは、変身して、地球人と同じ身体を真似て作ることであった。声を発すること、手足を動かすことを学ぶ。そして、やっとコミュニケーションが可能になり、地球人の特徴を知ることになる。

ここで注目したいのは、同じ身体の造作を得、相手と同じ行動を取ることができるようになって、「やっと」考えや感情を知ることになったということである。われわれは、生まれながらにそれぞれが「同じ」身体を持っているので、この前提条件を自明のこととして、考慮できていないと言える。送受信の同事体である身体を介することができるので、互いのメッセージを受け取り、意味を解釈することができると言える。同じ身体を前提として用い、他者と同じ行動を取ってみる（真似る）。そうすることによって、理解していくことが可能になる。他者の真意を最初から理解することは難しいが、相手と同じ行動を繰り返し取ってみる。そうすることによって、こういう場面なら、こう行動するのかという経験を積むことによって次第に相手の意図を理解していくことができる。身体を介しての模倣が理解の糸口となる。当然のことながら、完全に正確な理解は簡単ではない。われわれの日常生活において、たとえ親密な関係にある者でも、それなりの共通する知識と多くの推測によってその関係を維持しているのであり、記号化と解読が完全に一致することはない。その齟齬の可能性があるが故に、他者理解の謙虚さがあり、また、その齟齬を埋めようとする不断の努力が払われるからこそ、常に安定を求める社会的行動が展開されると言えよう。

あのミロのヴィーナスの像を思い起こして欲しい。あの像は両腕が損なわれている。研究者によって見解の違いはあるが、ある研究者は、あの胴体や肩の特徴から、右腕が身体の前に向かい、左腕は左に向けられていると推論している（美術解剖学の専門家は微細な考察をするであろうが、ここでは、その域に踏み込まない）。このような推論にはある程度の解釈の幅があるが、基本的には、身体構造についての一致した見方があり、そのことからすると、相応の推測（解読）が可能となる。自らが身体を持ち、それを介して他者とのつながりを持つことができることからそれが像であろうと生身の人間であろうと、推し量って考えることができるのである（図3－1）。

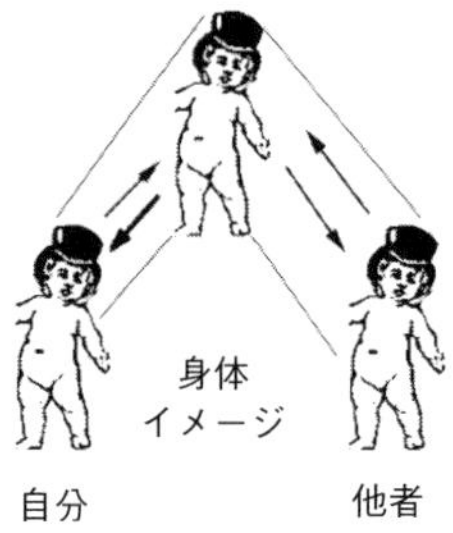

図3-1　相似形の身体を想定したコミュニケーション
互いに相似形としての身体を持ち、チャネルの効果について共通の意味を前提としてコミュニケーションは可能となる。

やまだ（1996）は、母子間に見られる同調的コミュニケーションを共鳴して「うたう」かのような共同体の現象としている。両者の送受信は、要素的には分解できない全体性をなしているとしている。自他の識別を前提としない融合的世界から発して、しだいに「共振する」ことによって鏡映的な他者を認識した、必然的現象としている。さらに、ブッシュマンの社会において、採集、日常的な協同作業（獲物の解体作業、家屋建築時の作業など）などの場面で参加者の一連の行動が互いに同期することも観察されている（79－80頁参照、今村 1996）。今村は、個人から発せられて次第に伝播していくという要素的なことではなく、「既に」人々に共有されている気分が、自然に表出し、互いの身体に響き合うといったものであるという人類に内在する元来のコミュニケーションであると述べている。やまだ（1996）が述べているように、われわれは先天的に社会的存在であり、シンクロニー傾向はそのことを表す自発的な表出とも言えよう。

そして、菅原（1996）は、ブッシュマンでは、女性、子どものみならず、成人の男性でも、おかしくて笑いこける際に、相手と互いに肩をつかみ、身体を押しつけ合いながらおかしさを身体の動きというリズムで感じ合うことを紹介している。他人の身体を自分の身体の延長あるいは一部としてリズムを示すこともまた、先天的な社会性を確認し合う行動なのであろう。互いの身体を揺する、笑い合うことは、身体の持つ楽器性を示す。これは、心理的な距離のない直接的な身体による一体感の共有なのである。

また、歴史学者である池上（1992）は、身体的なコミュニケーションこそが、「社会」を構築する重要な単位になっていることを指摘している。それは以下の記述に見ることができる。

「身振り：他者の目を意識して作られ、他者にむかって示され、そして固定化されてゆくものである。これは身振りを現実に行っている者たちがたとえ無意識にそれらの仕草をしているとしても、またかりにその場に他人がおらず、一見ひとりでふるまっているときでさえ、あいかわらず事実であろう。つまり、身振りとは『社会関係』のなかではじめて効力を発揮するものなのであり、また身振りが社会関係を維持更新し、あるいはあらたに作りだしているものである。別の言葉でいいなおせば、社会は、身振りの発信する目にみえない情報の網の目に覆われており、また、それによって文節化されているのである」（原文まま、池上 1992 p.10）

このように言を進めてきた意図は、他者との関係を反映し、実現するコミュニケーション行動は、身体に由来し、身体を通じて読み取ることのできる一連の身体現象であることを示すことにある。このような見方は、原初型としてのコミュニケーションに注目してのことである。現代において、大方は、このような共鳴体としての身体の存在を顧慮することなく、コミュニケーション行動を行っており、しかも、直接的には身体性を大きく超えたコミュニケーションが日常化しつつある。Ｗｅｂ上で行われるコミュニケーションには、ＳＮＳ（Social Networking Service; 登録された利用者同士が交流できるＷｅｂサイトの会員制サービス）、ＣＭＣ（Computer Mediated Communication; 複数のパソコンを介して行われるコミュニケーション）や、これらと重複する部分もあるが、ケータイによるコミュニケーションなどがそれに当たる。実は、この時代的趨勢は、身体自体の特徴を強調あるいは変えようとして試みられてきた衣服との関係に比喩することができる。

2　コミュニケーションは衣服に擬《なぞら》えるか――身体を覆い隠すことは「自己を顕す」こと

肉体（素材としての身体を強調するためにこの語を用いる）こそは紛れもなく自分のものであり、誰もがこれらを否定して自らを証明できるものではない。自己を他者と識別しうるものとしてアピールするものであり、他者との多様な比較の基盤となるものでもある。しかし、それはモノとして既にあるものであり、自在に変幻できるものではない。これは、常に相対的な意味を持つ心理性とは異なる点である。すなわち、肉体は、紛れもない自分そのものでありながら、完全にこれを隠蔽できるものでもなく、作り変えることもできない。このことが、飾る、装うことの出発点になっている。そして、生得的な自己の表れを超えて、化粧や衣服によって自己の表現法が拡大し、他者の目を利用した自己のアイデンティティの範囲が広がることにもなる。

すなわち、人工的に改造するにはコストが大きすぎる肉体を隠しながらそれに替わる方法として化粧や衣服が生まれたと言える。そして、飾るということは、他者という評価者を必要としてのことである。すなわち、元来所有している身体の特徴を一旦覆うことによって、その特徴を増減あるいは変質させることのできる衣服を第二の自分として用いたのである。自己の本体自体は容易には可変し難いので、簡易な取り替え可能な衣服によって自己表出の範囲を拡大したのである。しかも、このような開発は、長い歴史を有しているのであって、些細な付加価値としてこれを見なすものではない。人類の発生の歴史を振り返ると分かるように、飾ることへの並々ならぬ工夫が間断なくなされてきていることが見てとれる。容易に得難い「モノ」を手に入れようとして、他者と競うことも厭わない。そこに、一層社会的な価値が高められることになっている。

このような衣服の登場とその役割は、身体に対して、身体の特徴を道具として用いて、伝達性を増幅する、あるいはその特徴を補うように働くコミュニケーションと類似していると言えよう。

なお、北山（1999）は、人間にとって、衣服は文明化——自然との境界を明確にする行為——のシンボルとして位置づけられること、人間が自然に与えられた肉体のままであることを否定することに結びつけられるとしている。つまり、自然にあるものを正確に意識化することは容易ではないし、自己の優位さを確認し難い。したがって、なんらかの方法によって、肉体に注意を向け、コストをかけて、それを支配する必要がある。歴史的に見られる、身体加工（入れ墨、唇飾り、長い首、長頭化）などは肉体との心理的距離を作り、操作可能なものとして位置づける例であるとしている。現代では、ピアス（耳に限らない）はポピュラーであり、髪の毛のカラーリング、エステティックも同様な例である。流行の先駆けをなすイノベーターは周囲の好奇の目に晒され、否定的な評価を受ける可能性という「リスク」を抱えながらの自己意識化の行動をとっているのであろう。このように考えていくと、心理的、物質的、経済的コストを伴わなければ自己の概念化ができないもののようである。それがために、合理性を超えた衣服の工夫、装飾がなされているとも言えよう。

このような例を考えるならば、身体に対する衣服は、コミュニケーションになぞらえることができよう。衣服は、他者と交感するために敢えて創りだされた身体の仮面であり、時には、身体性を加減して映す凹凸レンズの役割を持っている。

なお、外見の要因は直観的に視覚情報として入手され、優先的に解読吟味されるものである。しかも、衣服は変更可能であり、また、人間関係の種類や場面などに応じて柔軟に選択される。選択するのは当事者であるにせよ、他の外見要因に比べて社会的な手段としての意味が強いチャネルと言えよう。したがって、衣服自体による特質とともに着る者の身体スタイル、容貌、そして場面などとの交互作用として、伝える意味は同じにはならない。

3　身体がツールを用いることと身体自体のメッセージ性

身体との関係において、衣服で身体を覆うことは、コミュニケーションの優位を顔に譲ることになり、仮面をつけることによって、身体は再びコミュニケーションの主たる道具として重要になるとの指摘がある（鷲田 2005）。メッセージ性を持つ身体の一部を隠すことは、隠されていない身体部位の発信を強調し、また、隠された身体は、そのメッセージ発信を可能にする出口を求めて、右往左往することになる。身体における主導権争奪の動きを生むことになると言えよう。近代から現代においては、天然であることよりも、加工することを優先し、人工的なツールや装飾を好んできた。そのことは、次第に、身体が発するメッセージを率直に汲み取ることなく、いわば、技巧的な演出自体を楽しむとも言える自己呈示的コミュニケーションがなされるようになったのではなかろうか。共鳴体としての身体を持ちながら、敢えてそこから距離のある表現を行うことによって、時に、錯誤すら生じ得るリスクを抱えたコミュニケーションの危うさを楽しむというゲーム時代を招来したと考えることができる。互いに理解する、特定の情報を伝え合うという紐帯的なコミュニケーションに対して、個々の個別性を大前提とし、分かり合うことを目指すという人間の根底的な方向性を求めない。ここに、分かり合えることを求めることによる膨大なエネルギーの消費、分かり合えない場合の徒労感や疲労感を先取り的に回避しようとする傾向を読み取ることができる。時間消費的に便利な、コストの少ない間接的なコミュニケーション方法への依存性やコミュニケーション・ツールの異様な開発指向、そして、対面的で時間をかけた相互作用機会の減退などにその根拠を求めることができる。

われわれは、相似形の身体を互いに掲げ合わずに個別の情報をつなぎ合わせるかのような他者とのコミュニケーション行動が近年多くなっている。しかし、身体から遊離して断片化したメッセージをつなぎ合わせたとして全体的な心的表象を獲得することは容易ではない。身体自体のコミュニケーション性を抑制することは、次第に身体を損ない、共鳴できるはずのメッセージを適切につなぎ難くさせる危険性をはらんでいる。

われわれは同時にいくつものコミュニケーション表現手段を用いている。対人認知の手掛かりの優位性についての研究に見られるように、対人関係において何を目指すのかによって用いられる手掛かりは異なること、さらに場面の要因を含めたマルチ・チャネル的な研究が一層必要である。

人は、所属集団や社会に適合した、帰属意識を持ち、衣服やコミュニケーション・スタイルに反映させる。元来、自己を規定する係留点を多く持たない人間は、自分のいる環境や条件を整えることによって、内発的ではなく、外在からの拘束という形での帰属性を好む傾向がある。

ごく一般的には、自分らしさを追究し、「自分らしい表現」が心がけられるのであろうが、それは急速に減退してきている。例えば、一時期の高校生のルーズ・ソックス、高校生・大学生のキャミソール・ファッションなどは、世代の制服として定着し、機能している。流行の持つ先駆け意識は既に失われている。いつの時代にも同様な「現象」は起こるものであるが、現在の衣服の機能はウチとソトを切り替える「身支度」としてのものではなく、「私」と「公」をいかに平準化するか（私をもって公を取り込もうとしての）、空間・時間を一本化するかを目指していると言えよう。個性化ではなく、没個性化であり、公空間をも私空間化しようとしていると言える。

現代では、自分が他者から「見られる」ことへの意識が昂じてきている。自分がどう他人に映るのか、受け入れられるのか、排除されやしないかといった受動的な自己の社会的位置づけへの懸念が強い。人は他者とのつながりの中に生活し、自分自身の社会的意味を発見するものである。しかし、当事者自身の自己、心的世界に対して、外見はこれに密接に関係するものではあるが、容易に変えられ、人工的に操作できる特質を持つ。換言すれば、心的メッセージを生み出す内的な自己の主体に対して、化粧や衣服は表現形としての自己、拡張された自己なのである。勿論、この自己と外見との相互関係は本質的と言い得る不可分な関係にあることは事実である。この意味において、コミュニケーションの含み持つ多層的な構造が拡散的な機能を示すことを再認識しなければならない。

人は、社会性を前提にして成り立っているが、具体的な社会的場面において、自分の持てる要素をすべて晒しているわけではない。特定の他者や想定された他者の総体としての世間に対して、示していい「部分」を表している。真の自分（当事者自身がこれもすべてを把握しているとは言い難いので、仮説的な概念であるが）の一部を切り出して呈示する。その際に、示したい自己をアピールするために演出する。それは、相手からの受容的な評価を期待してのことであり、かつ、特定の文脈や文化規範を前提にしてのことである。特定の他者との相互作用事態において対応する他者の背景には多くの他者との相互作用経験やネットワークを築いている「他者」（世間）がある。相互作用の経験に基づいて、自分がどのように評価されているのか（評価されるであろうか）を懸念する。この意味で、象徴的相互作用論の言うように、世間を自らを映す鏡としていると言えよう。ただし、この鏡がストレートな等身大の自分を映すのか、あるいは、一部の特徴を誇張して映すのかは、他者とのネットワークの蓄積をどれだけ有しているのかによって決まる。

「自分」の「姿」を他者（あるいは他者を特定しない意味での世間）に演出して示すことは、原初的な共鳴性を犠牲にしての迂回的で（その意味でアソビでもある）、人為的なコスト選択を意味する。ただし、化粧は、衣服に比べて、顔を中心とする装飾であり、身体自体のことであり、個人の同一性を直接的に演出する意味合いが大きい。さらに、自分らしさを強調するため、あるいは普段とは異なる自分を演出するためにも用いられる。

野村（1983）は、コミュニケーションの前提としての身体の特異性について以下のように述べている。

「……、人間の身体はたんなる記号ではないのである。むしろ、身体性の意義は、すべてを記号化しようとする人間の文化のあらがいがたい作用をすりぬけて、記号であると同時に、記号以前でも以後でもあるというところにあるというべきであろう。いいかえれば、身体という現象は、記号の生成過程であると同時にその解体過程なのである」（231頁）。

ここでは、便宜的にコミュニケーションの記号化と解読と一つのプロセスを二つの段階のように表現することがあるが、それは、機能的に言うならば、誤った認識を生じかねないことであると警告している。われわれは自らのメッセージを身体過程として発し、それを身体に由来するチャネルに他者に可視的な行動として込めている。すなわち、自らが、身体を通じて、メッセージを形成し、他者と同形の身体を通じてこれを受け取ることができるので、その意味を引き出すことができると仮定している。これをもし、連続するものであれ、2部構成で考えるならば、記号化と解読の受け渡しにおいて現状以上に齟齬が大きくなる可能性がある。それは、記号化↓解読という連結点において翻訳を要するからである。しかし、野村（1983）の指摘にあるように、記号化も解読も同一の心的メカニズムから発することであり、同根、同軸の現象であり、どちらの向きで表現するかの違いでしかない。そうするならば、身体性を直接のベースとしない間接的なメディアによるコミュニケーション行動は、自他においてより符合しにくいものであり、一致したメッセージ性を円滑に伝え合うのが難しい可能性が大きい。この状況は容易には軌道修正し難く、また、同時に相応には時間軸における利便性も否定できないことを勘案するならば、敢えて身体性をシミュレーションしたコミュニケーション状況を作り出す工夫が必要ではないかと考えられる。

第4章　場を活性化するコミュニケーション

われわれは、様々な場面において多様なチャネルを用いて他者とコミュニケーションし、社会的な活動を行っている。阿吽の呼吸や以心伝心と言われる不可知とも言えるスーパー・コミュニケーションが成立するのは、限られた関係においてのみであろう。日常的には、複数の他者が互いに明示的で、受容できる対人コミュニケーション行動によってのみ関係が成立している。したがって、身体器官の延長にある、発話、視線等のチャネルを如何に活用するかが重要となる。コミュニケーション・チャネルをその機能に応じて用いているのは、コミュニケーションすることによって相応の対人関係や集団としての目標を実現するためのことである。

1　場を構成する要因

コミュニケーションが展開されるには、コミュニケーションの送受信を行う複数の個人がいなければならない。かつ、その複数の個人間には、親疎、役割を含むなんらかの対人関係がある（未知の他人同士であれ、相応に低いレベルであろうとも何某かの親密さがあろう。また、役割については、相互間には確固たる程度は様々であろうが期待や

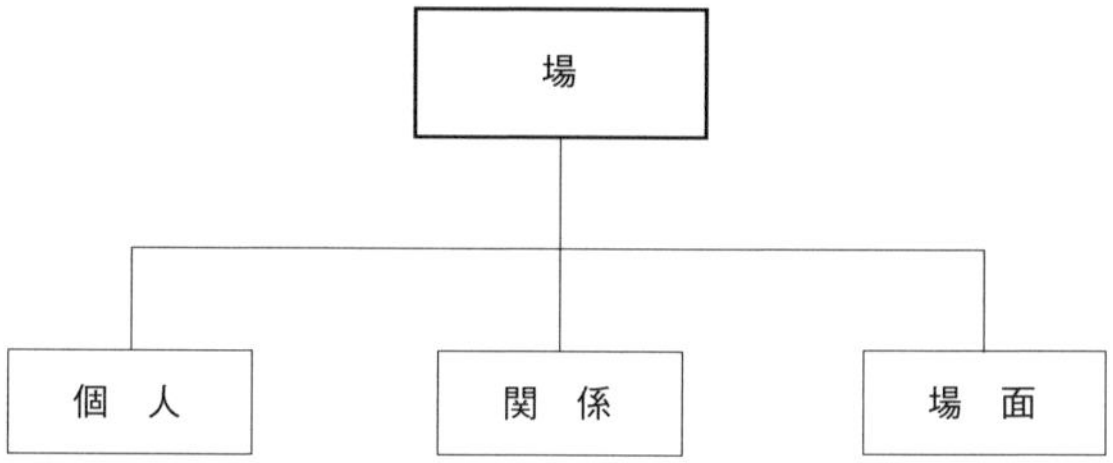

図4-1　場を構成する基本要因

認知はある)。その対人関係は、単一とは限らず、複数の種類の関係を含む集団を形成することが多い。

さらに、当該の関係に含まれる複数の個人には空間、場面(状況)が必要である。これらの総体が「場」である。すなわち、場は、コミュニケーションする個人とその個人間の関係、空間的、物理的環境(コミュニケーションの契機となる手掛かりが多く含まれていることもある。時には、時間も含む)総体を指す。基準となるのは、対面場面である(図4-1)。関係を持つ当事者が直接に会い、すべてのコミュニケーション・チャネルを用いることができる。ショートら(Short et al. 1976)の述べた、視覚の可能性と空間の共有性の2要因を踏まえた社会的存在感(social presence)が最も大きなのが対面場面である。換言するならば、対面場面は相互作用の手掛かりが最も多い。この見解を踏まえて、ラターら(Rutter et al. 1981)は、メディアの特性として、視覚的手掛かりと相手との空間の共有性(空間的存在：physical presence)に注目して、4種類のコミュニケーション・メディアのコミュニケーション特徴の比較をしている。彼らは、空間の共有性の低さは、課題指向(task orientation)、個人性の抑制(depersonalization)、自発性(spontaneity)を低下させるとの仮説に基づいた検討を行っている。

視覚的手掛かりの有無と存在感は単独ではなく、チャネルの使用可能性と場面の共有は相乗的に働き、コミュニケーション行動に反映されると言える。

なお、参考までに付言するならば、キューレスネス・モデル(cluelessness model; Rutter et al. 1981)は、ショートらの見解と矛盾するものではない。後者は、コミュニケーションする際に用いられる手掛かり量の多少が、相互作用する相手との心理的距離の遠近に影響し、かつ、コミュニケーションの内容に影響するとのものである。社会的存在感という主観性を批判し、物理的要因である手掛かり量を重視する考えである。手掛かり量が少なくなると心理的距離が増大し、コミュニケーションが課題指向的、公式的なものとなるとしている。コミュニケーションの持つ客観的な手掛かりに着目した見解であるが、手掛かりの程度が「コミュニケーション内容」に影響することは容易に結びつくことである。

クマールとベンバサット（Kumar & Benbasat 2002）は、社会的存在感の概念を一種の手掛かりの豊かさに注目し、超社会的存在感（para-social presence: PSP）の概念を提唱している。この考え方では、社会的豊かさ（social richness：そのメディアが伝える意味の範囲の広さ）、現実性（realism: 示される内容が現実的な特徴をどのくらい備えているか。知覚的現実性と社会的現実性に分けられる）、臨場感（transportation: 今ここでという即時的、臨場的な意識を与えるか）、没頭（immersion: 環境としての現実性が高く、ユーザーが持つ関与感の高さ）、メディアに含まれる社会的行為因（social actor within medium: 当該メディアのユーザーがそのメディアに含まれている特徴に働きかけられるか。ＴＶのパーソナリティに一方的であれ反応するなど）、社会的行為因としてのメディア（medium as a social actor：当該メディアに含まれる手掛かり性を容易に得られるか）を挙げている。この視点は、媒介的メディアを念頭においたものであるが、伝達される指示対象をどれだけ正確に、直接に伝えるかを示す場を含む概念であり、どのようなメディアについても適用可能であろう。

2　社会的存在感を構成する要因の変化

ちなみに、社会的存在感の点からすると、非対面のコミュニケーション場面は対面場面に比べてコミュニケーション内容に大きく異なる影響を与える（大坊 2002）。近年のインターネットや携帯電話などによる媒介的コミュニケーション（mediated communication）の影響内容は単純ではない。ここでの主眼ではないので、簡単に止めるが、媒介的場面では、Eメールのように文字中心コミュニケーション（絵文字も可能）、あるいは静止画や動画が可能なコミュニケーションもある。さらに、等身大、複数人の動画が対面しているかのように送受信できる（送受信というよりも、接触できないにせよ、対面場面に近似した）ティーールーム（t-Room）（松田ら 2013 など）などもある。なお、このような近年のコミュニケーションの手掛かり性を勘案すると、ショートらの挙げた視覚可能性と空間の共有性だけでは説明できない、社会的存在感が形成されつつあると考えられる。この見解は適用度が高いと考えられる。例えば、空間の共有性は低いものの、ティーールーム（t-Room）のように、あたかも空間を共有しているかのような、バーチャル・リアリティ環境が可能になってきており、その精度は技術的に増しつつある。クマールとベンバサッド（Kumar & Benbasat 2002）の臨場感、現実性、没頭は高いと言えよう。さらに、パソコンを介しての映像送受信を行うスカイプ（skype）なども一対一に限らず多人数のコミュニケーションが可能になっている（さらに、LINE, zoom, google meat, Microsoft Teams, Facebook Messenger など、容易な像通信ツールが普及してきている）。携帯電話（スマートフォンを含む）などの通信機器の精度も上昇している。それだけに、仮想媒体間の持つ影響はかってのように非対面場面という範疇には留まらない影響力を持つと言える。

個人が他者と効果的な関係を持つためには、場の特徴を踏まえて、メッセージの記号化、解読を正確に迅速に行わねばならない。この過程を経て、人は、それぞれの目標を持った集団において、その目標達成を図ることができる。集団の目標は多岐に渡るが、集団活動の「場」において、メンバー相互のコミュニケーションを活性化することは共通して期待されることである。そのためには、コミュニケーションの記号化、解読、そして、相互作用の調整を含む諸スキル、さらに、状況に応じて個々のスキルを繰り出す調整力を適切に発揮することが必要

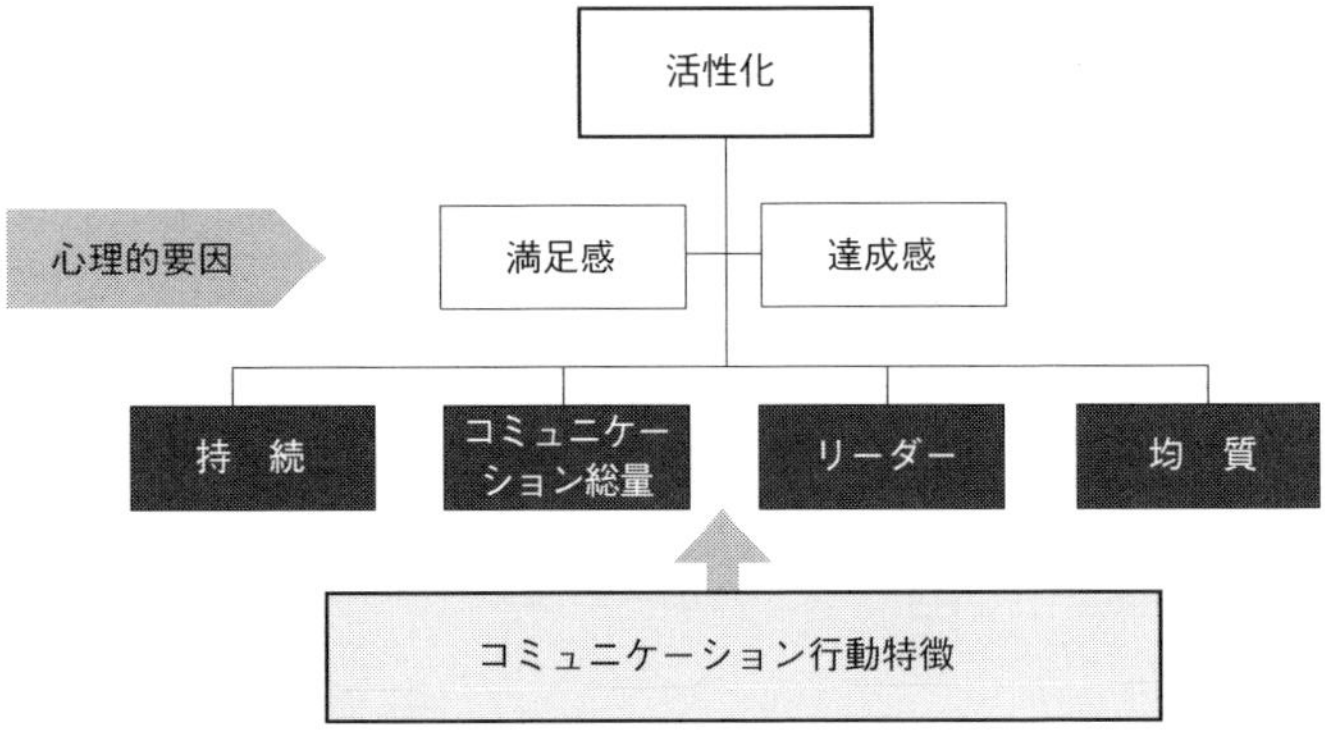

図4-2　場の活性化の要因

である。

3　場の活性化の目的

二者間であれ、小集団、大集団であれ、問題解決なのか親和性の向上が必要なのかなどと異なる目標はあろうが、その場にいる人々の一体感を高め、相互に満足できる「場」を築くために有効なコミュニケーション・スタイル、相互の関係調整の要因を見出し、整理し、そして、その活用の方法を提示することが必要である（大坊 2014）。

「場」の活性化には、いくつかの階層的な要因があると考えられる（図４－２）。コミュニケーションが活発になされること（コミュニケーション総量の増大）、コミュニケーションが持続されること（持続性）、参加者のコミュニケーションにギャップが少ない（均質性、参加機会が民主的）こと、さらに、少なくともいずれかの参加者が自らリーダーとしてコミュニケーションを推進し、結果的にその場の総体としてのコミュニケーションを促すこと（全体からすると、コミュニケーションの偏在もあろう）などが考えられる。当該の場でのコミュニケーションが活発であるということには、コミュニケーション行動特徴の違い、さらに、参加者の心理的な満足感、達成感が含まれる。コミュニケーション行動レベルと心理レベルの段階構造があると言えよう。

互いになんらかの情報を送受することによってギャップを埋め、共有項を増す、情報の水準化を図ることは、根本的なコミュニケーションの動機と言える。

ギャップを埋めるためにコミュニケーションが活性化する。しかし、多数の情報を共有し、関係をより確実なものにするためには、他の側面についての新たなギャップの認知が生じる。したがって、それについて埋めようと試みる。この〝繰り返し〟的なプロセスこそがコミュニケーションの持続となろう（ギャップを埋める連鎖）。課題解決型の討論にこの傾向が強く見られるであろう。同時に、異なる背景を持つ二者が形成する親密な関係の展開でも経時的に見るならば、同様な連鎖的な相互作用は欠かせない。

このように、場を活性化する過程にはいくつもの考察すべき視点がある。しかもそれらは、均質なコミュニケーション、リーダー登場による偏在的なコミュニケーションとかなり異なる様相を示すものであっても、当該の場の活性化は生じ得るものなのである。

4　場の活性化の要因

場が活性化しているか否かについての評価は、図4－3にあるように、特定のコミュニケーション行動特徴にのみ起因するのではなく、当該の対人関係や集団の時系列的な過程を考えるならば、心理的な認知／評価に依ると考えるべきであろう。

会話に対して満足感を抱き、ラポールが得られる、一体感を抱くことができると感じることは、円滑なコミュニケーション達成の重要な指標と考えられる。さらに、参加者自身が満足感を抱き、居心地が良いと感じるためには、他の参加者からよい印象を抱かれるだけでなく、会話中の自らの行動や印象について安定した自己評価が維持されることになる。

各参加者の帰属意識が高まり、一体感を持つこと、相互に関心を持ち、好意を抱き、心的距離の近さを感じる（親密感を持つ）ことなどが心理的要因として挙げられる。これらのことは、すべてコミュニケーションする場が活性化していると認知することにつながる。

なお、大坊（2014）は、場の活性化の心理的要因と活性化のプロセスについて、以下のように述べている。コミュニケーションが活発になされると、自分の発信に対する応答が多く得られやすくなるので、注目、関与、承認、心理的報酬が得られ（コミュニケーションの総量は増し、持続する）、自分がこの場に貢献できているとの達成感を持ち、満足度も高くなる。それ故に、相手への親近感が増す。かつ、コミュニケーション行為が連鎖することにより、他者の持つ情報を得られ、理解できる。さらに、自分の情報を相手と共有できることは自己開示の深化ともなる。そうすると、自分が受け入れられるとの満足が得られる相互作用、その関係を維持しようとする。そして、心理的結びつきはさらに強化される。

このことは、共にそこに参加している者について同様である。参加者個人の満足度の上昇は、全体の満足度の向上に通じる。ただし、個々の参加者の関与度の強弱によって

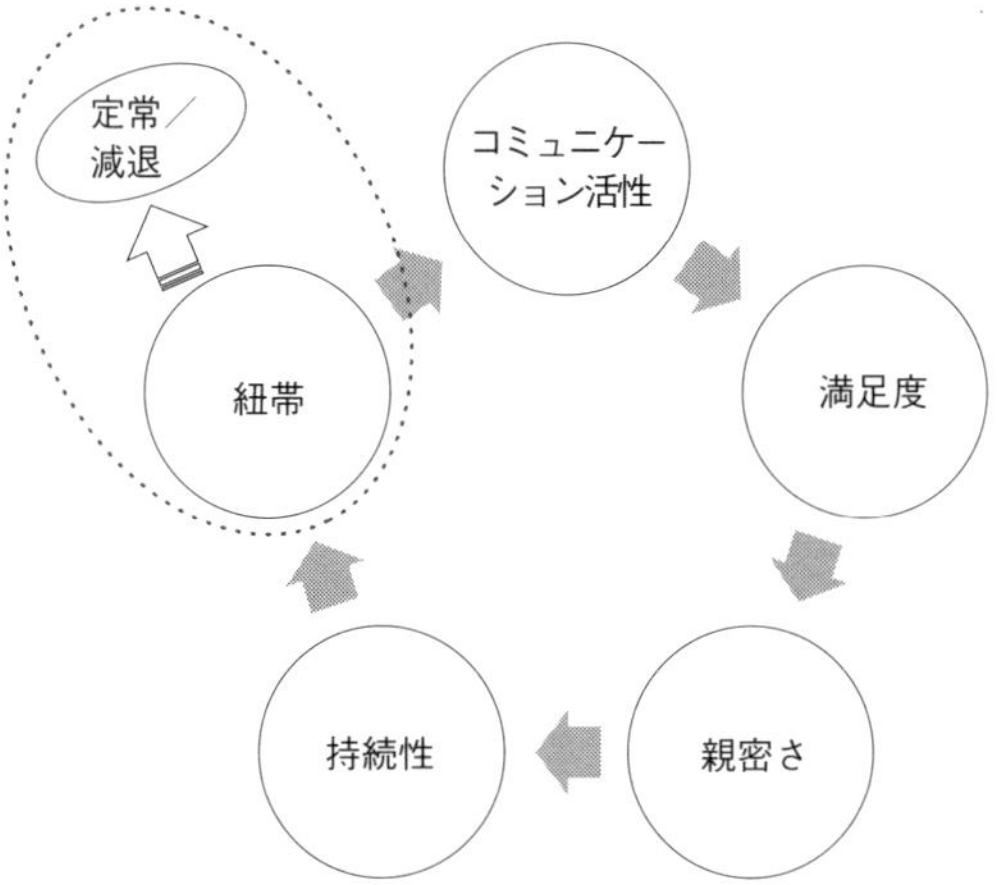

図4-3　場の活性化に関する心理的要因とそのプロセス

〔大坊 2014〕

は特定の参加者数人にのみこの向上が見られ、全体に波及しない場合もあろう。関与度に偏りがなく均質であるほど、落差のない、同等に貢献できているという意識は、同一の成員性、帰属意識を高め、モチベーションを促すであろう。そのためには、場の活動を調整する、目標達成を促すリーダーの存在、その役割は重要である。参加者全体の満足度の向上は、応答ラリーの度合に比例し、応答ラリーは、コミュニケーション・スキルと帰属意識に裏打ちされる。

このプロセスは循環し、結びつきは増していく。そして、一定の紐帯が得られたならば、一種の定常状態となり、一般的に観察される（表出された）コミュニケーション行動はそれ以上には増強されない段階に至るであろう。

4人集団による課題解決場面とチャット場面でのコミュニケーション行動と対人認知との関係を検討した研究によると、チャット場面では、民主的な認知がなされており、それに比べて課題解決場面では葛藤が生じやすいものの、満足度は高いとの結果が示されていた（大坊ら 2012; Daibo 2013）。なお、課題解決場面では、制限時間内に正解できた群はそうでない群に比べて参加者に対する葛藤が強かったとともに、話し合いへの参加度も高かった。また、チャット場面の発言は課題解決場面よりも活発であった。話し合いに対する満足感は、課題解決場面では話し合いへの積極的な関与が、チャット場面では参加者への配慮が各々重要な要因であった。共有できる課題があり、それへのコミットメントの高さが満足度の高さと結びついていることが考えられる。このことは、客観的に観察可能な行動特徴と心理的なプロセスとは単純ではない関係があることを示している。得てして、会話や発言が活発であることを当該の関係や集団の活動として肯定的に捉える傾向がある。また、他者への葛藤は場の活性化をもたらし難いと見なされる傾向もあるが、それは早計な判断となる危険性を示唆するものであろう。そして、当該の場の目標によって満足度に結びつく要因が異なることは看過できない。

コミュニケーションを通じて、満足できる、参加者が共に参加し、相応にコミュニケーションの流れから生産性を感じることができ、一体感を得られる、相互に理解し、親密感が高まることは、コミュニケーション行動に止まらず、より心理的に場を共有し、活性化していることになる。

円滑なコミュニケーションが維持されるためには、どのような振る舞いをすればよいのかはなかなか意識化し難いことである。日常生活のコミュニケーション場面では無数の言語的・非言語的情報が交換され、どの情報がどの印象次元に有効に作用するのか、またどの情報が会話満足度を高めているのかを決定するのは容易ではない。

双方向のラリーを促し、期待した応答を得ることによって、満足度は高まる。ラリーの繰り返しを通じて、親密さが増し、その相互作用、関係は持続する。そして、次第に心理的な結びつきが強くなり、コミットメントが強くなる。

そして、当該の関係による違いはあるが、相互によく理解できたと見なすならば、それ以上はコミュニケーション行動は活発とならない。しかし、社会的行動はそこで留まることはない。当該の対人関係や集団において、必ずなんらかのギャップや新たな課題が生まれる。そこからまた一連のコミュニケーション行動が展開し続く。

対人コミュニケーションは、一つところに止まらない時間の連鎖の中において、多様な要因によって展開するものであり、その規定因は膨大である。同時に、場が活性化することには複数の側面があり、その行動レベルの様相と心理的なプロセスは異なる段階にあることを注意深く検討する必要がある。

第5章　対人的親密さのコミュニケーション表現

1　親密さの概念

親密な関係（close relationships）、対人的親密さ（interpersonal intimacy）とは、必ずしも明解には定義し難い概念と言える。関連する多くの研究があり、それぞれに含意されるところは力点のおき方によって区別可能である。親密さの概念には、①個人が抱く、他者とのある程度持続する（長短は限定しえない）関係を結ぶ欲求、その動機づけ過程に向かう指向性（基本的には親和欲求としても表現できる）、②このような期待される関係にあるとの認識を持てる認知傾向（親密感）、③密度の高い、頻回で持続する対人コミュニケーション行動の連鎖（親密な行動）、④自他相互に持つコミットメント（関与、責任）の強さ、価値観や信頼感などの共有といった、個人単位から相互によって形成される一つの新たな単位（unit）を達成していることなどが考えられる。これらの視点自体に見られるように、個人レベル、関係レベル、認知レベル、質のレベル、量のレベルと多様である。

しかし、基本的には、多くの研究では、抽象化された関係に含まれる感情的な結合度の高い（相対的であれ）

特徴を指し示そうとしているものの、個々の研究では、上記の一部のみに触れているものが大方である。このような扱いがなされる背景には、以下のような、関係自体あるいはその前提となる相互作用自体に意味されるところの特質の持つ相対性、双方向でありながら、どこまでの因果関係を含めるのかという問題によるところが大きいことも指摘できる。

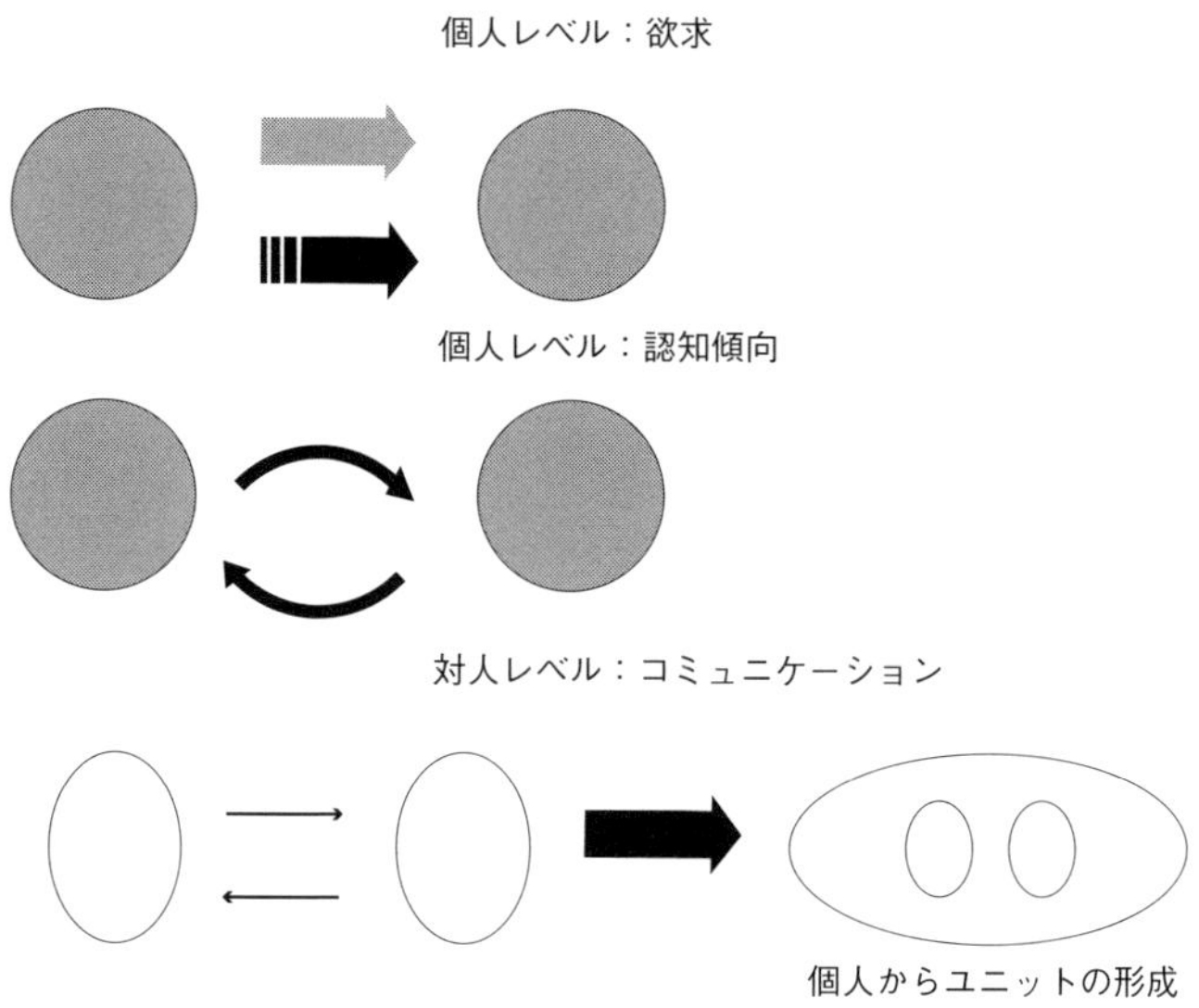

図5-1　いくつかのレベルによる親密さの概念

われわれは他者と関係を築き、循環的な相互作用を継続することによって、他者を含めた社会的環境において生活することを目指している。このような社会的な関係の要件として、先ず他者の存在と、その対人行動がある。この場合の他者は、その当該者の個別的な特徴を反映するだけではなく、働きかける「自己」の行動を映し出す鏡映像となるものである。この意味するところは、他者の反応である鏡映像によって自分の行動の正当性や自分のいる社会的脈絡を知ることができることにある（図5-1）。

すなわち、われわれは自分一人であるならば、他者と比較することはできず、自らの特徴を理解することもできない。したがって、自分一人では茫洋とした存在でしかなく、自己概念は成立しがたい。他者は社会的比較の対象として重要な機能を持つ、自己の規程因なのである。われわれが、社会的な存在たりうるのも、他者との相互作用を通して互いの行動特徴の比較ができ、それによって自他の役割を認識できるからなのである。他者との相互作用を経験することによって、自己や他者を含むよりマクロな関係に由来する、集団規範を内面化し、一般化された他者（generalized other）を内在化させることで共同体の構成員となる、つまり、社会性を獲得することになると考えられる（Mead 1934）。この考え方は、抽象化された「社会」を鏡とする鏡映像の自己（looking-glass self）が形成されるとするクーリー（Cooley）の見解と通じるものでもある。さらに、ミード（Mead）のこの「意味の内在化」という見解に由来し、その後展開された、相互作用相手との関係に応じて取得される流動的な行動様式を取り上げた象徴的相互作用論（symbolic interactionism）の立場からの見解は、人間の持つ社会的指向性を示している。

これらのことは、人は社会的生活を行なううえで他者との関係を前提とするものであり、他者指向性を先験的に持っていることを示すであろう。具体的には、個々の対人コミュニケーション行為の連鎖によって、影響を与え合うことに、自らの個別性と社会的な一般性を同時に形成されると言える。このことを考えるならば、親密さを対人コミュニケーションに表れる行動特徴として考えることは、決して迂遠なことではなく、具体的事実を蓄積して言及できることを有用なことと考えていいであろう。

2　対人関係の親密化のプロセス

(1)　対人関係の親密化段階

対人関係は時間の経過によって、変化していく。その変化のプロセスには一定の方向性があると考えられる。レヴィンジャー（Levinger 1980, 1983）は以下の5段階のＡＢＣＤＥモデルを示している。「知己になる段階」

（A：acquaintance, initial attraction）から始まり、「関係の構築の段階」（B：buildup, building）、「持続の段階（C：continuation, consolidation）、「崩壊の段階」（D：deterioration, decline）、そして終焉の段階（E：ending）である。A段階は、相手の存在に気づく時期であり、相手の外見的特徴の魅力や相互作用機会、類似性などの対人魅力形成の諸要因が大きなきっかけとなり、影響を与える。

関係の進展にはいくつものスタイルがある。単なるクラスメイトであったのがふと気づいてみると相手のいない生活など考えられなくなっていたというように徐々に進む場合もあれば、旅先で意気投合してそこで新たな生活を始めるなどのようにドラマチックな出来事があって、急激な変化が起こることもある。単なる知り合いからはっきりした関係へと進展することは、互いの相互作用をうまく確かめ合うことによってなされる。相手の目標がなんであるのかを知り、さらに相手との相互作用を続けることによって双方とも得るところが大きいと期待するので次の段階へと進む。

B段階は、多少の顔見知りから、より深い友情を深めるなど、他と識別できる親密な関係を作る段階である。この段階で生じる実際の変化を直接に観察したデータは多くはない。小説家や伝記作家などの記述に限られていると言わざるを得ないかもしれない。典型的な関係における行動変化についての期待を扱った研究はある。ランドとレヴィンジャー（Rands & Levinger 1979）は、親密さの程度を知人、友人、親密な友人、配偶者の4段階に変え、性別の組み合わせを変えた二者関係を取りあげ、それぞれの関係での30種類の行動の生起の程度を大学生と高齢者に推定させている。判断を求めた行動は、ゲームをするなどの共同的活動、自己開示、好意の表現の高揚、非難などの見くびり、規範の調整、相手に触れる身体接触である。関係が親密であるほど、いずれの行動も起こりやすくなるが、高揚、見くびり、身体接触など感情的な色彩の強い行動は関係に応じて急激に上昇する傾向がある。しかも、この変化は同性よりも異性の場合に急激である。

また、関係の変化は環境や個人的特徴、関係の条件によっても影響され、しかもこれらの要因は両者のその後のエピソードにも影響する。したがって、要因間には循環的な関連があることになる。フィルタリング・モデル(Kerckhoff & Davis 1962)では、配偶者選択のプロセスは、互いの特徴についての当てはまりのよさについての判断の連続と考えている。互いが相手のことを知るにつれて、フィルターを通して互いの情報を得ることである。知り合い初期では、入手できる情報は相手の外見や社会的な地位などに限られている。しだいに、相手の相互作用的な表現法や態度や価値観について類似しているか否かについて分かってくる。さらに、双方の欲求や役割を理解でき、相手の不足を補う傾向が重要になっていく。

このモデルでは、時点ごとに、現在得るものや将来の展望が好ましければ、互いに相手との関係を続け、そうでなければ関係を冷却しようと決めるとしている。このように、相手の特徴如何によって、ふるい分けを行って、関与の程度を増減させ、現在の水準に応じて関係を続けていくことになる。

この試行的な関係構築の段階からもっと長期的な「持続」の段階への変化には、重要な問題が含まれている。それは、関係を安定させる要因はなにか、段階の推移を阻害する要因はなにかということについてである。このことに関して、相互のコミットメントに着目しなければならない。コミットメントが高いということは、その好ましい関係を続けるという肯定的な力が強いことである。集団の中で友情や仲間関係が育つということは、なかなか気づかないものである。したがって、BからCへの推移は、えてしてなかなか気づかれないものである。ただし、異性の場合のコミットメントのプロセスは、自発的、公的(他者からの認知を必要とする意味で)で、慎重な決定を必要とする。

関係の始まりは、目新しさ、あいまいさや覚醒を経験することによって特徴づけられるのに対して、関係の中期の特徴は、なじみ、予測性や認知的情動的緊張の低減によって、C段階は、結婚の満足度の変化、第一子の出生や配偶者の重篤な疾患などの重大な出来事が生じる時期である。また、最初の子どもが生まれると、それまでの二者関係から三者関係へと変化するので対人関係のダイナミズムも変わってくる。

安定した関係から崩壊の段階へと変化するプロセスには、その後の崩壊のきっかけとなる特定のトラブルがあるとは一概には言えないが、そのきっかけとなるサインとタイミングの問題がある。関係の崩壊は、両者の快適な結びつきの強さ、多様性、頻度が減少することに対応している。関係によって得るものに満足できないとの感情が伴うものでもある。タイミングといっても、子どもの出生などの客観的な生活の出来事と逐一対応する変化を指してはいないが、崩壊が始まるには必ずどこかの時点できっかけがあるものである。

崩壊の段階は、一方かあるいは両者が以前の状態よりも現在を望ましくないと見なした時に始まる。そして、自分に益をもたらさないと認知した相手に対して支持的な行動をあえて取ろうとはせず、ついには双方の判断の変化も起こる。また、互いに相手を非難し合うとか、言い合いなどの相互作用も見られる。互いに相手の言い分を聞くよりも、自分を正当化しようとするので、容易には葛藤を解決できない。また、不満を他に伝えがちであり、それが、第三者経由の潜在的な形で影響してくることもあろう。

関係の終焉にはいくつかの形がある。二者の結びつきを作っていくには、両者が参加しなければならないが、関係を壊すには一方の行為や決定だけでいい。離婚などの別れだけではなく、死による終わりもある。例えば、離婚について見ても、個人的な順応性のまずさによる場合と環境や互いに処理しなければならない両者間の条件整備の不適切さによるものとがある。すなわち、関係を展開していく際に築き上げられてきた個人と環境の要因間の連携が決裂することなのである。決裂に直面した人は、パートナーとの間に硬く結ばれた連携を再構成しなおさなければならず、また、古い関係に変わる新しい関係を構築しなおさなければならない。

このように各段階で解決しなければならないテーマがあり、それをクリアしなければ、次の段階に進めない。それは関係の発展だけではなく、崩壊から終焉に向かう場合も同様なのである。

ナップ（Knapp 1984）は、コミュニケーションの問題に着目して、情報の共有、両者の一体化に向かう成立のプロセス（開始－試行－強化－統合－結合）とそれとちょうど対照的な個別化を目指す崩壊のプロセス（分化－境

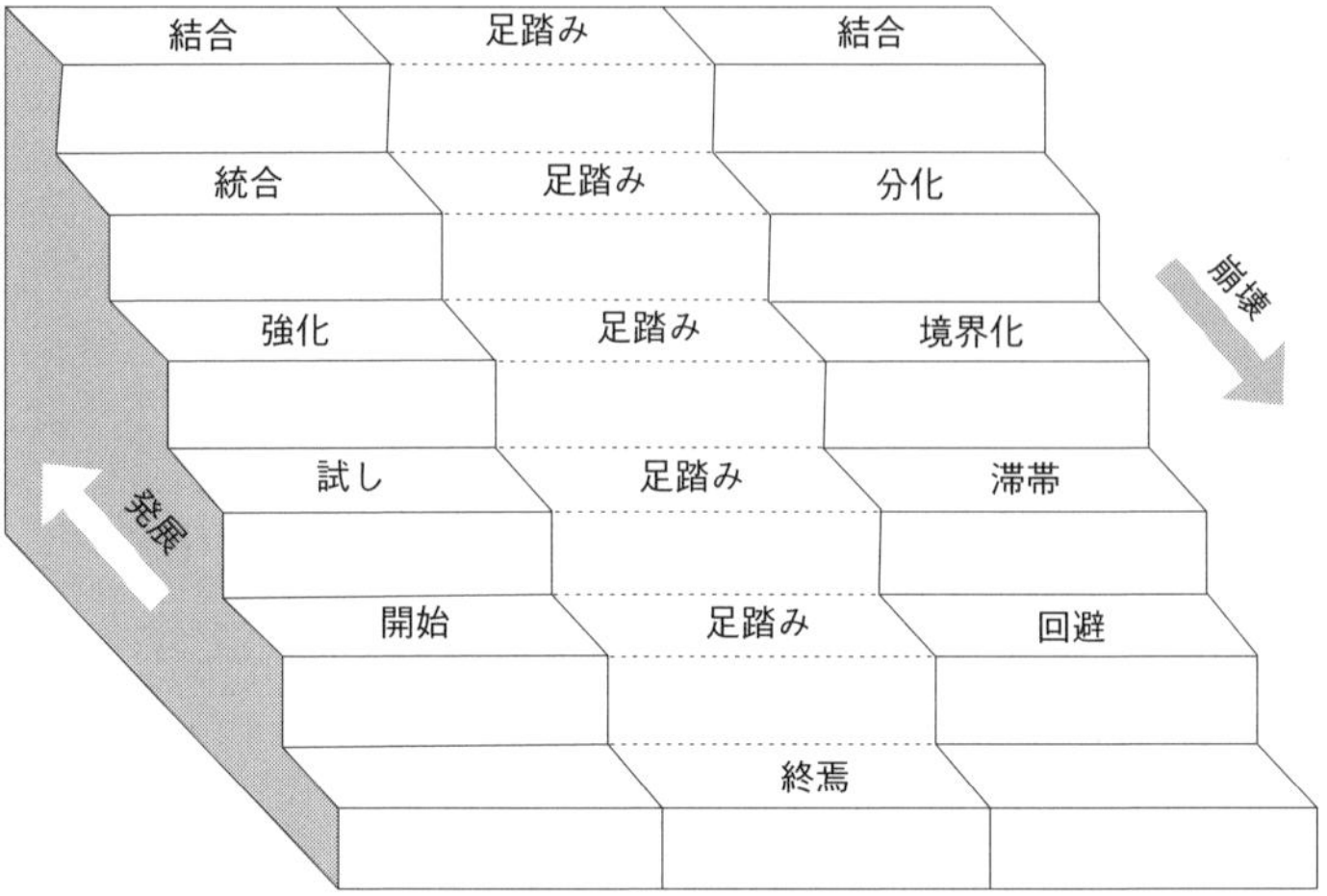

図5-2　ナップ（1978）のコミュニケーションの階段モデル（対人関係の発展と崩壊）

界化－停滞－回避－終焉）を考えている。階段（staircase）モデルである（図５－２）。対人関係は両者が一体感を目指して発展していくが、そのプロセスは必ず各段階を踏んで進むものであり、しかも各段階で安定し得るが新しい段階へ向かおうとし、段階間の移動には一定の方向性があるとしている。そして、アルトマンとテイラー（Altman & Taylor 1973）の視点を踏まえて、コミュニケーション行動に関して、狭い－広い、型どうり－独自の、難しい－能率的、硬い－柔軟、ぎこちない－なめらかな、公的－私的、とまどい－自発的、判断しにくい－判断できるの次元を挙げ、対人関係の展開を考えようとしている（それぞれ上向きが発展、下向きは崩壊を示す）。未だ、視点の提唱の段階にあると言わざるを得ないが、ある意味で抽象的な対人関係をこのように、コミュニケーション行動の変化の方向性を手掛かりとして検討していくことは有効であろう（大坊 1988参照）。

なお、レヴィンジャー（Levinger 1976）は、相手との関係を持続させる凝集性（cohesiveness）要因として、相手との関係自体が持つ魅力（attraction; 関係によって受ける報酬やコストの低さ）、他に取り得る関係との比較を通して受ける相対的な魅力（alternative attraction）、関係を解消することによって予想されるコストの大きさである障壁（barrier）を挙げている。

前二者は関係を積極的に継続させる要因である。他の要因によって互いの関係の継続の意義が見出されなくなり、不満足な段階になっても、障壁はさらに関係を継続させる働きをなすものであり、長期的な関係維持に重要な要因であるとしている。このような障壁についての指摘は独自であり、崩壊の危険性をはらみながら続く関係を考える上では有用な概念であろう。

（2） 親密さを表現する異性間のコミュニケーション

男女が親密になっていく過程には、いくつかのルールがある。基本的にはカップル二者の親疎に対応してコミュニケーション特徴は変化し続ける。

クライテリーら（Critelli et al. 1986）は、愛情を構成する成分の抽出を試みている。先行諸研究に基づいて質問紙として愛の構成因尺度（Love Component Scale：LCS）を作成し、一般の募集に応じたデートカップルを対象として、相手との関係についての質問及びパートナーに宛てた手紙を記述させている。調査項目の回答結果に因子分析を行ったところ、ロマンティックな依存性、親密さの伝達、身体的覚醒、尊敬、ロマンティックな一体感の5因子が得られている。なお、男女ともロマンティックな依存性と身体的覚醒との相関関係は高いものであった。

ロマンティックな依存性とは、パートナーの必要性、排他性、パートナーによってもたらされる幸福など、関係の重要性を強調したロマンティックな理想的信念を意味している。そして、パートナーの幸福を保証する責任感を含んでおり、積極的で成熟した概念と言える。親密さの伝達は、理解されている、確固たる関係を持っている、相手を信頼して本当のところを話し合えるといった感情が強調されている。身体的覚醒は、ロマンティックな情動、性的覚醒、情熱、生理的な興奮を反映している。尊敬は、相手を成熟した、順応のよい、他に推薦できる、判断の適切な人物と評価するものである。ロマンティックな一体感は、ロマンティックな理想化と気分の類似性、調和した相互作用、全体的な要求の充足を内容としている。

各因子の得点を男女間で比較すると、調査項目の因子では「親密さの伝達」でのみ女性＞男性の関係が見られている。この他に、手紙記述の内容分析も行っているが、記述の情動性、ロマンティックさ、友愛性についても女性の得点が高いので、女性の方が情動の表出性に富んでいると考えられる。また、伝統的な性役割の態度の強さは、ロマンティックな一体感、依存性の得点の高さ、親密さの伝達、尊敬の低得点と関連していることも見いだされている。

これらの結果からすると、愛情は単一の概念ではなく、しかも愛情表現には性差があり、男性よりも女性の方が愛情表出に積極的であることが知られる。

スターンバーグ（Sternberg 1986）は、それまでの自らの研究結果を踏まえて、愛情が、親密性（intimacy）、情熱（passion）、コミットメント（commitment/decision）の三つの要素からなる概念として捉えられるとの見解（Triangular Love Theory：愛情の三角理論）を示している。この考えでは、個人が当該の相手との関係においてこの三つの要素の強弱をどう組み合わせて有しているのかによって、その両者の関係の特徴が決まると主張している。この考え方の特徴は、3成分の強弱で従来経験的に言われている友情、恋愛、遊びの愛などを説明できるとしている点である。その後、スターンバーグ（Sternberg 1997）は、この3成分を下位尺度とする45項目の愛情の三角理論尺度（TLS）を作成している。この尺度を翻訳して用いた研究では、恋人関係については、他（BFやGF、片思い、友人）に比べて、親密性、情熱、コミットメント得点が有意に高く、友人はいずれも他の関係に比べて低いものであった。さらに、親密性：恋人＞BFやGF＞片思い、友人、情熱：恋人≧片思い≧BFやGF＞友人、コミットメント：恋人＞BFやGF≧片思い＞友人の関係が見られ、スターンバーグの見解がこの尺度でほぼ確認されるものであった（金政・大坊 2003a）。

また、金政・大坊（2003b）は、親密さが基本的には具体的な当該の対象者との関係に依存するものではあるが、一種の基本傾向と言える心理性の存在を仮定している。これを「恋愛へのイメージ」とし、現在の親密な異性関係の有無や特定の親密な関係の特質に影響されることの少ない、比較的長期に渡って安定し得るであろう個人の持つ恋愛観や恋愛に対して抱くイメージとして捉えている。その発想は、アタッチメントの継続性に重要な概念である内的作業モデル自体が一般的な他者に対する信念であることにある。この結果では、恋愛へのイメージがアタッチメント・スタイルによって異なることが示された。アタッチメント・スタイルにおける恋愛へのイメージの違いは、内的作業モデルが一般的な他者に対する期待や信念のみならず、恋愛へのイメージといった異性と親密な関係を築くことへのオリエンテーションとも関連することを示唆している。さらに、アタッチメント・スタイルが、現在の対人関係にのみに限らない持続性のある概念であることを示した結果と言えよう。

バーシェイド（Berscheid et al. 1989）は、二者関係における相互依存性を重視し、相互依存性の高い関係が親密な関係であると規定し、その相互依存性の程度は四つの行動特性によって表されるとしている。それは、①互いに影響を与え合う頻度、②その影響の強さ、③影響を与え合う活動内容の多様性、④頻度が多く、影響が強く、多様な活動を行っている期間の長さ、である。そして、これらの行動特性を測定する関係の親密さ尺度（Relationship Closeness Inventory : RCI）を作成している。

大坊（1992）は、RCI尺度の日本語版を作成し、オリジナル項目の改訂及び追加を行い、RCI尺度を構成する各行動特性について、性別と対象者との関係などとの関連を検討している。その結果、恋人関係は友人関係よりも会う頻度は少ないが、電話による会話回数や一日の接触総時間は長いことや、排他的デート相手との方がそうではないデート相手（複数）よりも接触機会が多く、接触時間が長いことなどを示している。

なお、久保（1993）も、RCI尺度の項目についていくつかの改訂を行い、RCI尺度の下位項目について主成分分析を行っている。その結果、恋人関係、友人関係ともに複数の主成分が得られ、親密な関係は単一次元の量的側面だけでとらえるのではなく、複数の主成分による多次元的に評価すべきであると述べている。

このように、親密さにかかわる研究の動向として、対象者のパートナーとの関与内容を踏まえた行動特徴をより鮮明に反映した特徴を測定したいとの意図が増大していることが分かる。関係の変化は環境や個人的特徴、関係の条件によっても影響され、しかもこれらの要因は両者のその後のエピソードにも影響する。108頁で述べたフィルタリング・モデル（Kerckhoff & Davis 1962）では、配偶者選択のプロセスは、互いの特徴についての当てはまりのよさについての判断の連続と考えている。

関係の始まりは、新奇さや覚醒を経験することによって、関係の中期は、なじみ、予測性や認知的、情動的緊張の低減によって、さらに次の段階は、結婚の満足度の変化、子の出生や配偶者の重篤な疾患などの重大な出来事によって特徴づけられる。なお、最初の子どもが生まれると、それまでの二者関係から三者関係へと変化するので対人関係の力動性も変わる。コミュニケーションの観点からすると、この関係は、当事者間の関係と当該の相互作用に加わっていない者を観察者（潜在的、相互作用者）とする関係を含み、かつ、その組み合わせは流動的である。

関係の崩壊は相互の解釈を尊重するならば、一方かあるいは両者が以前の状態よりも現在を望ましくないと見なした時に始まる。

二者の結びつきを作っていくには、両者が参加しなければならないが、関係の崩壊には一方の行為や決定だけでいい。

このように各段階で解決しなければならないテーマがあり、それをクリアしなければ、次の段階に進めないので、コミュニケーション行動から多くの特徴を取り出すことができよう。

(3) コミュニケーション・チャネルに見られる親密さ

愛や好意を含む親密さは具体的にはコミュニケーション行動として表出される。しかも、その表出は多くの親密さ要因による影響を受けているとともに、認知される親密さにも大きな影響を与えている。コミュニケーションは同時に複数のチャネルによって展開されるものであり、相互の関係は重要である（和田 1990、大坊 1990；2003b）。これまでの諸研究によると、関係の初期から親密さが増す過程においては、いずれのコミュニケーション・チャネルについてもその活発さ（直接性）は上昇する。しかし、それは親密さがある程度高くなった段階で停滞する（一種のプラトー高原現象）。さらに親密さが増すと、現象としてのコミュニケーションの直接性は減退するという曲線的な関係があることが知られている。なお、関係が崩壊する際には、一時的であれ、直接性が増す。例えば、ショーとサドラー（Shaw & Sadler 1965）は、発言は、他人同士で最も活発で、次いで恋人＞夫婦の関係にあることを示している。また、ノラー（Noller 1980）は夫婦の適応度との関係を検討している。それによると、適応度の低い夫婦ほど話しながら相手（配偶者）に向ける視線が多いことを示している。話しながら視線を向けることは、相手を支配し監視しようとする動機の表れである。

発言、視線、対人距離、身体接触等のコミュニケーション行動と親密さとの関係についての諸研究を概観して、大坊（1990）は、親密さ上昇時には、主に好意機能が発揮され、高度に親密な段階では、察知や以心伝心が発揮され現象としてのコミュニケーションが減退する（メタ・コミュニケーションの発揮）と考え、また崩壊時には、監視・支配の機能が優先されるというように、コミュニケーションに込められる機能が変化するとのコミュニケーション機能の多段階変容説を提唱している（136頁参照）。

（4）親密な関係におけるコミュニケーション

ルイス（Lewis 1973）は、デートカップルを2年間にわたって、追跡調査をして、婚前の二者関係の発展（premarital dyadic formation：PDF）に作用する要因を検討している。その要因は類似性の認知、二者間の意思疎通性、自己開示、正確な役割実現、適切な役割の付与、そして相互の関与度の高さや一体視を意味する結晶化が

6種類である。このうち、最後の結晶化を除く5要因の程度が高いほど、二者の関係は進展し、持続することを見いだしている。換言すれば、ある段階で測定した結晶化以外の親しさの指標によって関係の持続の程度が推測できることになる。

夫婦のコミュニケーション行動を微細に検討したノラー（Noller 1980, 1984）の研究では、いくつかの興味ある発見がある。適応できている夫婦は、互いに相手を肯定する発言が多く、夫と妻との間に発言量にくいちがいもなく、円滑なコミュニケーションを行っていたが、適応度の低い夫婦ではこれと反対の特徴を示していた。さらに、適応できている夫婦の場合には、そうでない夫婦に比べて、夫のメッセージは明瞭であり、解読の誤りも少なかった。しかし、妻についてはこのような差はない。したがって、関係持続の危うさは、夫の方のコミュニケーションのまずさによる可能性が高いと言えよう。また、うまくいっていない夫婦は、あいまいな、矛盾したメッセージを送る傾向があり、これも混乱を招く原因となるようである。さらに、このような夫婦では、相手の発言を聞きながら視線を向けるよりも、話しながら視線を相手に向ける傾向がある。相手の発言を聞きながら、視線を向けるのは、相手のメッセージを不足なく受け取ろうとする自然な行為である。これに対して、話しながら視線を向けるというのは、即時的なモニタリングであり、統制しようとする意味が強い行為である。すなわち、不適応の夫婦は相手を信頼できず、相手の反応に逐一注意を向け、支配しようとする動機が強いと考えられる。相手への不信はコミュニケーション意図の受信を不確かにし、そのあいまいさは一層の否定的認知を生み出してしまう。ゴットマンら（Gottman et al. 1976）は、うまく適応できていない夫婦間のコミュニケーションは実際よりも互いに否定的に解読することを示している。ノラー（Noller 1984）は、一連の研究結果から、適応できていない夫婦では、夫は記号化と解読のどちらもうまくできていないこと、これに対して妻は記号化よりも解読の不適切でありながらそれを十分に意識しておらず、不正確な自信を持っていて自分の犯す誤解に気づいていないことが問題であると述べている。いずれにせよ、夫は妻に比べて伝達者としてはより適していない。

イックスとバーンズ（Ickes & Barnes 1978）は、伝統的な性役割を持っている男女間の相互作用がうまくいかないことを示している。男女それぞれの伝統的な性役割を持つ男女、2人とも両性具有の男女、一方は伝統的性役割、他方は両性具有の組み合わせで初対面の者が会話を行った。その結果、伝統的役割を持つ者同士では、発言量や微笑などが少なく、互いに相手に対する好意度も低かった。伝統的な男性は競争的で自信があり、自己主張が強い。一方、伝統的な女性は敏感で感情表出の豊かな能力を持っている。両者の持っている特徴は大きく異なっている。そして互いに相手の持っている特徴を臨機応変に自分に置き換えて見ることはない。この両者の不一致が相互作用の距離を遠くしているが、特に伝統的な男性性が感情表出を抑えていることが満足度を低めていると思われる。ノラーとガロワ（Noller & Gallois 1986）は、夫妻が互いに肯定的、中性的、否定的なメッセージを送る際の行動を観察している。肯定的なメッセージを送る際には、妻は他のチャネルでも肯定的な表出をするのに対して夫はどの場合も同様に眉を上げるなど、ごく抑えた行動しか示していなかった。このことなども男性は柔軟さに欠けており、相手を不満にさせる要素になることを示唆している。

対人関係は、一定の段階を経て展開していくものであり、個から対への結合を目指すプロセスと一転して分離・個別化を目指すプロセスを含みうる。それぞれの段階には特有の目的があり、その実現のための相互作用がなされる。相手自身に由来する魅力と、共有している関係がもたらす（と予想される）満足、関係持続に及ぼす状況の拘束性などによって関係の親密さや展開の方向が決まる。この関係はコミュニケーション行動によって具体化され、フィードバックされる。その際に行動の直接性が重要な指標となるが、それは関係の目的や相手に対する親密さの程度によって促進／抑制されると言える。そして、関係の展開に応じて意味の変容を示しながら、直接性は曲線的に変化する。関係の展開に応じてのコミュニケーションの直接性の機能の検討や関係の崩壊に関する研究はいまだ探索的な段階と言わざるをえない。円滑な関係を目指すためにも今後の一層の研究が期待される。

3 伝達性のダイナミズム

(1) 継時的な影響

前項で述べてきたように、直接性自体が魅力を喚起するとは言えず、一般的にはコミュニケーションの当事者間の親密さが高ければ(低ければ)、さらに高く(低く)と一種の増幅効果を持っている。コミュニケーションの増幅的効果について、コミュニケーションの持つ親密さについても継時的変化に対応して認知が変化する現象が見られる。

ゲイン-ロス(利得-損失)効果　コミュニケーションに対応する好意の程度は時間的に変動することも指摘されている。クロアら(Clore et al. 1975)は、視線や身体動作などを操作して温かい行動、冷たい行動を演出し、その組み合わせで作った男女の会話シーンから、会話相手への魅力度を推測させるという実験を行っている。それによると、一貫して温かい行動を取るよりも、冷たい行動から温かい行動へと変化した方が、呈示シーン上の人物は会話相手に好意を持っていると評価している。また、冷たい行動を取り続けている場面よりも、温かい行動から冷たい行動へと変わった場面をより非好意的と見なしていることが認められた。一種の対比効果と変化自体による認知的な覚醒の効果が生じたと考えられる。アロンソンとリンダー(Aronson & Linder 1965)の研究に由来して前者を利得(gain)効果、後者を損失(loss)効果と言える。

シーグマン(Siegman 1976)は、面接者のうなずき(nodding)の有無を操作した実験を行っている。うなずきは、被面接者にとっては、自分の発言を認めてくれる強化のサインであり、好ましく、面接者の温かさを表すものと参加者には認知されることが確認されている。2回の面接セッションでこのうなずきの有無を操作したところ、後半では、一貫してうなずきありの条件で最も温かいと評価され、うなずきあり→なしの条件で最低であったので損失効果は認められた。また、肯定的な評価の変化量は、うなずきなし↓ありの条件では正の方向に最大、うなずきあり↓なし条件では負の方向に最大であったので利得効果的な変化もあったと思われる。なお、前者の条件では沈黙は最少であり、活動性も高いものであった。

視線は感情表出、状況によって異なるが概ね関心や好意を表す働きを持つと言える。大坊（1987）は、サクラが参加者へ向ける視線量を操作して、視線の変化が対人魅力に及ぼす効果について検討している。

視線行動を一定にする訓練を受けたサクラ（主に聞き役、参加者とは同性）と参加者とは対面し、参加者の関心が中程度の話題について会話を行う。2セッション（各9分間）会話するが、前半と後半とも一貫してサクラが参加者に視線を向ける条件（L↓L）、なし（NL↓NL）、前半で視線あり、後半なし（L↓NL）、その反対の条件（NL↓L）の4種類の条件を設定し、参加者にランダムに割り当てた。なお、参加者にはサクラは聞き役であり、参加者に話しの主導権がある旨を教示してある。

セッション1からセッション2での参加者の発言時間量の変化を条件間で比較すると、NL↓L>NL↓NL、L↓L>L↓NLの関係であった。概ね利得、損失効果に相当する結果が見られる。ただし、参加者の視線時間は、自分に向けられた視線量に応じて、L↓L>L↓NL、NL↓L>NL↓NLの関係にあり、このような対比効果はない（条件主効果、$p<.01$）。

さらに、サクラについての対人魅力評定は視線ありの条件で肯定的であり、視線の変化のない条件ではセッション間の差はないが、変化条件では、いずれもL>NLの関係が顕著であった。また、「相手と一緒に過ごしたい」の評定値のセッション1からセッション2への変化量を比較すると、NL↓L>L↓L>NL↓NL>L↓NLであったので、利得－損失効果に合致する認知的変化があると言えよう。初対面の者同士での集中的な相互作用事態においては、自分に向けられる視線は自分への好意の表現として認知されるとともに、その視線が自分への好意の表出として明確に認知され、アロンソンとリンダー（Aronson & Linder 1965）と同様に、一種の時間的な

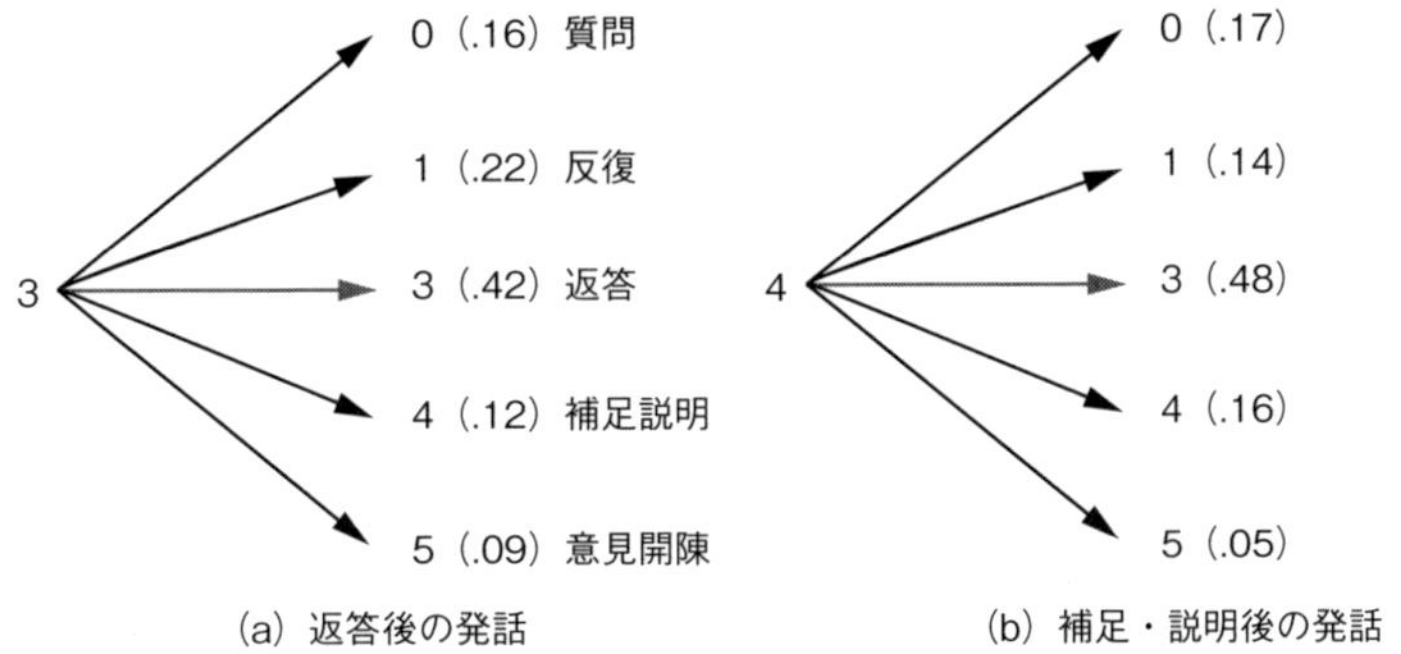

図5-3　返答発話直後の発話（a）と補足・説明直後の発話（b）の生起割合

対比である増幅効果と親近効果とが働いていると考えられる。しかし、意図性の強い発言と認知評定についてのことであり、意図性が低く、感情表出の程度が高いとされている視線では異なる。視線については、相手の視線変化に対応しており、同一チャネルについては相関的・同期的な影響を受けやすいことを示しているとも言える。

（2）発話のラリー

男女同性の高親密者同士あるいは低親密者同士2人の会話における発話をベールズ（Bales 1950）のカテゴリー分析法を参照し、かつ、発話の逐語記録をもとに自己開示の程度を把握する視点から、①質問（14・2%）、②相手の発言の反復やはい、いいえ程度の応答（18・7%）、③相手の質問への返答（挨拶、同意する旨の発言、44・3%）、④前の発言の補足・説明（方向づけも含む14・0%）、⑤自分の気持ち・意見を述べる（意見開陳、12・2%）の5種類に分類して検討した（括弧内の%は凡そ全体の生起割合、大坊 2002a）。

図5－3は、③返答発話、④補足・説明発話の直後の相手の発話の生起割合を示したものである。どちらも1次遷移は返答が最多であり、他の遷移も全体の生起割合と大きく異なるものではない。

発話ラリーを会話者高低親密群で比較すると、意見開陳に対して相手も同じく意見を述べることは、男女とも高親密群で多い（図5－4、男

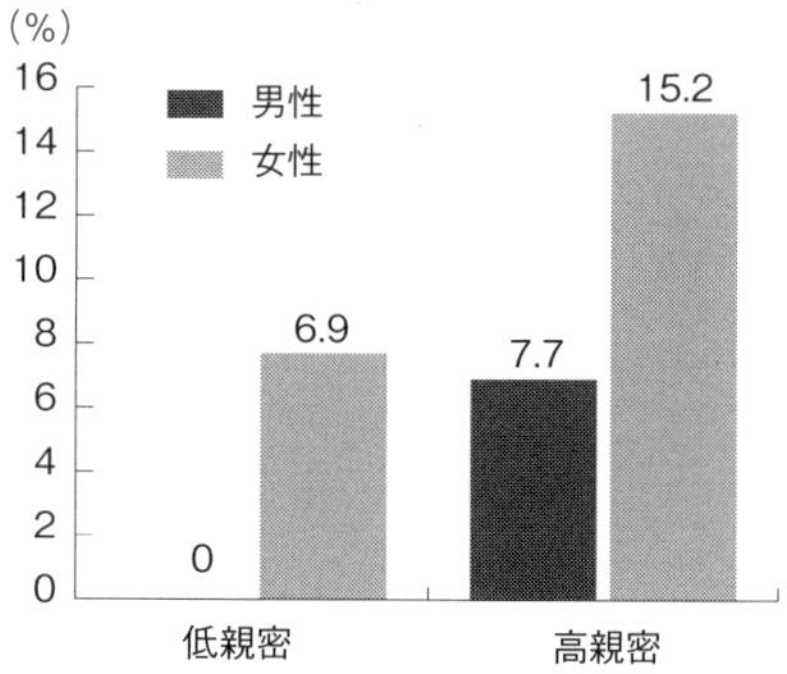

図5-4　意見開陳→意見開陳のラリー

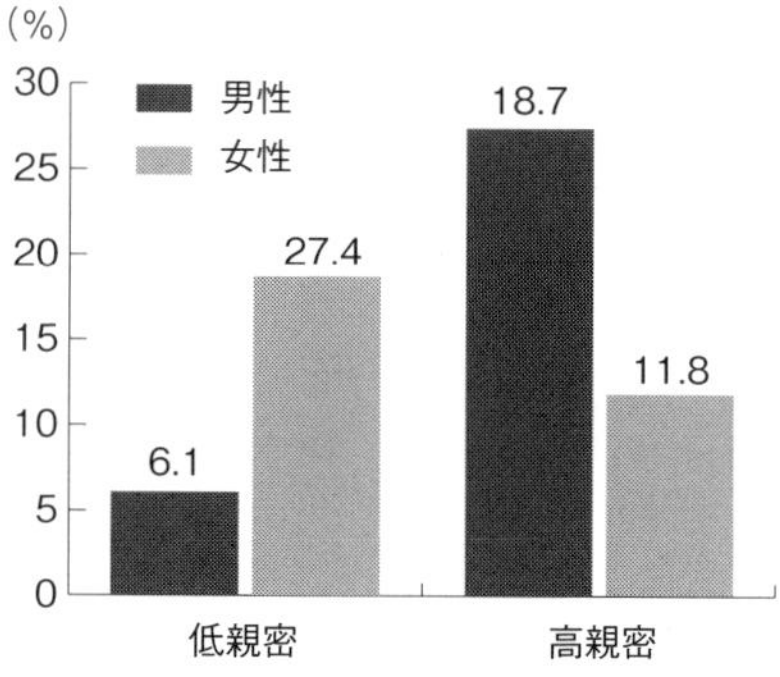

図5-5　補足・説明→補足・説明のラリー

女差が有意)。補足・説明では、低親密群では女性が多く、高親密群では女性で減少、男性は増加し、ほぼ同程度となっている(図5－5、男女と親密度の交互作用が有意)。このように、カテゴリーによって親密度の効果は同じではなく、男女による違いが見られる。

(3)　対人魅力成分との対応

対人魅力は愛と好意の成分を持つとするルヴィン(Rubin 1970)の指摘以来、多次元的な検討がなされてきている。また、対人コミュニケーションにも多くの成分が抽出されている。この点について、初対面の男女間の会話事態を日にちを空けて3セッション実施した実験がある(大坊 1983)。会話行動のうち発言と視線に関する時系列的な指標を求め、また会話相手への対人魅力評定を各回求めた。それぞれの全体のデータを基にして因子分析を行ったところ、コミュニケーション行動の6因子(累積寄与率82％)、対人魅力6因子(累積寄与率63％)が得られた。コミュニケーション行動と認知との関連を見るために、両次元の因子間の相関関係を求めたところ、対人魅力のなかでも信頼性因子はコミュニケーションの因子と最も関連しており、個人の一般的な発言活動因子とは正の、沈黙後の積極的な発言因子とは負の、及び発言重複に代表される会話対の共同的な発言因子とは負の有意な相関関係を示していた(偏相関係数、正の相関は$p<.01$、他は$p<.05$)。これに対して第2因子である

親和性因子は個人の視線活動因子とのみ有意な負の相関関係にあった。

これらの結果からすると、冗長度が高くなる発言の重複を避け、突出はしないが全般的に発言が活発である相手に対しては信頼できると判断することが知られる。また、視線と親和性や好意との関係は多くの研究で明らかになっているが、ここでは自分に多くの視線を向ける相手に対してはそれほどの親和性を示していない。

これらの結果はケンドンとクック（Kendon & Cook 1969）、アーガイルら（Argyle et al. 1974）に類似の結果と言える。場面設定として、これらに共通するのは関係の浅い段階にある者同士の相互作用であることであろう。それでも集中的な相互作用事態においては、正の相関関係を示す研究は多い。わが国では他に同様の研究はないのでこれだけの結果から一般化はしがたいが、関係が浅く、集中的に男女が相互作用する状況にあっては、自分が視線を向けていない時に相手に見られることは一方的で緊張せざるを得ない状況と捉えられていると思われる。これと異なる結果を呈している研究があるが、その違いについては会話場面の特徴などをさらに検討することによって、明らかにできる可能性が高いと思われる。

4　親密な関係をどう維持するのか

関係が崩壊に至る前にトラブルを避け、あるいは修復する危機管理が望ましいことに大方は同意するであろう。この点について、ハーベイとオマルズ（Harvey & Omarzu 1997）は、親密な関係を管理・維持するためには、トラブルが起こる前に処理することが重要で、それなりに多くの人は心がけてきたことであるが、研究の対象となっていないと述べている。彼らは、行動として、「気遣い（minding）」という概念を示している。①自己開示につとめる、②相手を受容していることや敬意を伝える、③お互いに関係を発展していく気持ちを持っていることを伝えることが必要であるとしている。これらのことは，コミュニケーションの活性化を目指してのことである。さらに，あるがまま正直であるよりは，後々までの関係の維持を目指して，実態よりも過剰に認知的な脚色をする必要があることも指摘している。つまり，①相手との関係の肯定的特徴を強調し，②故意に関係の価値を高めるような帰属を行う，③極端に楽天的な捉え方をすることなどである。現実に応じた行動というよりは時に幻想であれ，関係を肯定することが必要なのである。よく気遣われた関係では，互いに相手の意図や感情に敏感になり，あいまいさは低減する。敏感さと鈍感さの併用が有益ということになろう。

彼らは，さらに当該の両者間に行われる相互作用のあいまいさを低減し，率直に示された自分を示し合うことが対人関係の前提としている。互いに自分を開示し合い，かつ，推測し合うことを繰り返すこと（互いの気持ちを伝え合うこと）が，自他の，当該の場の親密さを維持し，崩壊を避ける重要なメンテナンスの過程と言える。

なお，シンプソンら（Simpson et al. 2001）は，それが脅威事態であるかどうかによって行動の仕方を変える必要があると述べている。つまり，脅威のない状況ではあえて認知を肯定的に変容する必要はなく，正確に認知し，共感することで親密さは維持できる。一方，脅威状況では，そこから逃避することは得策である。その前提となるのは危機につながるサインを迅速に発見することであり，そのためには特に正確な認知能力が必要である。この過程は多くは無意識的に働くと考えられている。

これらの予防法は，特別のことではない。だからこそ，これまで研究の対象としてあまり問題にされてこなかったが，今後はこのようなささやかな日常的な行動の持つ効用に一層着目し，課題と解決法を整理し，提言することが必要である。

また，結婚前の介入プログラムとして，カップルが葛藤や意見の不一致を処理するのを支援し，親密さを維持・促進するように意図したコミュニケーション・スキルの向上を図ったところ，そのプログラム実施の4年後，このプログラムを受けていない統制群のカップルに比べて，参加したカップルは，自分らの関係への満足度が高く、安定しており、否定的なコミュニケーションの水準はごく低いものであった（Markman et al. 1988）。

このことにも示されているが、自分たちの関係を安定的に維持するために、相手に注意を払い、コミュニケーションの齟齬を少なくし、互いの意見を調整できる手掛かりを与えることは有効である。この種のスキル・トレーニングは、生じた問題を解決することよりは（その効力を否定するものではないが）、上記のように事前プログラムとして行い、参加者の基礎力を向上することにより有効性を求めることができる。

コミュニケーションすることは、元来、当事者間にある知識の落差を埋めることであり、対人的な緊張を解消し、安定した関係を築くために用いられるものであることに改めて気づくべきであろう。葛藤から逃避するために、コミュニケーションを遮断しがちであるが、そうすることによって、当該の話題から離れることはできるが、その関係に生じた葛藤を自ずと解消でき、問題の解決に至ることはない。双方のメッセージは互いに伝えられてこそ斟酌できるものであり、働きかけへの反応を可能にする。なお、コミュニケーションの働きを重視した社会的スキル・トレーニングの試みについては、大坊の研究（2003a）がある。なお、対人コミュニケーションの機能や対人関係の目的や展開の仕方を勘案するならば、トレーニング内容については、いくつかのことが考えられる。記号化、解読、関係の調整（開始、維持を含め）、関係目的の適切な把握、主張、傾聴などが基本となる。加えて、大坊（2003a）にもあるように、細かなプログラム単位を構成する視点と一連の相互作用・問題解決場面を設定したうえでの総合的・応用的な「対人場」を繰り返し経験することによるプログラムが考えられる。同時に個々のプログラム自体よりもその運用の仕方自体に、多くの伝達・読み取りの要素が入っていることから、課題テーマよりもそこにかかわる担当者がどのように臨機応変に参加者の心理を読み、かつ、自他を意識できるように働きかけることの重みが大きいのではないかとも考えられる。

5　親密な関係におけるバランスのとれた交換

対人関係の満足度は、多くの手掛かりを基にして形成される関係を結ぶことによる満足感が報酬となり、その報酬価と自分が投入したコストとの均衡の程度によって、左右される。われわれは個人の報酬増大を目指しはするものの、衡平理論の見解にしたがえば、一方的に利益を得ることは心理的な満足感を最大にするとは限らない。特に、親密な関係においては、他者との均衡が重要なテーマとなる。

対人関係における交換を考えるためには、経済的な交換に見られるように、単純な交換的な要素を斟酌するだけではなく、投入や利得、公平さをどう指標化するのかは重要であろう。また、そこに含まれる個人要素に還元仕切れない場そして時間軸をよく検討しなければならない。

なお、クラークとミルズ（Clark & Mills 1979）は、親密な関係を考える上で有用な概念として、交換的（exchange）関係と共同的（communal）関係を提出している。前者は過去に受け取った利得に見合った返報がなされるものであり、自ずと特定のお返しを期待して相手に利得を提供するものであり、関わりのない他人、仕事上の相手などにも向けられる。一方、後者は相手の幸福を願うために自発的に利得を提供するものであり、義務的なものではない。相手の必要に応じて、あるいは一方が返報を期待せずに提供する。これは、家族、恋人、親友などに向けられる。

井上（1985, 1988, 1989）に見られるように、関係の親密さによって利得の最適点が異なっていたことなどは、この視点からも考えられる。なお、関係の進展に応じて、交換から共同へ向かう方向性はあるものの、多様に連結している関係のダイナミクスに応じて可変であることに留意する必要がある。相手との関係の親密さは変化するものである。共同的関係であることを信じられなくなった場合には、共同規則から交換規則へと変えることでその関係をより公平なものにしようとする傾向が生じる。また、多くの文化では、親密な関係では共同規則に従うものではある。その暗黙の共通の期待があるからこそ、互いに満足し、安全であると感じ、その行動は強化される。否定的な経験をしている場合には、他方も否定的な感情を抱き、それを表現するならば、類似性の返報を行うこととなるので、それだけを取れば魅力を強めることとも解釈できる。親密な関係を発展させていくためには、共同規則に従うことが重要である。そのためには、適切な表現と解読、自尊心の高揚、相手に対する積極的な反応、援助提供など豊かなコミュニケーション・スキルと向社会性が必要である。

6　二者以上に拡大された関係におけるコミュニケーション

これまでの親密さや対人コミュニケーションについての研究では、二者関係を取りあげたものが多いが、現実には、幾重にも拡大された関係が展開している。

例えば、家族の形態は、夫婦関係だけではなく、子ども同士の関係、そして父母と子の関係がある。二者関係と三者以上の関係は、その力動性は大きく異なることは周知のところであろう。

当該の二者の関係では、双方向のコミュニケーション回路のみであり、一方の送信ないし受信がなければ、成立しない。これに対して、三者関係では、二者の関係が3通り存在し、いずれかの二者間のコミュニケーションは、当該ではない者にとっては、当事者でないからとて、偶然の傍観者なのではなく、そのコミュニケーション行動から間接的な影響を受け、かつ、その二者間のコミュニケーション行動にも場を共有する者としての影響を及ぼす。さらに、一対一のメッセージ発信だけではなく、自分以外の二者に向けてのメッセージ発信、どちらかを特定しないでの発信もある。したがって、分析単位と視点は著しく増加することになる（図5－6参照）。すなわち、三者以上の関係では、コミュニケーションの持つ階層性を綿密に扱う必要があるが、この点についての分析法は、未だ十分には確立されていない。

なお、磯ら（2003a）は、二者間に比べて三者間のコミュニケーション行動には、当事者（送り手と受け手）として、観察者として、被観察者としての表れ方が異なる可能性に着目し、非言語的なコミュニケーション行動と他者についての印象評定値との関係を検討している。それによると、快印象評定値の総和に関する重回帰分析によると、討論条件ではうなずきのみ、親密条件（知り合い、互いに親しさを増すことを目的とする）では発話量と笑顔及び性別の有意な正の回帰が見られた。このことから、討論条件ではうなずきが社会的承認の機能を果たし、親密条件では笑顔がポジティブ感情表出機能を果たすことで、好印象へと導くことが示唆される。さらに、うなずき配分のズレと「話がうまい」との間に有意な関連が見られ、「しっかりした」という印象については有意傾向の関連性が見出された。したがって、ズレが多いとむしろ話がへたで頼りないという印象が抱かれ、ズレの少なさが好印象につながっていない。

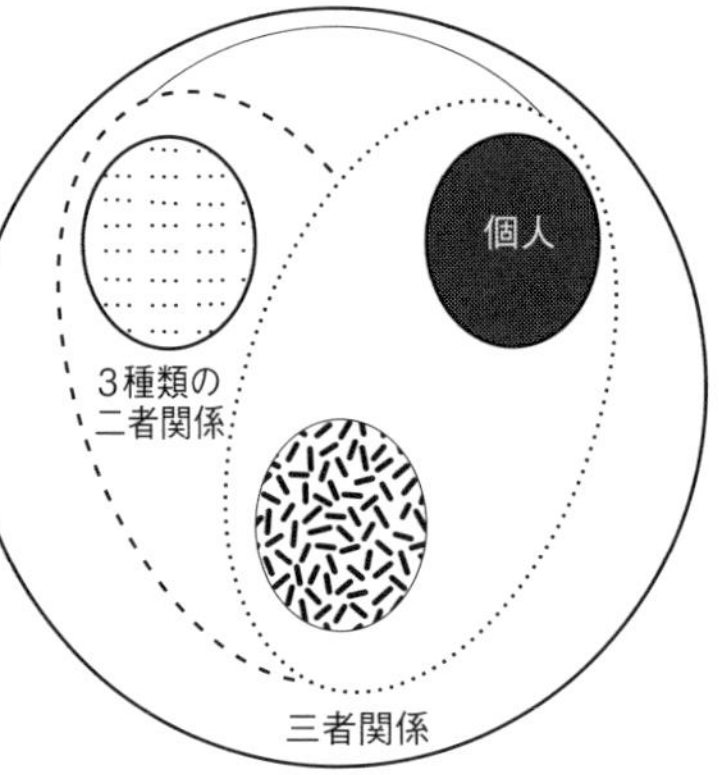

図5-6　三者関係における3種類の二者関係と1種類の三者関係

三者関係に含まれる二者関係の当事者はコミュニケーション送受信者、他の一人は、潜在的な「当事者」であり、また、当該の送受信者にとっても影響因となる。コミュニケーション行動の展開される場は二者間と三者間では異なる（3種類の二者関係と一つの三者関係が含まれる）。

また、視線行動の配分とズレについて検討した磯ら（2003b）における追加分析の結果、討論条件では2人の会話メンバーにより多く視線を向けることが好印象につながり、親密話題では均等な視線配分が感じのよさにつながることを見出している。

リンデールとマークマン（Lindahl & Markman 1990）は、夫婦と家族の相互作用は情緒調節機能を持つものとしてのコミュニケーションに着目して考察している。夫婦間の葛藤が子どもに及ぼす影響として、先行研究を踏まえて、①不満足な夫婦関係は、親の子どもに対する反応をあまりにも情動的にさせる。②結婚に不満を抱いていると、親は子どもから快適さや心遣いを得ようとする。③親は、子どもとの関係に余分な投資や精力をつぎ込むことによって不満足な結婚を補償しようとする。④満たされた結婚は、お互いの援助と情動的な充足をもたらし、ひいては親が子どもたちへも情動的にいい影響を与えている、とまとめている。親の葛藤・適応関係が直接にあるいは夫婦としての関係からの波及効果として子どもに重要な影響を与えることを述べている。

母子間のコミュニケーションの特徴として、コンドンとザンダー（Condon & Sander 1974）は、母親の言語的な働きかけに対して乳児の身体動作がリズミックに連動する、対人的同調（interactional synchrony）を見出だした、また、やまだ（1996）は、この母子間の同調を共鳴する共同体の現象として捉えている。自他の識別を前提としない融合的世界を示す内発的で必然的な現象として理解できるとしている。

また、シンクロニー傾向は、社会的関係を築く原初的起源となるコミュニケーションを示しているようにも思われる。社会的な存在である人間にとって、ア・プリオリに他者を考慮し、社会的関係の構築に向かう内発的な「社会的リズム」とも言えよう（大坊 2001）。このコミュニケーション現象は、家族や親子関係にのみ該当するものではない。根本的なレベルで相手との共存在性を示すものであり、特定の前提となる条件を要しない「関係性」を指し示す指標となると言えるので、この側面についての研究がさらに展開していくことが期待される。

なお、家族関係には、対人関係が複数含まれ、かつ、根本的な親密さと役割が混在する場である。それ故に探るべき課題は多い。しかも、時代に応じてコミュニケーションのスタイルの変容も影響していると考えられる。夫婦、親子のコミュニケーションを関係の単位、役割の違いの点から階層的に同時に把握する必要があると考えられる。

最近の状況を考えると、ネットワーク・コミュニケーションや携帯電話、ケータイ・メールの果たす役割は大きい。この種の間接的なメディアによるコミュニケーションには、時空間を超える便利さがあると同時に、メディアとしての社会的存在感に限定があり、使用できない対面チャネルの持つ機能をどう補うか、また、用いられるチャネルの機能自体も変わり得ると考えられるので、その使用法についての工夫が期待される（大坊 2002b）。一般には、リアル・タイムではないコミュニケーションが可能であることのメリットは大きい。したがって、「ソト」の関係にある者とのコミュニケーションを前提とした研究が大勢を占めているが、親密さの発現の仕方としては、距離、場所や時間に限定されないその利便性が大きいので、むしろ、親密な関係にある者同士のコミュニケーション形態としては、密度の高いツールとして有効に機能するものと考えられる。

7　関係崩壊の表現

(1)　崩壊の要因とプロセス

関係の発展については多くの研究があるのに比して、崩壊のプロセスについての研究は、これまで多くはなかった。しかし、米国では離婚や結婚しない同居生活は一般的なこととなり、関係の崩壊にまつわる心理的な変化や不適応に多くの関心が集まり、社会心理学的にも研究されることが増えてきた。その中でも、関係の崩壊についての縦断的な研究は少ない。

シンプソン（Simpson 1987）は、ミネソタ大学の学生を対象として3ヶ月後も関係が持続していた群と崩壊群についての追跡調査を行っている。既有の相手との関係についての満足度、関係の長さ、性経験、他のデート相手に比較してののぞましさと他の相手ができる容易さ、関係の排他性、自己モニタリング傾向、性的関係への指向性などを従属変数として検討した。これらが関係の持続に有意に関連していたが、特に、満足度、長さ、性経験、関係の排他性、性的関係への開放性の低さが関係の安定性を予測する傾向が強いことを示している。また、関係の持続性と強度の予測性の強かった要因としては、関係の持続度、バーシェイドら（Berscheid et al. 1989）のＲＣＩ得点、他の異性への関心の低さがその関係で生じる情動的な悩みの程度とその持続性を予測するものであることを示している。

また、ヒルら（Hill et al. 1976）は、２００以上のカップルを対象とした調査を行なって、関係の持続しているカップルに比べて、関係の壊れたカップルは、初期段階において年齢や身体的魅力の程度などについての類似性が低く、親密さや愛情の程度も低いことなどを指摘している。また、互いの関与度も対等ではなかった。なお、同居や性的関係の有無は関係持続に有意な指標ではなかった。男性よりも女性が関係を終わらせようとする傾向のあることを示している。また、別れの訪れには時期的な変動があり、学期の節目にそのピークが認められている。

大坊（1988）は、日本の男女大学生を対象として、パーソナリティと関連させながら、関係の解消についての調査を行っている。それによると、男性は相手との関係に熱中する程度が相手と同等ないし自分が高く、女性は相手の方が熱中していたと答えている。女性の恋愛経験が多く、しかも女性が別れの主導権を握っていることが認められた。女性に主導権があるのはヒルら（Hill et al. 1976）と同様である。全体的には崩壊に至る責任を自分に求める傾向が強いが、関係に熱中していたのが自分である場合には自他に責任を問わない無罰的になっている。したがって、関係への熱中度はコストの大きさではあっても別れの責任性とは相関的な関係にはない。井上（1985）は、恋愛関係にある男女大学生を対象者として公平性の観点から、「尽くし方の程度」が相手よりも多少高い場合には満足感、幸福感が最大であり、相手との間の落差が大きすぎると利得過剰であっても利得不足と同様に否定的な態度を示すと述べている。井上は男女間での比較を行っていないが、熱中度の男女間落差からは女性の方が全般的に別れた相手に対して満足感が低かったであろうと推測される。

また、男性では別れを経験した者のパーソナリティに特徴があり、対人的に積極的で、他人への関心が強く、親和欲求も高い。同時に自立的な欲求も強いことが示された。別れを経験するには、先ず、相手に接近しなければならず、かつ別れを別れとして対象化できなければならない。また、時期を検討すると、ピークの月自体は異なるが、ヒルら（Hill et al. 1976）と同様に学年暦に対応した別れの発生の変動も見られている。クライテリーら（Critelli et al. 1986）の愛の構成因尺度（ＬＣＳ）を用いて別れた相手と現在のデート相手についての評定を求めた（111頁参照）。別れた相手への評定値を下位尺度（因子）ごとに男女間で比較すると、「ロマンティックな依存性」と「身体的覚醒」で男＞女の関係が認められた。これに対して現在のパートナーに対しては、他の3尺度、「親密さの伝達」「尊敬」「ロマンティックな一体感」でいずれも女＞男の関係が認められた。別れという過去については、男性は自立しがたく、相手からの影響から脱し難いこと、一方、女性は過去から現在への切り替えが速く、今の関係に積極的であるという強靭さが知られる。

飛田（1997）は、交際中の相手への愛情の程度と別れた時の心理的反応の関連を調べている。それによると別れの時に相手を強く愛していた者ほど、男性は否定的な強い情動や否認などの心理的反応が多く現れるのに対し、女性では罪悪感が多く現れることを報告している。しかし、別れの主導者がいずれなのかについて注目して検討した研究では、このようには一般化しがたい結果であることが報告されている。

山口（2007）は、失恋を片想い、離愛（自分から切り出す）、離愛（相手から告げられる）に分類し、離愛（相手から）の場合に最も肯定的変化が大きく、かつ否定的変化は、離愛（相手から）＞片想い＞離愛（自分から）の順であった。また、相手から別れを切り出された場合には、肯定的変化、否定的変化の両方が大きいことも示された。相手との関係を否定されたことによる否定感情とともに、十分に期待に叶ったものではなかった関係への満足しえなかった関係が終了したことによる否定感情の整理に通じる安堵感も生じたものと考えられる。

山口は、肯定的心理変化は自尊心の低下を防ぐために起こるとしている。失恋の経験が多い者はそれだけ自尊心の低下の機会も多く経験していることから、その度、自尊心の低下を防ぐために肯定的心理変化が起こり、回数を重ねることで起こりやすくなっていくと予測できる。

飛田（1989）は、男女大学生を対象者として恋愛未経験群、そして現在恋愛中の群、失恋経験群の恋愛行動や態度の検討を行っている。ルヴィン（Rubin 1970）の愛情尺度を用いて、自分の相手への態度と相手が自分へ抱いている態度についての推定を求めて比較している。それによると相手への得点及び相手からの推定得点ともに失恋群よりも現在恋愛群が高いこと、自分の得点の方が推定得点よりも高いことが示されている。現在の経験を優先的に見なそうとする傾向のあることがうかがわれる。また、全体的に相手からよりも自分が相手へ向けている愛情得点が高いが、失恋群においては、この落差は有意ではないが男＞女の傾向を呈していた。男女によって関係への熱中度は異なることと対応する特徴と思われる。また、男性では現在恋愛群の自尊心得点が最も高く、続いて失恋群＞未経験群となっているのに対して、女性では未経験群の自尊心得点が最高ではあるが群間の差は小さい。

大坊（1988）でも女性については群間にパーソナリティ特性の差は認められていなかったことと同様に、男性に比べて女性の恋愛行動の特徴はパーソナリティを越えて女性であるということ自体に特徴的なのであろうか。むしろ、そうではなく、従来の社会的な性役割意識につながる認知的バイアスを男女ともに克服できていないステレオタイプな期待像を踏まえているかも知れない。これまでの関係の崩壊についての要因抽出の研究から進めて因果的な検討が求められる段階にあると言えよう。

(2) 関係崩壊後の行動

関係が崩壊した後に取る行動にはどのような特徴があろうか。この点についての研究は少ないが、大坊（1985）は男女大学生を対象として失恋経験の有無とその後の行動（未経験群については推測を求めて）について検討している。経験群は、思い出にひたりながら、直接の出会いをあまりのぞまないことが知られている。特に男性よりも女性の方が失恋相手へのこだわりの強いことが示されている。

和田（2000）は、男女大学生（平均年齢、男19・93歳、女19・81歳）を対象とした研究で、恋愛関係崩壊の対処行動として「説得・話し合い」「消極的受容」及び「回避・逃避」を挙げている。また、崩壊後の行動としては「後悔・悲痛」と「未練」が見出されている。恋愛関係が進展していた者ほど、その崩壊時には説得・話し合い行動がより多くとられ、崩壊時の苦悩が強く、崩壊後の後悔・悲痛行動と未練行動が多いと報告されている。なお、女性は、関係が進展していた者ほど回避・逃避行動を取っていない。関係進展度にかかわらず、男性は女性よりも消極的受容行動を多く取った。さらに、最も進展した関係が崩壊した場合では、男性よりも女性の方が説得・話し合い行動を多く取るものの、回避・逃避行動はあまり選択されていなかった。この結果から、男性よりも女性は、関係崩壊のダメージが大きく、その関係へのこだわりが強く、崩壊を受け入れがたく、積極的に関係の修復を目指すと言えよう。これに対して、男性は女性よりも消極的な受容傾向がある。

牧野（2013, 2014）は、男女大学生（平均年齢19・6歳）を対象として、恋愛経験、その関係崩壊の対処方略について明らかにしている。恋愛経験のある大学生は約70％であり、その中で別れ話を経験したことのある大学生は約85％であるとしている。別れを切り出された側の対処方略としては、関係維持懇願、説得・話し合い、恋人非難、譲歩・受容、恋人高揚、遅延方略の6種類を抽出している。この中で、男性よりも女性の方が恋人非難方略を使用する傾向が高いと報告している。和田と同様に、女性側の当該関係への強い固執が示されていると言えよう。

なお、栗林（2008）は、①関係崩壊までのプロセスと②その回復（立ち直り）のプロセスに分けて検討する必要を説いている。これまで①についての研究は多くあるものの、②については少ないとしている。そのことを踏まえて、栗林（2021）は、失恋経験のある男女大学生（平均年齢20・4歳±0・9）を対象に過去の交際相手と今後の交際相手の魅力との相関関係について検討している。

それによると、「自分」が原因で別れた場合は、「愛情表現」（一緒にいる時に率直に愛情を示してくれる）、「肯定的雰囲気」（一緒にいると楽しい、明るい）、「性的相性」（相性、好みが合う）については前に別れた相手と似た相手を求めている。一方、「相手」が原因で別れた場合には、「経済力」（相手の経済力がある）以外では正の相関がないことから、過去の相手の魅力にこだわらないことが示されている。自分に別れの原因があると自覚している場合には、自らの想いを否定するほどの整理ができておらず、失恋対象への想いは持続していると言えよう。これに対して、相手に原因がある場合には、自分が相手を否定したものであり、相手との関係とは結び付かない特徴を期待していると考えられる（なお、男女差の検討はしていない）。

なお、大坊（1985）は、失恋経験のある男女成人についての調査（失恋の原因別の検討はしていない）で、男性は、失恋相手と似た特徴を持つ相手を次の恋愛対象としようとするのに対して、女性は、失恋相手とは正反対の特徴を持つ者を選ぼうとする結果を得ている。このことは男女ともに失恋相手への未練を持っていることとしている。すなわち、男性は、その恋愛で成就しなかった想いを次の対象に肯定的に投影し、いわば、成就しなかった（失恋した）恋愛をやり直すとするのに対して、女性は、うまくいかなかった恋愛を少なくとも選択した相手の問題と捉え、その相手を否定し、異なる特徴を持つ者ならばうまくいくと期待していると考えられる。男女ともに失恋相手に未練があるが、男性は当該の恋愛のやり直しを、女性は、失恋相手への攻撃的な否定を反映した次の恋愛への期待を抱いていると考えられる。

関係の崩壊の要因としては、両者の属性・特性の落差（非類似性）、親密さ自体が低い（関与度の低さ）、そして当事者のパーソナリティに由来する社会的消極性が挙げられる。これらは相手へ向かう結合度を低め、他の関係に比べて卓越した満足度を与えない。それと、男女の認知・行動傾向にはこれらの個人的、関係要因とは別のア・プリオリ的とも言い得る内在的な要因がある。それは、女性は強いダメージを避けようとする防衛的行動が累積して先行的に表れているのではなかろうか。要因を特定することを目的とした研究と、崩壊のプロセスについての追跡研究はあるが、要因と崩壊との因果関係を十分に示している研究は少ない。

また、大坊（1988）は、男女大学生を対象に、失恋経験や恋愛経験を問うた調査結果を基に、失恋した後に新たな恋愛をしている（多感群）、失恋後新たな恋愛をしていない（未練群）、今が初めての恋愛（初恋群）、恋愛経験無（未経験群）の4群に分けて男女で比較している。それによると、多感群は女（40%）＞男（30%）、初恋群は女（25%）＞男（15%）、未練群は男（30%）＞女（20%）、未経験群は男女差なし（20%）であった。

さらに、恋愛時に、付き合っている相手と回答者本人のどちらが恋愛に熱中していたかの質問の回答では、男女とも、「男性が女性より恋愛に熱中していた」と回答していた。

さらに別れの原因については、女性の回答では、自分が飽きたからとか、独立したかったという回答が多かった。一方、男性の回答では、「女性が独立を望んだ」「女性の関心が他に移った」と回答していた。

これらのことは、別れの主導権は多くの場合、女性にあり、そして、少なくとも行動面については男性よりも女性の立ち直りが早いことを示唆している。

松井（1993）は、男性は失恋した相手に未練があり、後悔をしやすいこと、一方、女性の約4割が自分から別れを切り出していること、失恋したことを肯定的にとらえているとしている。男女の恋愛へのかかわり方についてはかなりの一貫性があるように考えられる。

このことは、青年期についてではあるが、男性よりも女性が恋愛についてタフなのであろうか。もしそうであるならば、それが何に由来するのかについては、未だ十分には検討されておらず、慎重に考えなければならない。

8　関係の発展と崩壊におけるコミュニケーション・モデル

関係の崩壊に結びつく個人や関係の要因としては、両者の属性・特性の落差（非類似性）、親密さ自体の低さ

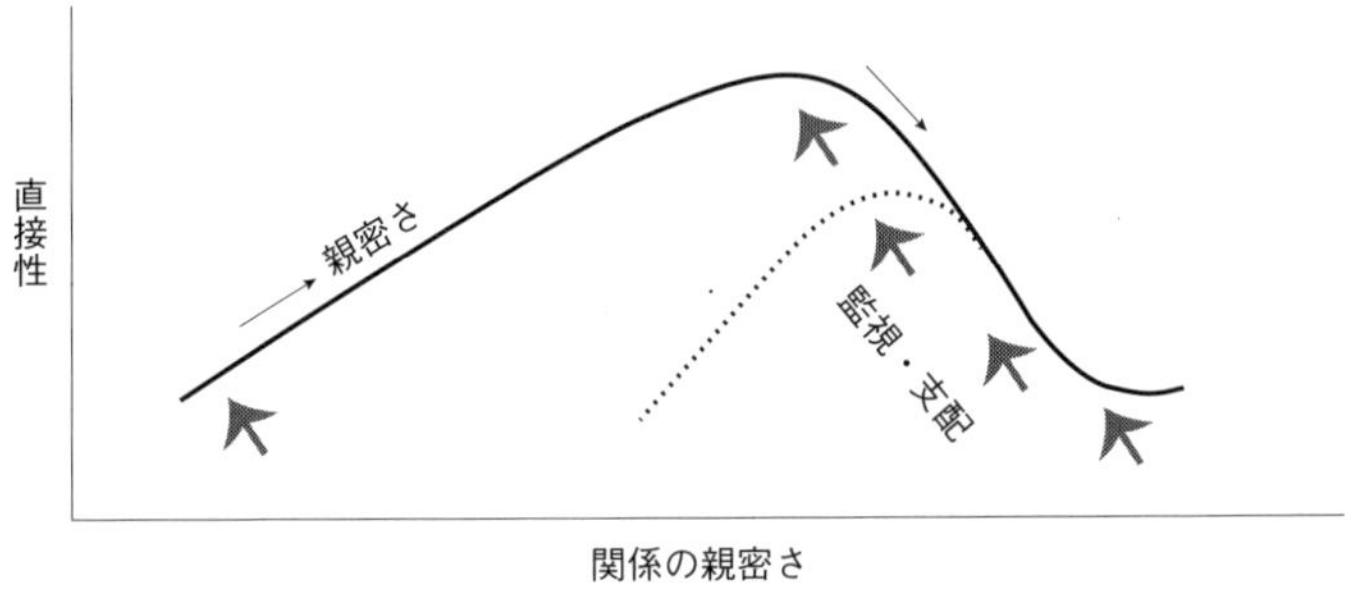

図5-7　コミュニケーションに見られる親密化の曲線的関係モデル

（関与度の低さ）そして当事者のパーソナリティに由来する社会的消極性が挙げられる。これらは相手へ向かう結合度を低め、他の関係に比べて卓越した満足度を与えない。それと、男女の認知・行動傾向にはこれらの個人的、関係要因とは別のア・プリオリ的とも言い得る内在的な要因があろう。要因特定を目的とした研究と、崩壊のプロセスについての追跡研究があるが、要因と崩壊との因果関係を十分に示している研究は少ない。

関係の崩壊もまたナップ（Knapp 1984）の指摘にあるように、具体的なコミュニケーション行動に反映されると考えられる。ビエールとスターンバーグ（Beier & Sternberg 1977）は、適応度の低い夫婦ではコミュニケーションの直接性が低いことを観察しているが、それだけに留まらない特徴があると考えられる。アルバート（Alberts 1988）は、交換されるメッセージの頻度は他と違いはないが、その内容については、適応できていない夫・妻（同棲者も含む）では、個人的な不満やそれへの反発、負の感情を表しやすいという特徴のあることを認めている。

関係の崩壊は、相手との間に境界を引き、個別化を目指すとともに、信頼性の低下に伴って、相補的なコミュニケーション行動が取れず、拮抗した緊張の高い行動を招くものと言える。それ故に、関係の崩壊のプロセスでは、関係発展のプロセスとは異なる機能を呈しているが、再び直接性の上昇を示すことになる。しかし、それはなんら関係を復そうとするものにはならず、その後急速に直接性は低下していくことになる（コミュニケーション機能の多

段階変容説　図5－7）。

すなわち、関係の結合段階に至るまでは、前述のように親密さの表出として直接性は高まるが、一体化がはかられた段階においては顕現的なコミュニケーション行動を多くは必要としない。その後、両者の関係に緊張が生じてくると、相互作用の効率は低下し、必要な意図を伝達し、相手を理解するためにも多くの行動を要する。さらに、相手に対して優位な立場に立って自分の影響力を強めようとする。すなわち、相手を統制する機能を込めた直接性が高くなると考えられる。しかし、この意味での行動は長くは続かない。解読の正確さも低下し、統制も成功せず対人行動の目的は希薄になる。満足をもたらさない行動を止めてそれ以上の葛藤を避け、相手との間に境界をおき、独立をはかろうとするので、互いに働きかけを低減させていく。したがって関係の崩壊のプロセスでは直接性は急速に低下していくことになる。このようにコミュニケーションの直接性に込められる意味が変容することを踏まえるならば、対人魅力・好意との曲線的な関係を理解できるであろう。

対人関係は、一定の段階を経て展開していくものであり、個から対への結合を目指すプロセスと一転して分離・個別化を目指すプロセスを含む。それぞれの段階には特有の目的があり、その実現のための相互作用がなされる（Levinger 1980; Knapp 1984）。相手自身に由来する魅力と、共有している関係がもたらす（と予想される）満足、関係持続に及ぼす状況の拘束性などによって関係の親密さや展開の方向が決まる。この関係はコミュニケーション行動によって具体化され、フィードバックされる。その際に行動の直接性が重要な指標となるが、それは関係の目的や相手に対する親密さの程度によって促進／抑制されると言える。そして、関係の展開に応じて意味の変容を示しながら、直接性は曲線的に変化する。しかし、関係の展開に応じてのコミュニケーションの直接性の機能の吟味や関係の崩壊に関する研究はいまだ探索的な段階と言わざるを得ない。円滑な関係を目指すためにも今後の一層の研究が期待される。

第6章　ネットワーク・コミュニケーションにおける対人関係

人は互いに持てる情報の落差を埋め、緊張を解消するため、共有できる社会的・心理的知識を増し、関係の共通項を増すためにコミュニケーションするように方向づけられている。一方が持てる情報を他者に提供し、他方がそれを受け取り、同等の知識レベルになることを目指すこととも言える。したがって、コミュニケーションの元来の目的は、相手を排除し、境界を引くためではなく、メッセージの交換を行うことによって、互いが同等の心理性を保つことを目指すものであり、個別の存在から結びつきを持つ他とは異なる単位になる、いわば、対人関係を築くために学ばれてきた方法なのである。

人は、それぞれに得る経験は異なり、自ずと獲得できる情報量には限りがある。そこで生じた情報の落差を埋め、理解を深め、また、個人では不安定な判断の基盤を自分となんらかの結びつきを持てる可能性のある他者との関係の中に求めようとする。他者を巻き込みながら、不確かで揺れる自分への保証を得ようとしている。個人を結ぶコミュニケーションの原点はここにあると言える。相手を同定し、自分と照合できることがコミュニケーションを結ぶための前提としていなければならず、その後にコミュニケーション行為の連鎖が続く。そのコミュニケーション行為の連鎖こそが当該の対人関係を形づくっていく。

このように「不確かな」自分を認識できるが故に、日々多様な他者とのコミュニケーションを展開していると言えよう。ＩＴ（情報技術）の進展に伴い、社会的なネットワークの機会は増大し、自分を検証できる機会も増えている。しかし、そこには従来の対面性をベースとするコミュニケーションとは異なる特徴があり、メッセージの発信・解読の方法の違いもある。メディア（媒体）やチャネル特性の検討も必要となる。同時に、対人関係に期待される意味も変化してきていると考えざるを得ない面もある。

コミュニケーションの手掛かりは多様であり、しかも、日常の生活のなかでは同一のチャネルであってもいつも一定の伝達特性を持つものではないので、チャネル特性やチャネル間の関係を踏まえないと、メッセージの送受信のメカニズムについては十分には理解できない。

1　ネットワーク時代のコミュニケーションの環境

(1) ネットワーク・コミュニケーションの現状

近年のコミュニケーションのメディアの多様化、とりわけインターネットによる私的・公的コミュニケーション、携帯電話による個人間のコミュニケーションの普及はめざましく、１９３０年代の卓上の電話機の登場に匹敵するほどのコミュニケーション革命をもたらしている。通信ツールの同時併用、使い分けが可能なコミュニケーション状況となり、また、今や通信情報量は個々人の容量をはるかに超えるものとなっており、個人が利用できる情報をどう仕分けるか、情報間の比較をどう行うかが問題になる時期を迎えている。

Internet Live Statsによると、現在、世界のウェブサイトの総数は、２０１９年で17億を超え、利用しているユーザー数は40億人を超えている（表6-1）。2010年からの約10年の間にもサイト数は約8倍以上、ユーザー数はおよそ5年ごとに10億人ずつ増加し、10年間で約2倍を超えている。

これは、サイト数、利用者数を示し、利用内容を示すものではないが、少なくとも何らかの自分に関わる情報を広く発信する人や機関が増えていることを示すものである。また、同時にアクセスする側からすると、入手できる情報が増えることでもある。ウェブ・ページにアクセスすることの有用性が急速に高くなっていることを示しているとも言える。

インターネット普及率を世界的に概観するならば、日本は91・3%で世界27位である。ちなみに韓国は96・2%（15位）、イギリスは92・5%（25位）、米国（USA）は88・5%（36位）、ロシアは82・6%（53位）、中国は54・3%（124位）であった。1位から7位は、バーレーン、カタール、リヒテンシュタイン、クウェート、アラブ首長国連邦、フォークランド諸島、アイスランドでいずれも99%を超えている（2019年 https://www.globalnote.jp/post-1437.html）。

なお、地域的に見ると、北米が93・9%と高く、次いでヨーロッパ、ラテンアメリカ・カリブ海、中東と続いている（Internet World Stats.com 2021）。ただし、ユーザー数は地域の人口数を反映し、アジア（53・4%）、ヨーロッパ（14・3%）、アフリカ（11・5%）、ラテンアメリカ・カリブ海（9・6%）、北米（6・7%）となっている（2021年3月）。インターネットへのアクセス、情報の発信・受信には人口数が大きく影響すると考えられる。図6-1にあるように、アジア地域での普及率は約64%ではあるものの、ユーザー数は、全世界の約53%であり、その影響力は大きく、今後さらにその勢いは増すと考えられる。

表6-1　ウェブ数とユーザー数の推移

年	ウェブ数	ユーザー数（億人）
2019	1711000000	43.80
2015	863100000	31.85
2010	206900000	20.45
2005	64780000	10.27
2000	17087000	4.13
1995	23500	0.44

〔https://100man1oku.xyz/archives/10836/ 及びinternetlivedtots.com/total-number-of-websites〕

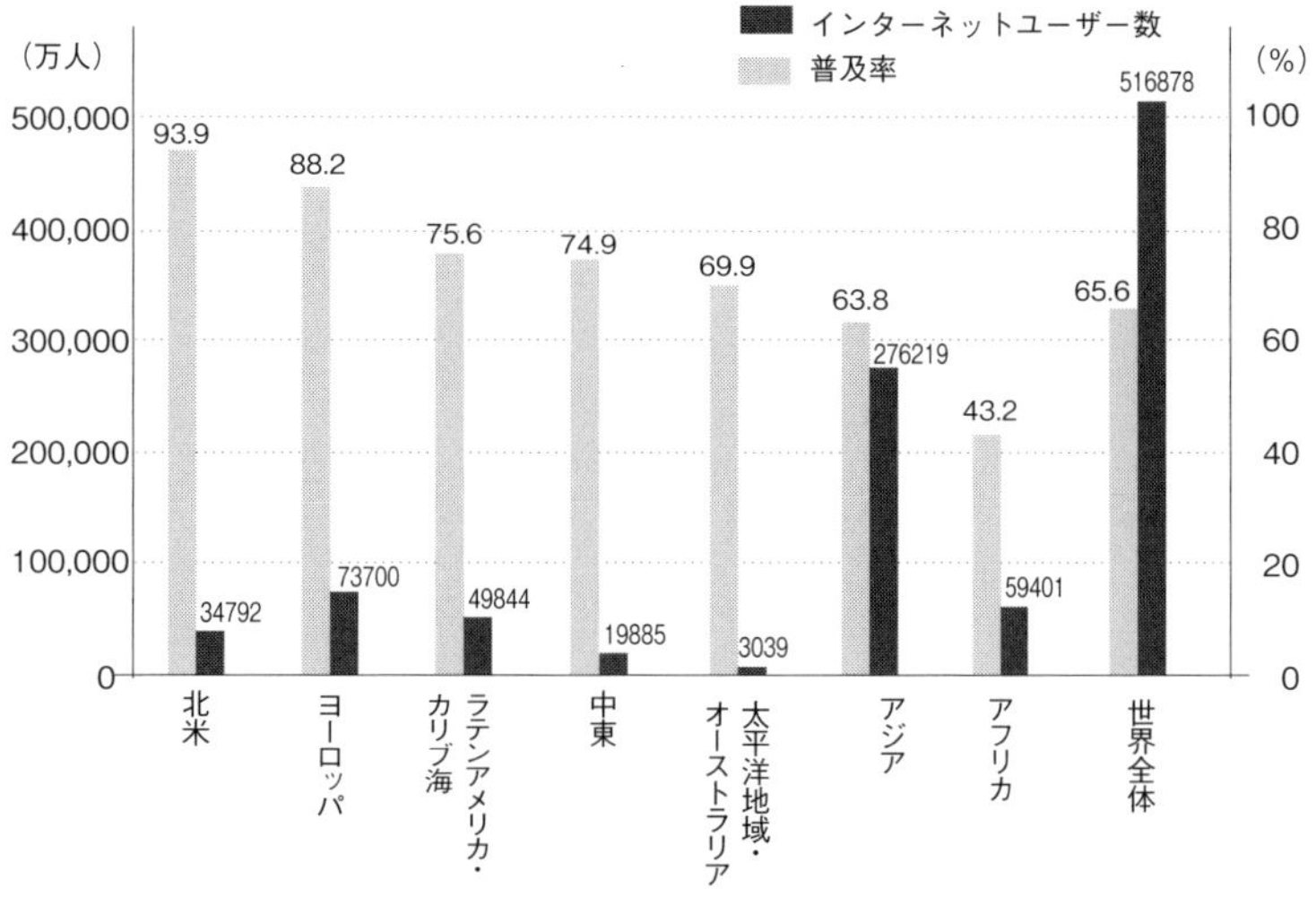

図6-1　地域別インターネットユーザー数と普及率（2021年3月末）　〔Internet World Stats.com〕

携帯電話が普及していない時代にはパソコンによるインターネット利用であったが、携帯電話の登場によって利用形態は大きく変化している。現在、世界のパソコン普及率は48%。先進国の普及率が83%であるのに対し、新興国の普及率は36%と格差は大きく（世帯ベース、2019）、通信事情の豊かさは偏在している（https://news.yahoo.co.jp/byline/fuwaraizo/20191025-00146911）。したがって、新興国ほどSNSなどによる情報検索、情報発信の利用が多いと予想できる。

図6－2は、先進国のスマートフォン所有率を年代を区切って比較したものである。青年層ではほぼ90%を、成年層ではほぼ80%を超えており、大差はない。しかし、50歳以上では、30%弱から90%まで幅がある。いずれにしても、この種の通信機器は、時代が進むほど青年層から上の年代へと波及していると考えられる。

ウェブへのアクセスを比較すると、一日のインターネット利用時間では、1位はフィリピンの10時間2分。2位はブラジルで9時間29分。3位はタイで9時間11分である。さらに4位はコロンビアで9時間。5位がインドネシアで8時間36分。6位が南アフリカで8時間25分。7位がアル

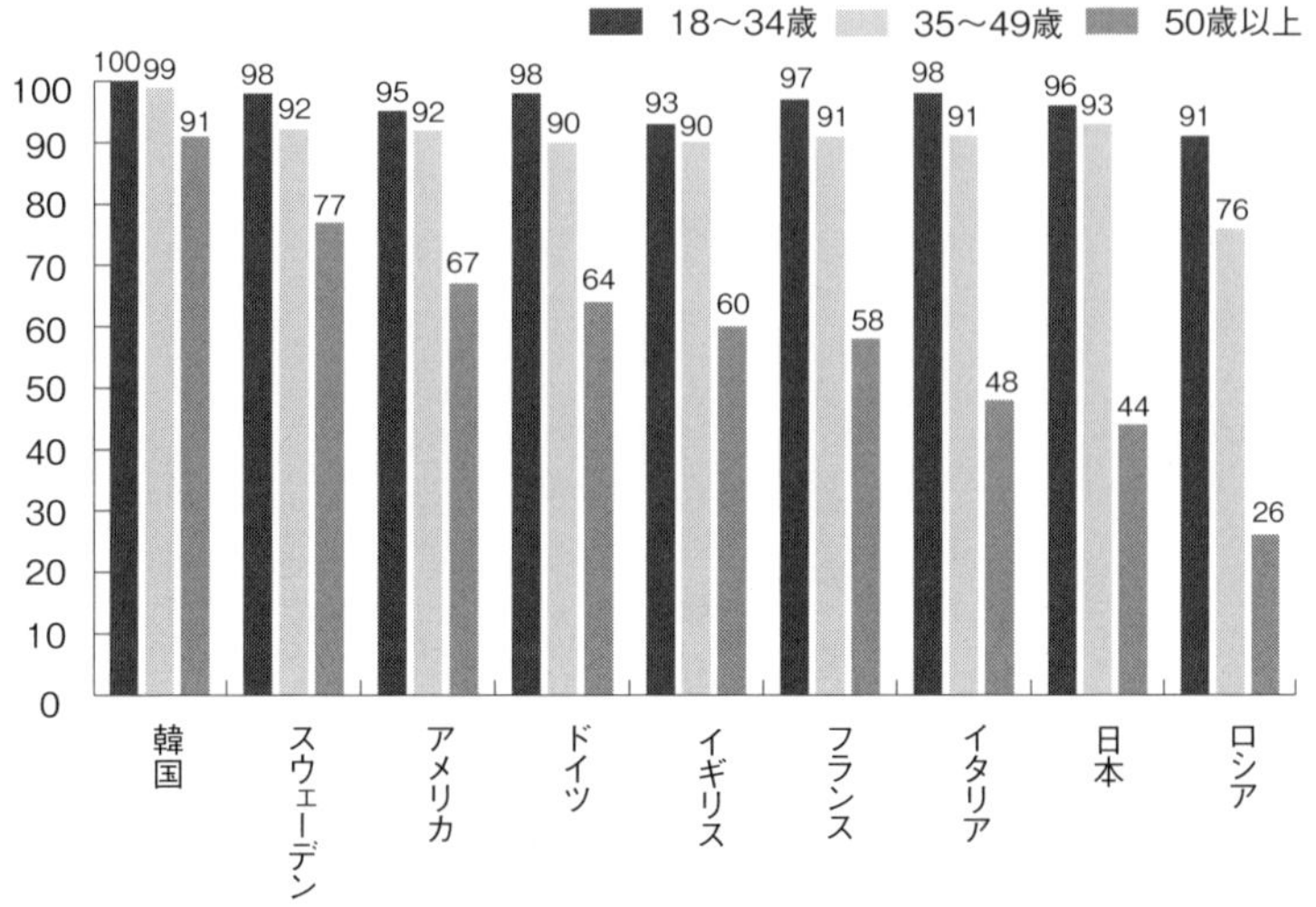

図6-2　主な先進国のスマートフォン所有率の年代ごと比較（所有率％）
〔米国の民間調査会社Pew Research Center が2018年春に実施した携帯電話関連の世界規模での調査結果報告書「Smartphone Ownership Is Growing Rapidly Around the World, but Not Always Equally」による〕

ゼンチンで8時間19分。8位がマレーシアで8時間5分。9位がメキシコで8時間1分。10位がアラブ首長国連邦で7時間54分であった。ちなみに日本は41位で3時間45分である。

さらに、一日のモバイルによるインターネット利用時間では、1位はタイの5時間13分。2位はフィリピンで4時間58分。3位はブラジルで4時間45分。さらに4位はインドネシアで4時間35分。5位がナイジェリアで4時間32分。6位がアルゼンチンで4時間20分。7位がコロンビアで4時間11分。8位がガーナで4時間10分。9位がマレーシアで4時間2分。10位がエジプトで3時間51分であった。日本は45位で1時間25分である（https://wearesocial.com/global-digital-report-2019）。

2020年版情報通信白書によると、国内のSNS利用率は2019年に69％となり、前年より9％上昇している。

SNS利用率が最も高い年代が20歳代（87・1％）と30歳代（83・0％）であるものの、さらに、中高生である13－19歳でも80・5％ときわめて高い割合となっている。60歳代も51・7％と過半数であることに

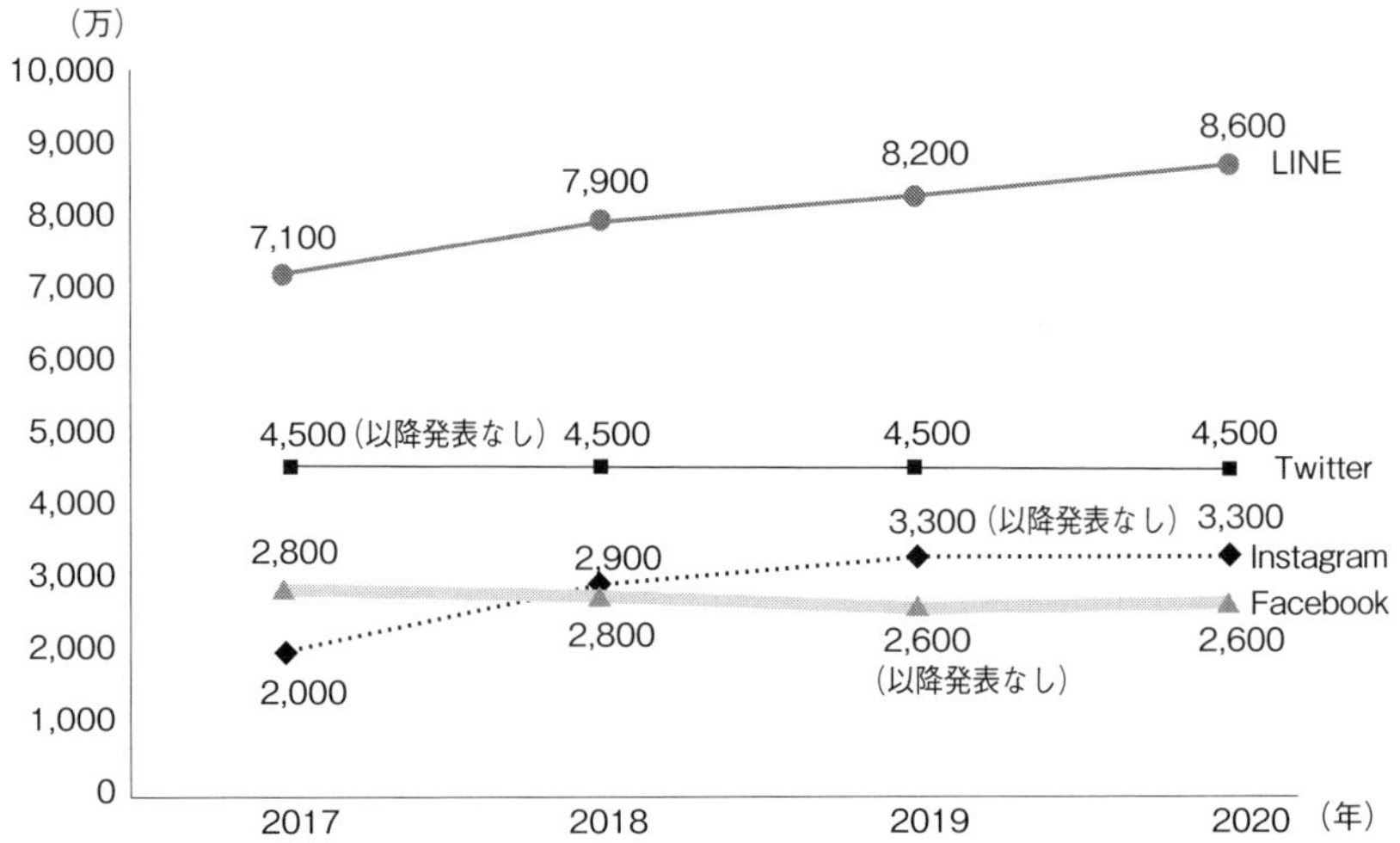

図6-3　日本での主要なSNSの月当たりのアクティブ・ユーザー（MAU）数の比較
〔gaiax-social-media lab.jp/post.308831（2021年10月1日確認）〕

加え、80歳以上で2018年から2019年に16・9%から42・8%に増加している。高齢者層でもSNSの利用率が大幅に伸びており、世代間差はしだいに小さくなっている（総務省「通信利用動向調査」2019）[1]。

なお、ソーシャル・ネットワーキング・サービスの利用状況は図6-3にあるように、LINE、Twitter、Instagram、Facebookの順である。LINE、Instagramの増加は顕著である（2020）。この図には示されていないが、若年層への進出がめざましい、ショート・ビデオ・プラットフォームである中国由来の、TikTokの日本の普及率は、12・55%（ユーザー数、約950万人）とされている（10代の利用率が約50%、男性よりも女性に多い。〈総務省情報通信政策研究所 2020〉）。

ちなみに、インターネット全体の利用率は、2019年では、13-19歳、20歳代、30歳代、40歳代、50歳代、60-64歳のいずれも94%以上であり、ほぼ飽和状態とも言えよう。さらに、6-12歳で80%、65-69歳でも87%、70歳代74%、80歳代57%強である（総務省「通信利用動向調査 2020」[1]）。

2　ネットワーク時代の対人関係

(1)　コミュニケーションの制約と工夫

われわれは、なんらかのメディアを通じて対人関係を築いている。人と人とが音声や身体、事物などのメディア（媒体）を介して、心理的に意味のあるメッセージを伝え合っている。ここで、心理的に意味のあるというのは、知識や意見、感情を表すだけではなく、儀礼や消費的なおしゃべり（チャット）なども含んでいる。コミュニケーションを行うには、ある関係を持った複数の個人が、場面を共有し、メディアを介して記号化されたチャネル（ことばによる発話、視線、身体接触、しぐさ、対人距離など）を用いなければならない。したがって、各チャネルの伝達特性、個人の動機との関連によって、具体的なコミュニケーション行動は異なって展開される。

対人コミュニケーションは、送り手と受け手である「個人」の要因と具体的なその場面で使える「メディア」、対人関係や目標などを含めた「状況」の要因とに大きく分けて考えられる。伝達するためにはそのメッセージをメディアに応じてどのチャネルを用いて表現するか、相手のメッセージをどう認知し、解読するかが問題となる。その際に、コミュニケーションに作用する個人の要因としては、役割観に基づく男女差、パーソナリティ特性、表現や理解の能力などがある。同一の内容のメッセージを誰もが同じチャネルを用いて表現するわけではなく、理解の程度も同じではない。

状況の要因にはいくつかの成分がある。参加者の親しさの程度、公的な場面か私的な場面かの程度の違いがある。例えば、未知の者同士がごく近い距離で、深刻な人生問題を話すことはないであろう。自分のなわばりを守り、互いに相手のなわばりを侵犯しないようにし、現状の親密さに応じて、深入りしないようにコミュニケーション行動を調整している。一方、親しい者同士の場合には、親密さをアピールして接近し、相手の身体に接触したり、視線を多く向けたりしながら話しかける。さらに、互いの親和欲求が充足され、高度に分かり合えている恋人同士の場合には、いくつものルールや情報を共有しているので、多くのコミュニケーションを交わす必要も少なく、わずかなコミュニケーションで済んでしまうことが少なくない（大坊 1992）。また、仕事の場面などでは、限定された目的の遂行を目指し、さらに、役割に基づく関係では、私的なことよりは、一過性の問題解決的なコミュニケーション行動が多くなり、言葉が多く用いられやすくなる。

また、その場面で使用可能なチャネルの種類によっても伝達の仕方や内容は影響される。電話のように音声しか使用できない場面では、すべての情報を音声によって伝えようとし、直接に面と向かう対面場面に比べて、発話パターンが工夫されやすく、受け手はむしろ過剰に解釈しがちになりやすい。電子メール（Eメール）の場合は、文字、記号のみしか使用できないチャネルの少ない場面であり、同様に文字・記号へ過大な関心が向けられやすく、対面場面のようには非言語的なチャネルによる補完的なコミュニケーションを活用することをそれほどは期待できない。それ故、インターネットの普及は特徴的なコミュニケーション・スタイルを生み出してきている。

インターネットの普及は急激である。対面とは異なる間接的なメディアであると同時に、郵便に比べると迅速で、形式性が低く、独特のスタイルとなっている。文字を使いながら、記号を組み合わせて顔の表情を示す顔文字（エモティコン、emoticon; 例：^^；１９８０年代から使われ出した）、さらには、近年では、画像を活用することによって感情表現を加え、親近さをもたらしている。と同時に、この間接的ながら感情表現を込めたスタイルに努力して慣れる一方で、実際の対面でのコミュニケーションをうまく統制できず、対人関係に障害をもたらすとの報告も少なからず見られるようになっている（小林 2000）。遠隔通信による間接的なメディアをどう操作するかが改めて問われている。

コミュニケーションの目的によって、そのスタイルは異なるものである。授業の合間に、校舎のロビーでゼミ仲間が時間つぶしのおしゃべりをするのと、研究発表するための準備の議論をするのとでは、大きな違いがあることに大方は分かることである。後者では、事実を整理し、自分の意見をいかに論理的に述べるかが要求される。したがって、言葉を選ぶ間合いが空きやすく、身ぶりを交えた発言の頻度も増え、しかも、緊張するので姿勢も固くなりやすい。

媒介的なネットワークの普及に伴い、対面せず、なんらかのメディアを用いたコミュニケーション機会が増えている。自分のメッセージを自由に配分できる非言語的なチャネルを活用しがたいが故に、言語的チャネルへの偏在の影響を考えざるを得ない。そして、用いられる文章に含まれる漢字の使用割合の調整や記号の頻用などによる一種の修飾が工夫され、伝えられるメッセージの印象操作が重要となってきている。

(2) 希薄化する関係、ボーダーレス化、そして自己の漏洩

現代の個人、他者との関係を図式的に表わすならば、図6－4のようになると考えられる。人は、自分と他人とは多様な意味で違うということを強調しようとする。「個性化の時代」と言われたり、他人との違いをあえて強調しようとしたりする。相手との類似性は、親和性を促す要因であるが、同時に、「この人と私は違う」ということも重視する。すなわち、大枠的には、他者との同調性を基調としながら、自分らしさを確認したいという欲求を人は持っている。さらに、対人関係の特徴を考えてみると、自分の今いる状況はなるべく変えたくない。その状況は心地よい「ぬるま湯」的とも言える（大坊 1994）。自分の世間というぬるま湯の中に、何人かが互いにあまり影響を与えることもなく、浮遊している。そこに他の人が増えてくるならば、それによって波が立ち、お湯は冷え、窮屈になる（居心地の悪さ）。そこで、自分をとにかく守ろうとする（自分が何者であるのかを明確化できていない、あるいはコアとなる自分が定まっていないことが多い。芯の定かでないマリモに比喩できる）。

しだいに、世間も狭いものになり、同類と認め得る他者についても選択的になってきている。また、自分のい

る世間については、障壁を厚くし、その内集団に対しては自己開示し、親密であり、友好であるが、外に対しては、防衛的で閉じている。

したがって、新たな他者との交流にも抵抗が大きくなっていると考えられる（2頁で述べたエコー・チェンバー効果やフィルター・バブルを参照）。

自己保存は、他の動機に優先される基本的な動機である。自分の立場をまず確保できてから、誰かを配慮するゆとりができる。このような順序と異なる向社会的行動を否定するものではないが、その例はなかなか優先され難い。しかも、他人からの影響は基本的にあまり受けたくない。自分で選択できる影響なら受けてもいいが、そうでない場合には他人をできるだけ遠ざけたい。そして自分の殻を作って、相手にもその殻のあることを認め、なるべく一処から動かないようにしている。いつまでもぬるま湯にいたい、というように思っているのであろう。地下鉄の中などで、スマホで音楽を聞く、新聞や雑誌・本を読むなどの例は、できるだけ周囲との関わり避け、

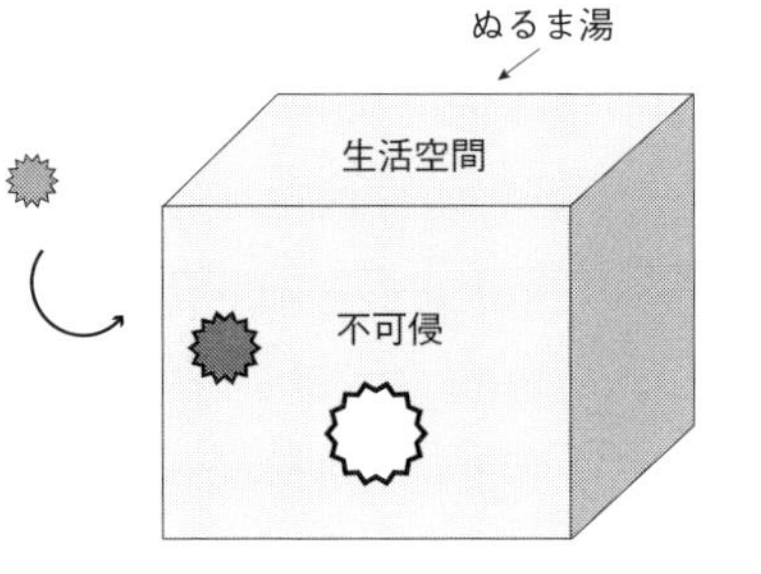

図6-4　快適な場所に浸り、浮遊するマリモ様現代人。芯の定まらないマリモ人間が他者とつかず離れずに浮遊する。〔大坊 1994〕

刺激をなるべく遮断し、「自分」の空間を作ろうとしていることなのである。目をつぶって音楽を聞いている限りにおいては、ほかで子どもが泣いたり、他人が話をしていたり、口論していたりしても全然聞こえない（聴かない）。殻の中に閉じこもって、自分の空間だけを何とか維持したい。他人と協力して共通項のある世間を作ることを考えることが少なく、さらに、自分の将来の展望についてもなかなかトライしようとすることも少ない。このことを含め、現状維持、今ある自分の状況をとにかく守りたい、しかし、快適な現状維持の世界はいつまでも同じではない。快適さを保つためにも努力が必要である。世間の変化がよほど自分に及んでこないと動こうとしない。ぎりぎりまで

待っている。そのぎりぎりのところで何かアクションを起こそうとするから、対処の手順は遅れ、解決も非常に困難になる。

このような心理傾向は、自己の囲い込み、選択的な相互作用重視（他者との社会的相互作用の回避）、他者への無関心として多様に表れる。コミュニケーション不全の徴候である。ネットワーク・コミュニケーションでのハンドルネームの使用、ウェブ・ページでの一方的情報発信、コミュニケーションの間接性などは、このような影響を迅速に表わしやすいものであろう。

3　ネットワーク・コミュニケーションにおける対人的特徴

ネットワーク・コミュニケーションは多岐に渡る。研究者によってその下位概念は異なるが、双方向的なコミュニケーションの同期・非同期を込みにすると、大方の見方として主なものは、Eメール、チャット、ブログ、SNS（YouTube, Facebook, Twitter, Instagram, TikTok）などがある。また、これらのアクセス・ツールとしては従来のPCに対して、多機能化しているスマートフォン・携帯電話は、ツールとしての主役に取って代わっている。

ネットワーク・コミュニケーションは、基本的には、自己開示の仕方や程度は対面を基本とするリアリティのある生活場面とは異なる。そして、対人関係のネットワークに断層があり、不連続な行動傾向が見られる。具体的には、相互に理解した親密な関係でなければ示されない類の自己開示がインターネット上では互いの属性もよく把握していない相手に対して行うことや、ウェブ上で公開されているブログにその例を見ることができる（ブログの先駆けであるウェブ日記についての言及としては、川浦ら 1999; 川上 2001がある）。例えば、川浦ら（1999）によると、日記と言っても、それはあくまでウェブ上でのことであり、他者の閲覧を想定して書いている（メッセージ送信）のであり、密かに自分の世界を綴るものとは異なる。したがって、メディアの特性を十分に踏まえないと、過剰な心理的意味づけの混乱も起こる。

ウェブ上にメッセージを記載し、他者がそれにコメントを残すスタイルは、多様なＳＮＳの普及に見られるように急速に増加する傾向にある（加藤・川浦 2007）。

以前に登場したウェブ日記であっても、程度差はあれ、自分を他者に「語る」ことこそが主であり、秘め事を書くものではなかった。川浦ら（1999）によると、日記を公開している人の動機は、「自分の日々の生活の記録」（24・4％）、「得た情報を他人に提供できる」（24・1％）、「他の人に自分を知ってもらえる」（23・1％）、「自分で自分のことを理解できる」（14・3％）という内訳であり、他者指向の動機が半数近くを占めていた。さらに、なんらかの仮想した他者に向けてであれ、一人称的な記述スタイルで自己開示しながら、実は、不特定者からの応答を期待していると考えられる。ウェブを開設すること自体、他者に読まれることを承知した行為であり、不特定多数者から注目されることを期待した自己呈示としていいであろう。このことは、多様なＳＮＳの発信でも同様である。

なお、ウェブ日記を書き続ける行動に、個人特性が影響し、公的・私的自己意識が高いほど、「自己理解にとって日記は有用であると認め、自分自身がよく表現されている」と感じられるので、書き、公開すると考えられている（川浦ら 1999）。さらに、日記を書く際に読者を強く意識することは、自分と他者に対する理解が深まっているとの評価を増し、自分がよく理解されていると感じやすくなることと対応している。このように、ウェブ日記やブログ、ＳＮＳの発信は、基本的には他者指向の行為である。ただし、読者から即時的な反応がなされるわけではなく、むしろ、「読みだけ」に徹している圧倒的に多い読者（Read Only Member: ROM）がいる可能性は大きい。なお、この書き手の特徴は、自己呈示的と言える。加えて、専門的領域のブログの書き手、

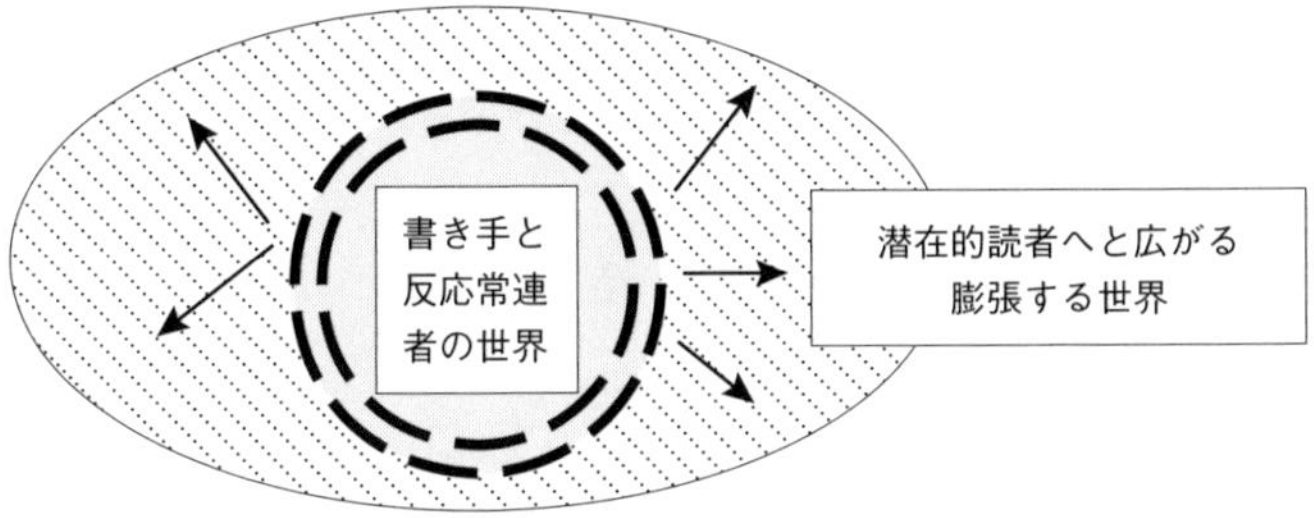

図6-5　ウェブへの書き込みの持つ二重のコミュニケーション層

さらにいわゆる有名なブロガーであると、読み手からの期待に応えるという仮想的な読者に対する書き手としての役割感が強いと考えられる。いわば、ネットを仮想的な舞台・劇場として意識した行動を取っているとも考えられる。

書き手は、特定した他者との空間にいるとの意識が強くなりがちであるが、不特定な他者にもメッセージを送信しているにもかかわらず、ROMという潜在的な反応者とともにいるとのメッセージ空間の共有意識が薄い。したがって、目の前のモニターに繰り出される文字の羅列は、閉じた世界の個人行動として混同して認識されやすく、えてして、過大な自己開示を行いがちになる。したがって、一方的に私的情報が不特定者に伝わることになりかねない（図6－5参照）。

一般的に、書いた（送信した）メッセージに対する反応は次の書き込み行動に影響するものである。帰ってこないROMの反応は反映されない。このように、ブログなどの書き込みは、二重のコミュニケーション層を形成していると言えよう。アクセス・反応常連者だけにそのメッセージは止まるのではなく、不特定多数者へ広がり得る。このような自己呈示的メッセージの伝播の範囲は限定されないので、どこまで、どのような影響があるのかについては予測できない。ウェブへの書き込みは、ウェブに登場しない時代の日記に比べて多くの違いがある（山下 2000）。備忘録的な日記は、他者と共有する簡潔なスケジュール管理の意味を持ち、日誌は読み手を強く意識しながらの事実の記録、公開日記は読者とのコミュニケーションを期待しながらの意見、感情の表出の

表6-2　社会的スキルと掲示板活動への積極的参加との関係

社会的スキル＊	低参加群	高参加群	初期高参加群
一般的マネージメント	-.063	.133	.153
コミュニケーション	.056	.429	-.457
対人ストレス対処	.036	.327	-.324

＊菊池のKiSS-18の下位因子による　〔篠原・三浦 1999〕

意味が強い。このように、ブログやウェブ日記などの書き込みは自己情報の〈積極的〉な呈示が強く働いている自己呈示シアターとも言えよう。

特定の個人へ同時にメールを発信するメーリングリスト（ML）は、共通の関心を持つ者同士という、より限定された集団内のコミュニケーションとして位置づけられる。そのために、反応の相手を想定しやすく、より絞った内容の発言がなされやすい。

ウェブでのメッセージ発信は、主としてテキストでなされる。したがって、文章自体への関心は強く、その意味を細心の注意で読みとろうとするので過度な解釈が行われやすく、また、互いの匿名性が責任感を希薄にし、相手への顧慮よりも自己認識の強さからいわゆる「フレーミング」（批判攻撃などの感情的な表現）が多くなりやすい（Kiesler, et al. 1984; 松尾 2001）。現在では少なくなった掲示板活動への積極さは、社会的スキルと関係しており、コミュニケーション・スキル（会話が途切れない、自分の感情や気持ちを卒直に表現）や対人ストレス対処スキル（気まずいことがあっても上手に和解できる、非難されてもうまく片づけることができる）の高さと関係している。開設当初のみへの参加者は、これらのスキルが乏しく、対照的な特徴があった（篠原・三浦 1999、表6－2）。一方、参加を継続するには、対人的な葛藤処理のスキルが必要なことが示されており、これは、日常的な対人関係の展開の要件としても通じる。

また、ネット上では、ハンドル名のみのコミュニケーションであっても、頻繁なメッセージの交換を続けることによって共通項の多い親密な関係を築くことができる。自分の出したメッセージに反応がすぐにでないと大いに気になり、督促メッセージを出しがちである。そこには一見太くて、親密な「ユニット」が形成されているように見える。しかし、匿名で、現実の素性を明らかにしていない場合には、ネット以外でのコミュニケーションはできない。そうすると、一方的な関係の終息が可能であり、関係回復の工夫がし難い。これは、現実の対面でのコミュニケーション状況とは大きく異なるところである。対面状況と比べるならば、このメディアの代替性の欠如、不連続性によって、親密さの展開は限定される。

ネット上のメッセージ・ラリーが続く間は、その結びつきは強固に見えるが、その実態は脆弱であるところに、ネット上での「親密さ」の質の違いも見える。つまり、発言し続けることが、唯一の〈関係を確認すること〉であり、アクセスしない・発言しないことは即、関係の遮断につながる。したがって、日常的な対面する環境で形成してきた関係を解消する際のコストに比べると解消に要するコストは大きくはない。

さらに、SNSなどの使用によって、コミュニケーションのスタイルが影響されることも指摘できる。五十嵐（2020）は、SNSは特定のメンバーのみに書き込みが限定されているわけではないにもかかわらず、書き込みの話題について新たに書き込みする際に、「FF外から失礼します」と断りを入れながら、ツイートに返信する人がいることを指摘している。ある意味で公開の場でありながら、そこではあたかも社会関係の階層が存在するかのようなマナーが存在していることを指摘している（FF：フォロー／フォロワーでもない関係のこと）。公開されているネット上であっても、常連とでも言えるような頻回の書き込み手に対して、偶々、書き込む者は傍らの者としての立場であることを名乗らざるを得ないような階層が形成されがちであることを指摘している。常連的書き込み者をウチ、それ以外の人をソトと評している。このような例は欧米諸国ではないとのことである。そうすると、何故日本でこのような仕分けをするようになったのであろうか。文化的な観点からは興味深いことである。いずれにしても、このようにユーザー自身が新たな社会的ルールをウェブ上で作っていく様は一種の人為的な社会形成の過程を知るヒントになるであろう。

4　ウェブ上で形成される親密さ

また、ウェブ上で形成される親密さに特徴がある。先ず、①外見の影響を受けがたい。画像を送信しない限り、自分の外見を伝えずにすむので、関係形成に大きな影響を持つ外見（ステレオタイプ）によって影響されることがない。言語的メッセージに込められる意見・主張に基づいた自他の判断に注目が向けられやすく、内面性を問題にしやすい。②自己開示の領域を操作でき、部分的自己開示ができる。したがって、必要とする、伝えたい自分の特徴のみを伝えることができる。部分的ではあるが、印象操作がしやすい。③接触の効果の影響は大きい。一般的に、顔を合わせる頻度が高いと、そうでない人に比べて親近感を増すという単純接触の効果が知られている。それは、接触頻度が高いと、他者よりは認知上なじみになり、緊張が低減し、コミュニケーション機会も増え、気楽にコミュニケーションできることなどが作用すると考えられている。多様な情報の無いネット上で、当該者のハンドル名を繰り返し目にすることは、接触頻度が増すことであり、親密さが増す要件となる。④類似性判断が優先される。上記の要因と独立ではないが、態度やパーソナリティという内面的な特徴に注意を向け、その類似性を照合しやすい。特に、Twitterなどでは、発言者の情報を子細に知らないことが多いが、その際に、語られた発言の趣旨が自分の考えに類似している場合には賛意を込めたレスが多くなり、さらには、同様な意見を持つ者を好んでフォローしがちである。Facebookでも同様な傾向は見られる。⑤専門性は情報を求める者の関心を惹きつける。ブログやYouTubeなどで専門的知識を求めるために検索する者は少なくない。その際には、発信者の肩書きが重要な手掛かりになる。発信者自身もその専門性を標榜していることが多い。検索する者は、その発信に対して読者がどのような反応をしているかも重要な判断材料にしている。このような場合には、発信者は実名を示していることが多く、是非の判断をしやすい。⑥関係の解消の簡便さ。発言し続けるかどうか（反応するか・しないか）によって望む関係は継続、望まない関係は遮断すると、任意な関係オンオフができる。そのコストは少ない。ただし、これは、簡便であると同時に、細やかな機微とか「ひだ」という言葉で表現されるような人間関係に見られる微妙なニュアンスを失いやすいことをも意味している。

なお、①で外見の影響を受けがたいと述べたが、SNSによっては、自分のプロフィール写真や、キャラクター、アバターを登録できる。そのような場合には、社会的に好ましいとされる人物画像を選択して使用する、あるいは、写真を加工することは少なくない。時にはこれが「なりすまし」として目にする者に被害をもたらすこともある。これは、外見の影響を否定できないことを示している。このことからすると、ネット上では、このようなフェイク情報を互いにどこまで許容できるのかは、持続できる親密さを考える際の課題となろう。

このような要因を考えると、軽いコミットメントを求め、自分が傷つかないことを優先しがちになり、防衛的な行動が増す（本心を積極的には開示しなくなる）ことが考えられる。

これらのことからすると、ウェブ上の親密な関係形成段階のモデルは書き換えられることにもなると考えられる。ネットワーク・コミュニケーションのヘビー・ユーザーは、ウェブに頻繁にアクセスし、ブログ、SNSやMLで多くの発言をタイミングよく行い（EメールやSNSへのレスも速く、多い）、フレーミングにもうまく応答し、発言の切り替えができ、自分の期待した以上の影響があっても、傷つきにくい。それほどに他人に依存しない強さが必要であるとも言える。こう捉えるならば、よほどの「タフ・マインド」の人物でしかこのような頑健さ、活発さを持ち得ないのではないかと思わざるを得ない。多くの「一般の」人は、どこまでヘビー・ユーザーになれるのであろうか。

その一方で、他人からの働きかけに対して、間を空けたり、応えないことのでき**ない**人もいる。他人からの評価を懸念し、働きかけに反応することが自分の務めとでも捉えているかのような反応依存傾向の人である。このような場合には、自発的には行動できず、敢えて他人からの働きかけを望む傾向すらある。他人とつながりを持てなくなることへの過剰な不安（疎外恐怖とも言えよう）があろう。他人とのつながりの前提となるネットにアクセスすること自体が目的化している、オンラインゲームに依存し、抜け出せない人も少なくない。

正木（2020）は、ＳＮＳ依存者は、他人からの賞賛を得たい、皆から嫌われたくないという拒否回避の承認欲求を持ち、そのために過剰なほどコミュニケーションに気をつかい、同時に自分を理解して欲しいという意味で人間関係への嗜癖があると述べている。

ネットでのコミュニケーションから対面の持続する友人関係に発展する可能性は否定されるものではない（Parks & Floyd 1996）。また、日常的に引きこもり、表現スキルの乏しい、日々の人間関係に強い緊張を抱く、即応した応答に慣れていない者にとっては、「顔を合わせないですむ」「自分の考えをまとめて表現できる」「話題を選択できる」ので、ネット上のコミュニケーションは充足感の高い対人行動であり、有益であろう。なお、木村・都築（1998）は、実験的に設定したＣＭＣ条件では緊張感や心理的負担が少ないことを示している。ときには、非対面場面を出発点として、徐々に対面の対人関係へ適応していくステップとして位置づけることもできよう（段階的な人間関係トレーニングの一段階）。いわば、ネット・コミュニケーションの持つ、治療的役割も見逃せない効用である。このことから、Mediated Communication は、Medical Communication にもなり得ると言えよう。

同時に、ネット世界にいることは、世間感の変容をもたらし、「漠然と膨張した世間」と「狭い仮想的世間」とができてくると表現することができる。Ｅメールは特定の相手に向けたコミュニケーションであり、特定の閉じた回路のなかのことである。これに対して、ＳＮＳへの書き込みは、いかにもそこに頻繁に登場する、主に数人のメンバーとのコミュニケーションであるかのようでありながら、その何倍もの読者もメッセージを受け取っている。したがって、狭い世間のように思い込みながら、把握しきれないほどの膨張した世間にいることになる。さらに、ネット世界にかかわるほどに、対面的な日常の直接の相互作用範囲が狭くなってしまい（Kraut et al. 1998など）、限定された間接的な世間へのアイデンティティを形成してしまいやすい。

なお、チャット（IRC: Internet Relay Chat）は、短いフレーズを用いたリアルタイムのメッセージ交換であり、電話に次いで同時性の高いCMCの一形態である。これは、①同時性とともに、②双方向性、③応答の時間制限、④匿名性の有無が挙げられる（岡本 1998）。リアルタイムに互いに反応し合うので、何らかの方法で同時刻にキーボードを打つ時間を設定しなければならない。対面場面とは異なり、他のチャネルを併用できないので、唯一のチャネルである文字に注目が集まる（Eメール、掲示板、TwitterなどのSNSと同様）ので、文字を補うエモティコンや記号等による演出がなされやすい。同時に、少人数であれ、互いの発言機会を保証し合うために短文のラリーが暗黙の条件となっている。この点は、掲示板やEメールとは異なる。大方はハンドルネームでの識別なので、気楽であるとともに責任性が低くなりやすいので感情的な反発等が生じやすい。その場でレスする者（あるいは常連）との仲間意識はあるが、レスしなくなるとその関係はすぐに解消され、凝集性は乏しい。なお、言語表現の特徴として、漢字の応用（当て字遊び的な使用：鯖＝サーバーの意味で使用など）、言葉自体や音節の短縮化（わけわか：わけがわからない）、エモティコンや記号の使用、さらに、感情表現の補強として、ひらがなの使用（やわらかさ）、発音通りの表記、猫語（まふまふ言葉：「げんきれすか〜」、元気ですか、摩擦音の回避等）、擬音語、方言的語尾使用、敬語の転用で親密さを表わす（様を「しゃま」等）などが特徴として挙げられている（岡本 1998）。なお、このような感情表現の補強策は、時代や世代に応じて変遷しつつある。

5　コミュニケーション様式の変化とメディアの持つメッセージ性

（1）対面・非対面コミュニケーションの基本的特徴

川浦（1990）は、第4章で述べたショートら（Short et al. 1976）の研究を踏まえ、メディア特性を、視覚的手掛かり、社会的存在感、手掛かりの多さにまとめている。このうち、社会的存在感とは、他者との相互作用、共通の場を有しているか否かであり、場のリアリティ認知の要因であり、物理的要因とは異なる発想（この場を相手と共有しているとの認知）に由来する。しかし、この規定は従来の物理的なメディアを規定することとは異なり、容易ではない。

ラターら（Rutter et al. 1981）は、視覚的手掛かりと相手との空間の共有性に注目して、4種類のコミュニケーション・メディア（①対面、②テレビ－ビデオ－電話、③電話、④カーテン〈同室内であるが、視覚的には仕切られている〉）について、発言内容の方向、言及内容、時系列的発言指標などのコミュニケーション特徴の比較をしている。彼らは、空間の共有性の低さは、課題指向、個人性の抑制、自発性を低下させるとの仮説に基づいた検討を行っている

この結果からすると、視覚的手掛かりの有無と社会的存在感は単独ではなく、両要因は加算的な効果を示しており、電話（視覚的手掛かりなし、空間の共有なし）、対面（視覚的手掛かりあり、空間の共有あり）間にて大きな有意差が示されている（「手続き」を除いて）。このことから、彼らは、チャネルの使用可能性と場を共有することは相乗的に働き、緊張－リラックスと相手を対象視できる程度の高低をもたらす。それが、コミュニケーション行動に反映されると言えよう。なお、空間の共有性の高さは、同時発言（発言の重なり）の多さ、疑問形で終わる発言が少なく、メディアとしての気軽さを示している。したがって、空間を共にすることは、親密な関係を展開するための基礎となる、自発的な自己開示を促す場面であると言える。

これに対して、視覚的手掛かりのなさは、発話の乱れ（言いよどみ、言い誤りなど）が大きいことによく示されるように、緊張感を高める意味が大きい。したがって、公的な関係ではむしろ非対面による一種のリラックス効果が大きな意味を持つであろうが、個人的な関係の進展のためには、得策とはならない。

上記のような検討の視点や比較結果からすると、ＣＭＣにおいては、視覚的手掛かりの乏しさとともに、社

会的存在感の希薄さが大きな特徴となる。CMCのサブタイプによる違いはあるが、CMCは眼の前にコミュニケーション相手はおらず、文字のみの使用になる。しかし、その特徴は手紙とは異なり、反応の迅速さ（チャットの場合には同時的）、多数者への開放性もある（ブログ、掲示板、MLなど）。

(2) 対面メディアと非対面メディア

クックとラルジー（Cook & Lalljee 1972）は、視覚的チャネルの有無の条件を操作して、会話場面での発言行動を比較している。それによると、視覚的チャネルを用い得る対面場面では、発言頻度が少なく、発言の重複は多いことから、視覚的手段によるコミュニケーションが可能な場合には、少なくとも発言行動の果たす役割を補完しうることを示している。そして、ラターとステーブンソン（Rutter & Stephenson 1977）も、同様な結果を得ている。対面場面では、発言の重複が多く、さらに緊張のサインとなる発話の乱れ（有声休止〈えー、うーなど〉、不完全文など）が少ないことも見出しており、彼らは対面場面では会話としての積極性と円滑さが認められると述べている。

対面場面は自発的で緊張度が低く、チャネルを柔軟に使用できるのに対して、非対面場面は、緊張度が高く、相互作用が断片的になりやすいことが知られる。

また、非対面場面は、対面場面に比べて、入手できる手掛かりが少ないので相手が自分の発言をどのように捉えているのかなどを他のチャネルを通じて把握することはし難く、場面としての拘束性がある。つまり、使用可能なチャネルの範囲が狭いことによって緊張が高い。それだけ対人的な考慮の範囲が少なくなり、発言という意図的行為の重複度が高くなるために発言への依存度が増し、それによって相手との間にある問題解決に向かう傾向が強くなり、課題指向的な色彩が強くなる（大坊 1978など）。また、無意図的、感情的な機能を主に担う非言語的コミュニケーション手段を持ち得ないので、両者間にある話題自体の吟味への関心が集まり、相手の言動の意図を識別的に把握しようとする傾向が強くなる。これに対して、対面場面では、発言の中断がただちに相互作用の中断とはならない。判断の手掛かりとなるものが多く、同時にメッセージの配分が使用可能なチャネルに分散できるので、発言による伝達が円滑でなくとも臨機応変な記号化が可能である。コミュニケーション過程では、「伝える」ことを実現するための一種の平衡システム－自動制御装置－とでも言い得る働きが内在しているのではないかと考えられる。すなわち、場面に含まれるメディア－チャネルの特性を勘案して、合目的的な調整の機能が発揮されると言えよう。

これらの相違は、顔面部の視覚情報の存在によるだけではなく、二者間のフィードバックが直接かつ同時に可能なことが大きな要因であると確かめられている（Williams 1978）。

一方、非対面場面において、プライベートな、緊張し易い内容の話題については、対面よりも非対面場面において発言が流暢で活発になる、顔を合わせないことによって緊張感を低減できる効果のあることを示している。これは、メディアの効果が単一的なことではなく、場面や関係の目的に大きく依存して変容することを示唆している。すなわち、対面場面における手掛かりの多様さという、メッセージ分配の選択肢の多さは、チャネルの特性に応じてメッセージのウエイトづけができるとともに、チャネルが多いことが、相手との密接な接触をもたらす。したがって、自分を相手に子細には顕わしたくない状況、つまり、相手との相互作用において自己意識が高くなり過ぎ、自尊心維持に関わる評価にさらされる場合には、チャネルの少ない、非対面による一種のリラックス効果が大きな意味を持つと言えよう。

（3） インターネット上のコミュニケーションの伝達特徴

インターネット上で行われるコミュニケーションの特徴をまとめると、選択できる非対面性、少ないチャネル（非言語的チャネルの欠如）、匿名可能（仮面性）、コミットメントの低下（責任感の減退）、安易な中傷や非難（フレーミング)、自他の特定や関係の継続の困難さ、別人へのなりすまし可能性、心理的負担の減少、言語チャネルへの偏重、対人的コミュニケーション時間の減少(人間関係の機会の減少)などが挙げられる(橋元 2001; 池田 1997など)。これらの特徴は、基本的には、コミュニケーション・チャネルが豊富に使用できる対面のコミュニケーションに比べてマイナスとなる。そして、不足するところを解消しようとして、前述した例(記号組み合わせによるアバター、プロフィール写真の工夫、絵文字 - エモティコン(顔文字)による感情表現の補いなど)のように、対面場面に近づける工夫もされている。

ちなみに、戸梶(1997)は、エモティコンのうち顔文字有無と文書のフォーマリティとの関係を検討している。それによると、インフォーマルな文書であれば、顔文字使用は親しみやすさを増すこと、いずれの文書でも顔文字がない場合には「礼儀正しい」と認知されることを示している。また、中丸(2001)は、顔文字を使用することによって、言語メッセージの信頼度が影響されることを示している。顔文字の種類によって信頼度や好悪度は影響されること、文書のどの位置に顔文字を入れるのかは関係がないことを示している。送信者の違い(教師、父、母、友人、恋人)によっても顔文字の効果は異なっており、送信者が友人、恋人の場合に信頼度・好意度が高く、教師の場合には顔文字を使用すると信頼度・好意度が最も低くなっている。したがって、エモティコンの種類、文書目的、相互の関係と密接に結びついているコミュニケーション・チャネルと言えよう。

対面場面であるならば、発話に随伴する多様な非言語的な行動(うなずき、顔面表情など)によって補えるが、使用できるのが文字に限られると、もどかしさも顔文字などで補っていると言える。換言すれば、急成長したコミュニケーション・メディア故に、それに見合った特性が未だ共通理解になっておらず、パッチを当てたようなコミュニケーション形態になっているとも考えられる。なお、インターネットにおけるトラブルや懸念及びその対処については、情報教育学研究会・情報倫理教育研究グループ(2000)が詳しい。

インターネット利用時間が長い人は、ネット上でコミュニケーションできる人数は増すものの、家族と過ごす時間が減少し、友人の数も減少、結果的にその閉塞性から孤独感が増すとの報告もある（Kraut et al. 1998）。さらに、睡眠時間や慢性的な疲労感をもたらしていることも知られている。

ちなみに、対象者が愛媛県のある一町の公立中学校在籍者に限定された調査で、依存群は少人数であるが、インターネット依存度が高いほど、GHQ30の得点（心理的な健康度が低い）が高いとの報告もある（non-addicted－651人 14・3点、possiblly-addicted－185人 8・8点、addicted－17人 12・9点、$p<.001$ 川邉ら 2017）。

一方、対面場面とは異なり、即時的応答を要しないので、自分のメッセージをよく吟味してまとめて述べることができる（川上ら 1993）。つまり、送信にウエイトをおいた観点ではあるが、他人からの送信にすぐに応じ難いなど送受信のラリー展開に不慣れな、コントロール感の乏しい者にとっての利便性はある。また、言語主体のコミュニケーションが可能なので、他者と共に行動しようとする傾向の乏しい、内向的・思索的な者にとっても緊張することの少ないコミュニケーション事態と言えよう。

篠原・三浦（1999）によると、掲示板への書き込み頻度は自己意識尺度によるパーソナリティ特徴とは関連がないとされているが、これは、ウェブ上でのより公的な場面での行動であることからすると、社会的外向性、多数者への自己陳述の場と見るならば、情緒安定性などのパーソナリティ特徴との関連性があるのではないかと予想される。

ウェブ上では、手掛かりが少なく、伝達の不確実さが意識されやすいので、それを埋めるために過激な意見、反応を示しやすいことも考えられる。これは、自己概念の認識にゆがみをもたらし、かつ、コミュニケーションすることの緊張を大きくする点でもあろう。

なお、携帯電話などによる「携帯（ケータイ）」コミュニケーションとウェブ上のコミュニケーションとは、通信機器の技術の進歩により各々の機能の違いは少なくなり、コミュニケーション内容にも境目がなくなってきている。現状では、携帯電話による通信は、場所・時間を選ばず、音声と文字メール、さらにライブ映像も可能

表6-3　固定電話と携帯電話における「掛ける」「受ける」場合の「名乗り」「相手確認」の比較

	掛ける		受ける	
	固定電話	携帯電話	固定電話	携帯電話
自分名乗り	.662*	.063	.436	.122
相手確認	.377	.007	.000	.068

＊出現率　〔田中 2001〕

である。その携帯性、手軽さから、音声でのコミュニケーション相手と文字によるコミュニケーション相手とを分ける、あるいは複数の携帯電話を使い分け、別人格を演じるかのような使い方さえ見られ、コミュニケーション状況は大きく変化してきている（松田 2000; 川浦・松田 2001）。

ケータイは若者の文化を変えるほど強力である。待ち合わせ場所の詳細は移動しながら確認できる。着信に常に注意を払い、他のことに「うわのそら」になりやすい。着メロや待ち受け画面、買い換えへの異様なまでの執心ぶりは、ケータイ借金地獄をもたらしかねない。近年では、通信の高速化、通信料の低価格化が進み、一時期は通信料の節約から生まれた「ワンギリ」、メールの急速な普及（短文、フレーズのラリー）など、コミュニケーションの断片化、選別化が進んでいたが（松葉 2002）、今や、このような工夫ではなく、大量のデータをいかに迅速に入手できるかに関心が向かっている。

発信することと受信することはリアルタイムに即応するとは限らず、時間をずらすこともでき、また直接会わずにコミュニケーションできる仮面的な気楽さもある。コミュニケーション目的による使い分けは大きなメリットでもあろう。自分の所在地を示さずともコミュニケーション可能であるとともに、相手の場所不明も特定できないという関わりの浅さもある。このようなカジュアルさは、相互作用開始にかかわる「区切り」「切り替え」の不明瞭さをもたらしている（田中 2001）。大学生を対象とした調査で、固定電話と比較し、掛ける場合も、受ける場合もともに、「呼びかけ」自体もさることながら、自分を名乗ること、相手が誰であるかの確認が少ないことが示されている（表6－3）。

このことは、携帯電話によるコミュニケーションは、なんら改まった、自他の関係の捉

表6-4　ネット上のコミュニケーションの伝達特性とその心理的特徴

言語チャネルへの偏重	書き込み偏重、テキストへの過敏な反応
見えない	安易な中傷、批判
Backchannels*の欠如	自己呈示的行動の増加、感情的ニュアンスが乏しい
少ないチャネル	テーマ指向、柔軟性乏しい
匿名可能　自他の特定難（仮面性）	コミットメントの低下、心理的負担の減少、責任感の低下
非同期可、遅れ	相互性の構築難、紐帯の細さ、便宜的・一時的関係

*Backchannels（応答チャネル）とは、うなずき、「ええ」「やあ」頭を横にふるなど、発話者の発言を許容する行為。相互作用の調整的役割を持つ。

え直しのような契機はなく、単刀直入な本題指向のものであること、いつでもコミュニケーションしたい相手はいかにもそばにいるかのようであり、出会う相手との場面の切り替えという意識も減退していることを示している。固定電話とは異なり、携帯電話では当該の相手としかコミュニケーションしないので取り次ぎや一般的挨拶は省略される。それだけ、ユーザーにとっては、自分の行動を切り替える必要を感じさせないほどに浸透した「一般性」の高い位置づけにあることなのであろうか。携帯電話の普及は、若年層から急速に拡大した経緯を持つことにも、このような傾向の理由が肯けよう。いずれにせよ、場面の切り替えが多くないということは、他者を対象化することが少なく、自己－他者の意識が明らかではなく、「関係」の識別が不十分になりやすいことにも通じるとも考えられる。

なお、メールの場合には、上記の通話に比べると、挨拶、呼びかけ、名乗りは見られる。その割合は、パソコンによる電子メール＞携帯メールの関係になっている（例「はじめの挨拶」パソコンメール66・3％＞携帯メール49・1％など、田中 2001）。これも携帯電話のカジュアルさ及び、使用勝手の問題の違い（キーボードの打ち易さなど）があるためと考えられる。

ただし、携帯電話によるつながりの多さをネットワークの広さとして捉えがちであり、対人関係の深まりよりも広さ指向がある。しだいに、特定の他者との全面的で深いコミュニケーションよりも浅く断片的なコミュニケーションのかけらの寄せ集めを求める傾向がある。そのためか、目の前にいる話し相手との応答よりもかかってくるかも知れない携帯電話に注意がそそがれ、せっかくのリアルな親密な関係を築けない人間が出てくる。これを対人関係ネットワークの崩壊の予兆と言うのは、大仰なのであろうか。

なお、表6－4（前頁）は、ネット上のコミュニケーション特徴をまとめたものである。

6　対人コミュニケーションの機能と伝達性の検討

個人間のコミュニケーションは、なんらかの関係にある者の間で原則として「持っている」情報・知識に落差があることに発して展開される。落差を埋め、互いに持てるものの等しい、同等の関係を築き、個人から一つに括れるユニット（関係）を形成する過程が日常多様に展開されている相互作用と言えよう。そのために発揮されるコミュニケーションの機能として、第2章で示したパターソン（Patterson 1983）の基本的な機能の他に、時間消費の機能があると言えよう。

CMCにおける様々な事例を勘案すると、「時間消費」（双方向性を持たない一方的な、自己拡散的なメッセージの発信）が考えられる。特定の積極的な目的なしに、ブログ、チャット等に書き込む反応依存的なコミュニケーションのことであり、そこで話題とされていることにのみ単純な反応をする、あるいは、文脈に関係なく書き込みをするような例を挙げることができる。反応をまったく期待しないというわけではないにしても、一方的にブログ等を綴る（この場合に、読んだ者からのメールや、レスを受け付けるシステムをとっている場合には、この例には当たらないこともある）などの場合には、浮浪的なCMC徘徊とでも言い得るものであろう。したがって、時間消費的な機能を行使していると言えよう。他者とのコミュニケーションの形態をとっていても、他者からの具体的な反応を目的とせず、ウェブ上に既に記載されているメッセージに反応すること自体が目的化されているものである。多くの場合、自分の書き込みが他者の反応を促す行動連鎖することを考慮していない。

さらに、ウェブでの対戦ゲームへの依存傾向を示す者も少なくない。この場合には、ゲーマーである特定の個人へのこだわりは希薄であるが、ゲームの登場人物の行動自体にコミットメントすることを主眼としており、リアルな対人性を無視したコミュニケーション事態と言える。これもまた、「時間消費」を示す例と言えよう。

7　心を反映するコミュニケーションと社会的スキル

ネットワーク・コミュニケーションによって、対人関係はどう変わっていくのであろうか。対面的、連続的な相互作用機会が減じると、徐々に試行錯誤しながら親密さが増していって形成されるような対人関係が少なくなり、部分的、限定された関係が出現してくると考えられる。間接的なコミュニケーション事態であれば、コミットメント、コストを大きくかけなくとも当該の関係を「切り捨てる」ことは難しくない。また、非難、中傷に対して補足したり、反論するといった連続性が乏しく、結びつきがあるか否かといったデジタル的な関係が増えていくのであろう。ゲーム感覚の、すぐに切れる・立ち上げられる、オンオフ型のつき合いが指向されやすい。相互作用する場の共有をしだいに必要とせず、遠隔／近接のあいまいな（特定できない）、それ故、存在感の弱い相手との関係が作られやすくなる。したがって、直接的な相互作用による拘束性は低下し、ウェブで形成された関係は容易に切り替え可能であるかのような歪んだ全能感が形成されやすく、対人的な葛藤への耐性も弱まると推測できる。相手の反応を期待しない、一方的なコミュニケーション送信は増えるであろう。

このようなコミュニケーション・スタイルは現実の対人関係を深く、タフには築きがたいので、これまで以上に、コミュニケーションの基本機能にかかわる、記号化、解読を中心とする社会的スキルの会得、向上が必要になると考えられる。そのためには、視覚、空間、時間の手掛かりが必要である。視覚は、多様なチャネルを確認でき、それぞれへのメッセージの分配が行える。共有できる空間は、他者の存在感を得られる、相手を感じることのできる手掛かりであり、コミットメントを増すのに重要である。時間（連続的な相互作用が可能）は、相手との同時性を感じ、確認機会を得ることができるものであり、強化、比較を可能にする。

（1） 社会的スキルの発揮

社会的スキルの発揮は、個人に応じて異なるものの、相手との関係によって大きく左右される。しかも、自分だけの能力で決まるものではない。環境・状況・相手によって多様に影響を受ける。対人関係を具体的に運用するコミュニケーションには多様なチャネルがあり、通常は代替可能である。しかし、状況によって使用できるチャネルが限定されると相互作用は困難となる。例えば、典型的な例は電話に求められる。使える手段は音声のみなので、多くのことをそこに込めなければならない。言葉がつまって沈黙となると、それは文字通りに無となる。同様に、ＣＭＣ事態では、アクセスし、発言し続けることが帰属性を高め、心理的近接さをもたらすほぼ唯一の表現であり、随伴して貢献するコミュニケーション行動はきわめて制限される。ところが、他のチャネルが使える対面的な場面であれば、沈黙していても手の動きや身体の向きは把握でき、顔の表情を知ることもできる。このことによって伝えることは間断なくできる。このような相補う働きが多様なコミュニケーション・チャネルにあるということに気づくことが必要であろう。

（2） 他者と共にあることの効果 —— 関係性の多様さが健康を生む

人間関係の多少の点から死亡率との関係を比較した研究がある。未婚・既婚、友人との接触程度、定期的に教会に行っているか、その教会の信者であるか、などを関係の多さの指標としている。それを４段階（30－40代、

50代、60代）ごとに、及び男性と女性で比較している。年代別に見てもそれぞれが、他人とのつながりが少ない人ほど死亡率が高いことなども示されている（Berkman & Syme 1979）。また、どの年代でも、友人との行き来が少ない人ほど死亡率が高い、という報告もある。夫婦の結びつき、友人、人との結びつきが健康を促しているとも言えよう。

対人関係を持つ相手（他者）は、出会う軋轢に対してそれを和らげる一種のクッションの役割を持っている。他者に話を聞いてもらうこと自体がストレス解消の効果を持っていることになる。他者の存在が自分に適応的な効果としては、①浄化（カタルシス）、②社会的妥当化、③共通性の認知が挙げられる。家族や友達がいる場合には、軋轢や悩みを相談できる。相手に悩みなどを話すだけでストレスを発散できることにもなる。しかも、一方的に話すだけでなく、一般的には何らかの反応があるので、それが解決のヒントになる。コミュニケーションできる他者がいることによって悩みが拡散・浄化しやすくなると言えよう。これは非常に大きな意味を含んでいる。一人暮らしの人でぬいぐるみを部屋におく、ペットを飼っている人が増えていると言われている。そのペットに向かって勤め先のことなどを話す人もいよう。これは対人的な相互作用の疑似行為である。ぬいぐるみは答えられないのにその答えを自分で用意しながらの一人芝居となるが、一応の発散の効果はある。TVゲームに興じる様にもこれと類似した心理性が見られる。機械的な応答であろうと何らかの反応をしてくれるならば、それなりの発散効果はあろう（話しかけに対してうなずく機能を組み込んだロボット的玩具などもある）。

次に「社会的妥当化」の作用がある。他者から自分のこぼす愚痴に対する支持、あるいはその愚痴が考え違いであるとの指摘を受ける。そうすると、自分の考えや行動の仕方がそれでよかったのかどうかの確認ができることになる。われわれは、ふだんこのようなフィードバックを与えながら互いの行動を修正し合っている。コミュニケーションできる他者がいないと修正もできないことになる。加えて、「共通性の認知」の効果がある。類似性－魅力理論にあるように、友人は何らかの面で自分と似ていることが多い。一般的に生活環境、パーソナリティ、ものの見方考え方などの似ている人が友人になりやすい。考え方が違うならば、話が合わず、コミュニケーションも円滑にはできない。類似性があると話が弾み、同じような意見も出てくる。そうすると、自分の考えはこれで妥当という確認ができる。つまり、社会的承認欲求は誰にも認められるものであるが、それが自分と類似した者同士の場合にはお互いに与え合い、満足できるので、報酬性は高く、親密な関係を形成しやすい。他者ゆえにこのような有益な意味をもたらしてくれる。その効用をいかに発揮できる状況であるのか、また、その程度を高めるメディア、チャネル手掛かりとしてなにが必要なのかについて一層の振り返りが必要である。間接的なメディアでこれらがどこまで可能なのか、また、関係を開始する前提となる相手との関わりの程度も考える必要があろう。

8　対人関係を快復する「コミュニケーション」力

対人関係の目的を考え、コミュニケーションの基本である機能を考えることが必要である。盤石の自信を持って判断し、行動している人は少ないものである。不確かさを抱えながら、試行錯誤で行動しているものである。傷つくことも多い。そのような経験を積み重ねることによって、弱さ（不安）とそれを克服できた時の満足感を身につけていく。ネットワーク時代にあっては、目の前に見据えることのできない他者とのコミュニケーション機会が増え、対面の相互作用機会が減じつつある。つまり、便利であるはずの間接性の高いメディアに適応し、現状での不満を解消し、より大きな満足感を抱くことができなければ、不適応を増すことになる。

日進月歩の新たなメディアが増えるたびに、操作性を会得する必要がある。その際に、コミュニケーションの基本の目的、機能を理解し、コントロール力を蓄えた、記号化と解読のスキルを使い、メッセージをうまく運用できることが期待される。どのようなメディアの登場であれ、互いに理解できる親密さが目指される。「共通項」を発見し、増していく努力を怠ることはできない。むしろ、メディアの特性を活かして、コミュニケーションの使い分けに長けるようにならなくてはいけない。

9　ネットワーク・コミュニケーションは新たな創造をなし得るのか

新たなメディアが登場するたびに、同じ問いが発せられる。「対面のコミュニケーションに比べた利点と欠点はなにか」と。

通信手段として電話、パソコン通信、テレビ電話、インターネット、そして携帯電話の登場は多くの研究を促進してきた。電話の登場期には、顔の見えない電話では細かな感情を伝えるのは難しい、課題指向的にならざるを得ない、同時に、音声以外のチャネルに込められるニュアンスが使えないという隔靴掻痒《かっかそうよう》のもどかしさが緊張や不安の行動を促すことなどが指摘された。静止画によるテレビ電話では、不連続な静止画が会話の合間に送信・受信されるので、会話のリズムがくずれ、音声と静止画とのミスマッチがあった。情報が増えはしたが、不自然さも増すことになった。

インターネットには、これまで述べたように、それぞれに性格の異なるサブタイプが含まれている。したがって、一律には括れないが、同期・非同期の概ね言葉主体のコミュニケーションであり、すべてのチャネルを利用できる対面コミュニケーションに比べて柔軟さに欠ける。「顔のない」コミュニケーションとも比喩的には言える。同時に、責任を回避しやすく、関係解消も容易である。これはコミュニケーションする際の心理的負担を軽減するものでもあり、この点から、対人的不適応改善の一つの段階的方法としての効用を認めることができる。

また、CMCを形成・維持するのには社会的スキルは必要であるが、社会的ネットワークを形成したとて、それだけでは孤独感は低減されないとの指摘もある（五十嵐 2002）。CMCによる人間関係は、部分的なものであり、そこから受け取る満足感は限定的であることを示唆しているのであろうか。

対人コミュニケーションの機能のいくつかは一般性を持つと理解されている。また、コミュニケーション自体が関係性を目指すものと考えられる。ウォレス（Wallace 2018）は、社会心理学を中心とする膨大な研究成果を踏まえて、ネットワーク・コミュニケーションの状況をつぶさに検討し、従来の研究成果がネット上の行動としてどのように読み取ることができるかについて詳細に述べている。

一方、ネットワーク・コミュニケーションだからこその独特の「文法」も示されつつあるようにも考えられる。それは、チャネルとしての不全さがあるが故の工夫であったり、限られた状況での力点の置き方の違いであったりもする。しかし、それが常態化する傾向にあるので、不足を認めながらも新たなコミュニケーション構造を描くことは欠かせない。

例えば、はじめは漢字変換の誤用であったものが敢えて一種の遊びとして普及し、それを文字だけのコミュニケーション世界の潤滑剤として用いることは新たな文化現象として認めることができる。エモティコンも同様であるが、今や相応の体系を持っているとも言えよう。

今後は、密度の高い人間関係、そして社会を形成していくことを主眼としながら、ネットワーク・コミュニケーションの担う役割を、時空間を共にする対面の対人コミュニケーションとの相乗性を前提としつつ考えていくことが必要である。

第7章　ウェル・ビーイングの心理学を目指すコミュニケーション研究

1　これからのウェル・ビーイング研究

（1）ウェル・ビーイング（well-being）の概念

個人のウェル・ビーイングと社会や集団としてのウェル・ビーイングとは独立した概念なのであろうか。個人にとってのウェル・ビーイングは、これまでも必要であることを否定する見解はない。以前から心理的健康を主題とする研究は少なくない。しかし、安定、安寧、余裕、あるいは成長を正面から捉えた研究は少なく、わが国でも、この種の研究は着手され始めてから長い時間は経っていない（堀毛 2007, 2008a, b; 島井 2006; 菅 2004; 吉森 1993など）。従来は、社会的には、生産性を上げ、成功を目指すことが高く評価され、外形的な、「見える」側面に光が当てられ、社会的、経済的な成長が推奨されてきた。心理学の研究でも、それに呼応するように、成果を追求することを一つの重要な規準として扱ってきたきらいがある。しかし、そのような観点からすると、結果が出てからでないと評価されない、しかも、ある時間内で結果を吟味しなければならないので、短期的に把握できる事柄しか扱えないという制約を生み出す。そのような研究が多数展開されても、長い時間軸で多様な変化を捉える研究は生まれがたい。短期的に成否を確認できる研究とは別な、価値を追究できる研究が必要と思われる。ウェル・ビーイングに込められている意味は、決して狭い範囲に留まるものではない。感情の振れの少ない、安心できること、揺らがない安定、様々な活動に占有されていない、さらに開拓可能な心の余裕、新たに何かを吸収できる余地のあること、社会との関連で自己の機能が充実し、価値を追究できることなどは、いずれもわれわれの心のポジティブさを増すことであろう。このような側面について取り組む姿勢を強化し、充実して生きることを目指すことの意義は大きい。そして、このような視点を踏まえた研究が今後いっそう展開されるべきであろう。

ウェル・ビーイングに類する概念である幸福（happiness）について、セリグマン（Seligman 2003）は、可能な限りの多くの楽しみを持つ①愉快な人生、日々の生活の中で何かが得られ、挑戦したいと思った活動に自我の強さや徳を投入することでこそ、人生への深い関わりが生まれる、②積極的に関わりのある人生、そして、自分だけではない多方面に役立つサービスを成し遂げる、③意味のある人生に分けられるとしており、この順で人生の成長を考えることができるとしている。なお、③は、ヘドニック（hedonic：快楽主義的）、ユーダイモニック（eudaimonic：理性主義的）両方のウェル・ビーイングを実現することに他ならないと言うこともできる。

①幸福感・人生満足感の規定因の解明、②個人のウェル・ビーイングと社会のウェル・ビーイングの兼ね合い、③ウェル・ビーイングを損なっていると考えられる人の恢復を目指す実践法の開発について研究することは重要である。

また、人生目標のタイプとして、①外在的（Extrinsic; 富・経済的成功、身体的魅力、社会的名声・人気）、②内在的（Intrinsic; 情動的な親交、地域貢献〈サービス〉、個人の成長・価値）がある（Kasser & Ryan 1996）。前者は、幸福感を増すが、後者は、幸福感の増減とは直接には結びつかないと考えられている。これらのことからすると、個人の快経験、楽しみは、個人の社会的活動の動機づけを高める重要な源になると考えられる。そして、それを基盤としながら、自分の生きた証を残せるような開発、探究が促進されるものと言えよう。

なお、①は、身体的、精神的快を求める快楽主義的ウェル・ビーイングに通じるものであり、②は、可能性の拡大、充実、成長を希求する理性主義的ウェル・ビーイングに通じるものである。①②は現象としての行動は異なるものであっても、双方向に作用する性質のものなのである。上出（2008）は、従来の研究では理論的、実証的にも検討されていなかった、ヘドニズム（hedonism）とユーダイモニズム（eudaimonism）の相互補完関係について明らかにしている。情動知能の高い人は[1]、自己効力感が高く、本人が対人的場面で認知的、理性的な能力を自覚できている可能性があり、さらに、この自己効力感の高さは精神的健康と正の関連があることが示され、理性主義的ウェル・ビーイングが快楽主義的ウェル・ビーイングを高める可能性を示唆している。

（2）ミクロ・マクロの視点――バランスを求める

個人のウェル・ビーイング実現と社会のウェル・ビーイング達成は、相互に矛盾しないのであろうか。物質的満足を追求するならば、その資源は有限であり、それを個人のレベルで消費するならば、社会にある資源は個人間の競争によって減じることになろう。

個人の満足度の追求は個人が含まれる社会の均衡を損ねることになってはならない。一定の量を分配するのでは満足には限界があり、個人間で競争が生じ、結果的に格差が生じるので、個人間で競合しない、異なる領域の開拓が必要となろう。

ここで、新たな視点が必要となる。個人の満足度の上昇が、社会の資源の増大になるという図式が必要となる。それは、個人に不足するものを補う、快楽主義的な満足ではなく、精神性の向上、霊性（spirituality）の獲得なのではなかろうか。

対人関係や社会的な広がりの中での矛盾しない関係を考えるならば、どこかで、個人は妥協する接点を求め（個人の満足度達成をどこまで求めるのか、時には、抑制も必要）、そして、ウェル・ビーイングを共有できる人間関係を目指す必要があると言えよう。

社会には、個人間の比較だけではなく、個人間のバランスを含み、かつ、社会の中に資源の分配、喪失という問題が含まれていることを認識し、考えるべきであろう。

（3） ウェル・ビーイングを磨く

ウェル・ビーイングは、努力せずに得られるものではなく、円滑な対人関係の展開に密接に関わっている。社会的スキルは、目標指向的であり、複数の単位の行動から成り立つ。時系列的に構成され、具体的な状況と結びつき、明瞭な行動単位による階層的構造をなし、学習可能な、認知的に統制可能な概念である。ウェル・ビーイングは、日常的な社会的活動によって獲得されるものでもある。われわれが出会う人々、それぞれの状況において行われる相互作用の蓄積によって、心理的な機能を活性化していくものである。さらに、状況と関連しながら、その個人に応じて、組織的にウェル・ビーイングを増す働きかけが必要なことがあると思われる。その具体的な手順として活用できる試みの一つは、社会的スキル・トレーニング（相川 2000; 大坊 2006; 津村・山口 1992; 吉田ら 2002など）である。

社会的スキルは階層性を持つ。コミュニケーションの基本的な機能の発揮による、①基礎スキル（記号化や解読やこの両者のタイミングの調整など）を基底として、それを踏まえて、特定の関係を築く・維持する心理的な意味を発揮するため、②特定スキル（期待する自己像のアピール、自己主張、特定の他者へ及ぼす説得的行動、特定の他者との関係の開始や維持、対人的な親和性の表出、特定の集団における地位と勢力の行使にかかわるなど）がある。さらに、これらを総合する応用的なスキルである、③目的的スキル（一定の目的のもとに組織的に実行されるスキル）がある（大坊 2008）。先ず、記号化、解読と統制、調整するスキルが十分に築かれなければ、これらの個別のスキルを組み合わせた上位のスキルである特定スキル、目的的スキルは豊かには機能しない。

スキル要素をいかに柔軟に組み合わせて用いるのか、時間や状況を考慮して、個別のスキルの発現をあえて抑制するなど調節することが重要であると考えられる。このようなことも含めて、社会的スキル、ウェル・ビーイング向上の観点から社会的スキル・トレーニングについて多角的に検討する必要があろう。

なお、社会的スキル・トレーニングは、多くは、個人や2人をトレーニングの最小単位としながら、小集団事態で展開されることが多い。表7－1に示したように、自らの内面を理解し、個人のコミュニケーション力を高め、対人関係への適応や向社会的な機能を高めることに始まる。次第に、その個人の持つ他者への心理的な結びつきを強め、相互を支援する力を増す。さらに、所属する集団における効果的な役割の自覚、活動を促進し、密接なネットワークを築くことになる。ひいては、協調的で相互依存を可能にする、平和な社会を形成することにつながると考えられる。すなわち、個人の社会的なオリエンテーションを刺激するところから始まり、最終的には、円滑な相互支援の社会的な拡がりを意図した「活動」と言えよう。

表7-1　社会的スキルの効果の波及性

視点：個人；自我の充実
↓
関係：紐帯、ユニット、役割、サポート
↓
集団：地位、ネットワーク、組織化
↓
社会：協調、コミュニティ、社会的規範

（4）ウェル・ビーイングとして目指すものの研究例

幸福を感じることは、「人とのつながり」に由来するものであり、それに比べると、個人単独の活動によって感じる幸福はどれほどの重みを持つのであろうか。生活の基盤としての家族、理解し合える親しい友人・恋人の存在は大きい。男女大学生を対象として、大事なもの、信じていることについて2008年に調査したところ、

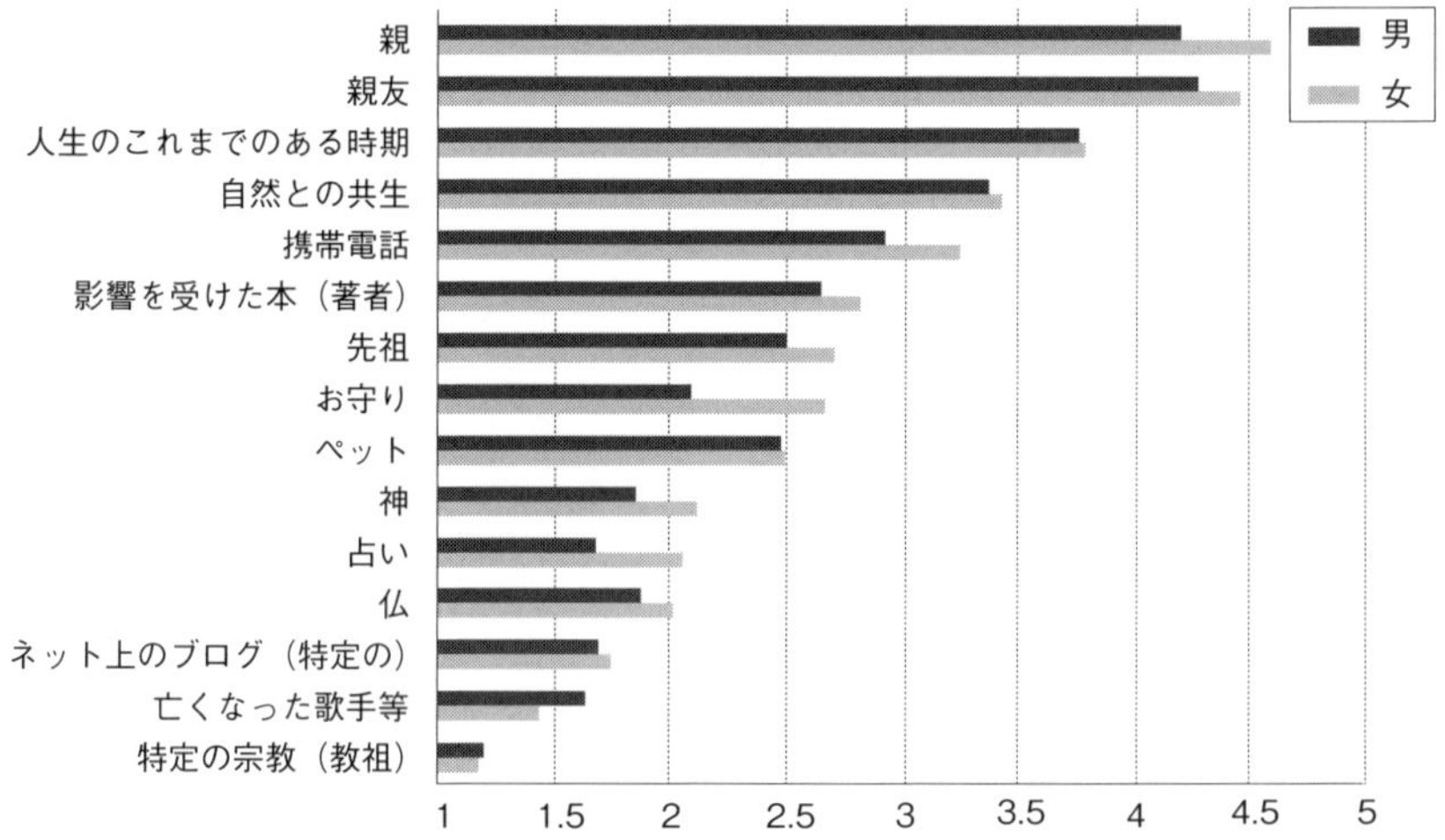

図7-1　大学生にとっての大事なものとはなにか

大事なものとして、親、親友が1、2位であったことにもこのことがうかがわれる（図7－1、1－5点で評定：親、お守り、占いについては、女>男、$p<.01$：携帯電話、神については、女>男、$p<.10$）[2]。

少なくとも、身近な人との関係が最重視されていること、そして、自分の人生を思い返すことができていることは、今後に期待できる。なお、霊性に通じるアイテムについては、重視する程度は低い。ただし、「その他」（男4・22、18名：女4・75、20名）が少人数ながら最高点となっていたことは、ここに示した以外に個人に特化したアイテムも考慮すべきことと言えよう。

図7－2は、上述の大事なものの評定点を基にして、因子分析した結果である（主因子法、*promax* 回転：図中の番号は、抽出された因子順を示す）。

この結果からすると、個人の統制を超えるが、日常的ななじみのある霊性の因子、身近な対人関係についての因子、ある程度部分的な関わり、外在の知識についての因子、心理的な距離のある宗教的な因子が抽出されている。なお、因子1、2の得点は有意な性差（女>男）があったが、因子3、4では差はなく、かつ、得点自体が低く、身近なアイテムである

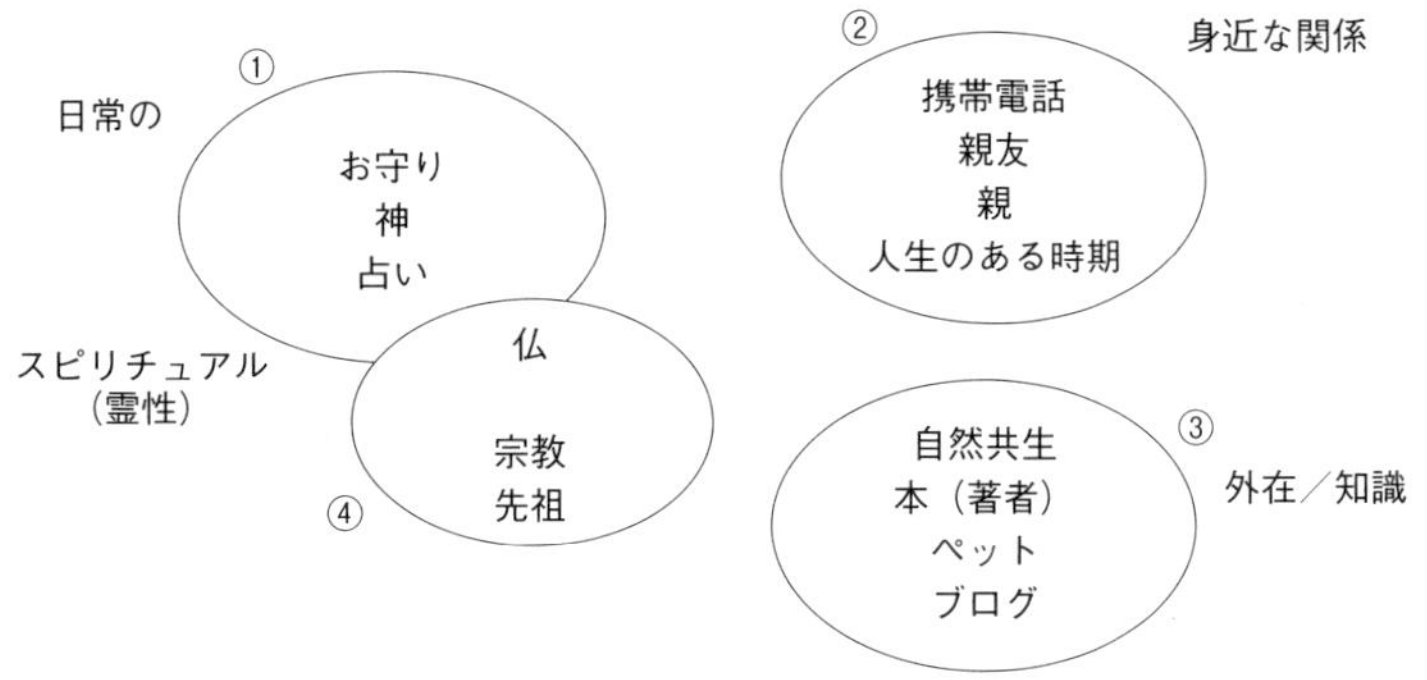

図7-2　大事なもの（アイテム）についての因子分析結果

ほどコミットメントの個人差も表われやすいのではないかと考えられる。

図7－3は、回答者の私的自己意識得点を3群に分割し、携帯電話を大事なものとした平均得点を比較したものである。男女ともに、私的自己意識得点が低いほど、携帯電話を大事なものと捉えている。今や携帯電話は日常的に欠かせない対人関係のツールとして重用されている。私的自己意識は、行動の主体としての自己を認識し、吟味する傾向を示すもので、自律的な判断傾向を示すものでもある。携帯電話によるコミュニケーションは、当該の相手との限定したコミュニケーションとしての特徴がある。直ちに用件に入り、取り次ぎや一般的挨拶は省略される。それだけ、自分の行動を切り替える必要を感じさせないほどに浸透した「一般性」が高いものなのである。

このようなカジュアルさは、相手との会話の流れを重視するが、必ずしも自分を深く内省するほどの重さをもたらすものではないことを示しているのであろう。

なお、携帯電話を掛ける場合も、受ける場合もともに、呼称の切り替えが少ないことが知られている（田中 2001）。この切り替えのなさ自体は、日々の生活で通信し合っている限られた「仲間」での互いに敵意のないことを確認するという一連の同調を続けることにかなりのエネルギーを費やしているとも言えよう（藤川 2008）。

ウェル・ビーイングは、多元的な要因によって形成されるものである。

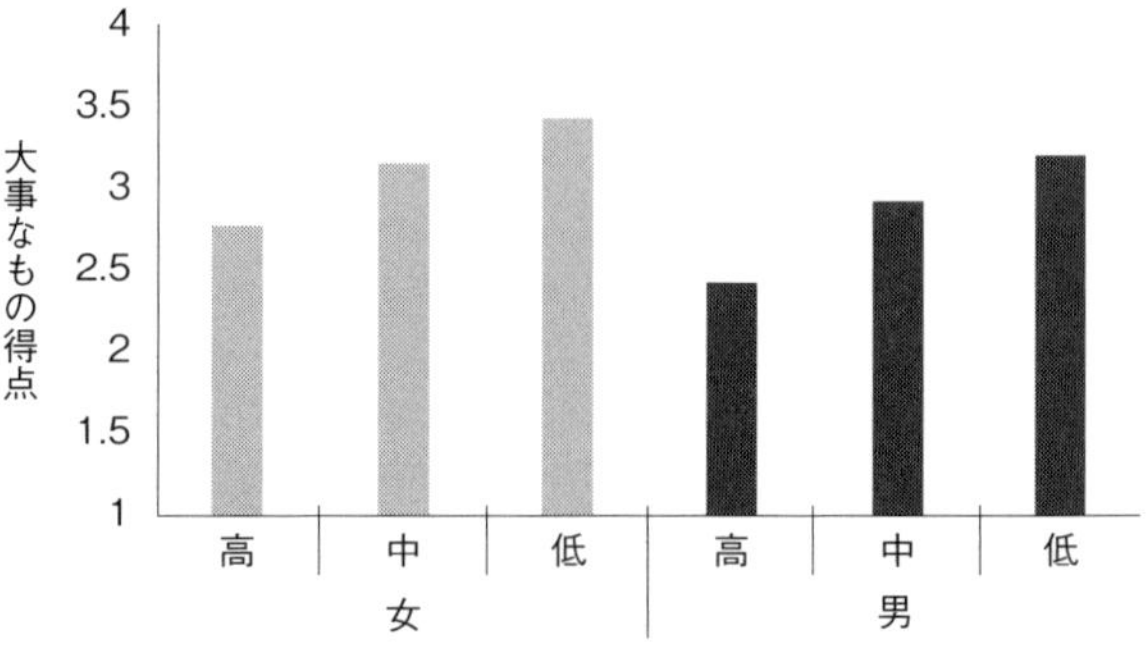

図7-3　大事なものとしての携帯電話－私的自己意識：高・中・低3群の比較　$p<.01$（男女とも）

それぞれの要因は横並びするようなものではなく、個人や文化に応じて要因の優先され方は異なると考えられる。生き方、生活の価値観などを十分に勘案した検討が必要であろう。自然との共生、自己と他者の連続性、人生の歴史性を踏まえた霊性、文化特異性と文化共通性などは今後、重要なテーマになるものと考えられる。

（5）ウェル・ビーイングを目指すために必要な研究

実証性の観点から、従来少なからず軽視されてきた霊性や価値の追究（安寧、成長、自我の強さ）、そして社会的、経済的な豊かさからの生活のパラダイム変換を考えることも含めた研究展開が重要な課題と言える。

ウェル・ビーイングを追究するために必要な研究とは、先ず人間を見つめる視点を多角的に用意することから始まる。一般的には、えてして個人の視点が中心となりやすいが、そうではなく、人間を一部として含むこの世界全体を俯瞰するように、個人と社会への双方向の視点や時間軸（未来へつながる歴史）を含めた視点が必要であること、空間的、時間的な広がりを勘案して、価値、霊性を含めて考えることがウェル・ビーイングをよりはっきりと追究できることになろう。表7－2は、この観点を踏まえた提案である（大坊 2012）。なお、霊性の追究については、自分の努力ではなし得ない、抽象的な他力本願的な「何か」が背景にあることに依存することを指すのではなく、綿密な検討が必要である。時代ごとにパワースポット巡礼がなされるこ

表7-2　今後必要とされる研究

- ・ウェル・ビーイングの根底にある、人間性に通じる価値、安寧、成長、人間的強さについての研究（ポジティブ心理学研究の推進）。
- ・対人関係とその集積としての社会に至るダイナミックな過程についての研究（個人から関係、そして社会の構築へ向かう発展過程から、壊れない；凝集性の高い）社会づくり、個人の社会的スキル向上の研究）。
- ・相補的な意味を込めて、質的研究と量的研究（互いに相対立するものではない）。
- ・心的過程、社会的相互作用・関係を時間的過程についての検討。
- ・社会的トレーニング・プログラムの効果の実証化。
- ・個人のウェル・ビーイングと社会のウェル・ビーイングの合理解の追究。
- ・人は何を目指すのか…成否だけではなく、可能性や心理的生産性が必ずしも問題にならない。高踏な価値を是とする研究。
- ・心理的な安寧、調和性についての研究。
- ・互いに安心できる、双方向の理解のできる対人関係の追究（自他の比較から融合を目指す）。

〔大坊 2012〕

と、ヒーリング・ビジネスの隆盛、霊能者への心酔、あるいは、宗教団体をよそおった洗脳集団による勧誘などに惹きつけられる人々には、それぞれに霊性への真摯な動機があるはずである。それは、ウェル・ビーイングへの最も基本的な心理性を表わしているのではなかろうか。

地球の存続すら懸念される現在、生活の仕方の改革、生き方の価値について真剣に問い直し、持続可能なウェル・ビーイングを考えることが喫緊の責務である。そのためには、悠久の歴史の中でわれわれ人類が他の生物（のみではない）を統べる存在なのではなく、限定された相対的なものであることを前提として考えられるべきである。少なくとも自らの経験と学んだ知恵を総動員しなければ人類は存続し得ない存在であり、日常的には、際限なく繰り返して互いを理解する努力をし続けなければ、われわれの社会は容易に崩壊してしまうことを認識することからすべては始まる。

2　コミュニケーション研究の未来

コミュニケーション研究の成果には、人や社会の見方を変える力がある。進行しつつある社会の変化は、そこで展開されているコミュニケーションを探ることによって理解可能であり、そうすることによって、未来の社会を予想する手掛かりが得られると言っていいであろう。

社会の基本単位である人と人を結ぶ対人コミュニケーションは時代とともに、身体器官に由来するチャネル（視線、発話、身体動作などの手段）・メディア（意図・無意図にかかわらずメッセージを伝える媒体）を徐々に伸張し、時間、空間を拡張しながら間接メディアを創りだしている。かつ、それでいて、ウェブでのコミュニケーションの技術革新に見られるように、間接メディアを身体チャネルに近づけようとしてきた。その進展は、部分的な改良から次第に全身的なツールへと拡大し、われわれの環境までをも可能な限り活用し、コミュニケーション送受信の能動的な場に変革しようとしている。

具体的には、以前のユビキタス（ubiquitous）社会から進化したアンビエント（ambient）情報社会（Society 5.0の前駆的概念とも言い得る）——一種のゲシュタルト的で、総体化されたコミュニケーション場——への注目であった（大坊 2012a）。これまでは、多様な知識・経験を情報化し、その価値を認め、集積してきた情報化社会を目指してきた。しかし、その多極化した情報の集積は高度に専門的な分業化を促したものの、分野横断的な連携が進まず、日常生活においては知識や情報の格差をもたらすことになってきた。これは偏に人間の能力の限界を斟酌してこなかった故でもある。このような情報の集積は何を目指すためのことであったかを問い直すこととなった。ＡＩの技術進歩は目覚ましく、多くの分野の技術はネットワーク化され、急速に共有されつつある時代となってきた。したがって、人類の誕生とともに備わったコミュニケーションの基本的な意味は普遍ではあるものの、その使い方、優先される機能は状況、さらに時代に応じて変化することを容認しなければならないであろう。それが、新たな段階の社会として期待されるSociety 5.0の登場をもたらしたと言えよう。

現代では、多くの情報技術が生活空間に溶け込むことで環境と人間が相互作用を起こし、より適切な状態（実際には個人任意ではなく、よりマクロな環境、時間軸を斟酌した、安らげる、知的生産性に富む、迅速で、円滑な意思疎通ができる、など）へ自ずと移行し、調和する空間づくりがなされつつある。

ＡＩ、ＩＣＴの技術革新は、「人対人」を基本とするコミュニケーションのあり方自体を変えつつある。高度な通信手段の一般化により、生活場面には望み得る情報は多数提供されるようになり、ツール（通信手段の機器など）もしだいに身体になじむものになってきた。そうすると、ツールを媒介して人対人の関係が成立するものの、そのツールが人の代替えとしてますます高機能となりつつある。人対人の関係はしだいに「人対【擬人】」（多機能な間接的なツールが人らしくなった〈モノ〉である擬人としては、ヒューマノイド・ロボット【人間型ロボット：人間が無理なく人間の姿形を連想できる体を持つ】、アンドロイド【人間酷似型ロボット：見かけが生身の人間のように見えるヒューマノイド】などが典型であろう）に取って代わられると見なすこともできる。この形態的特徴の人間化の意図は、われわれの日常生活の中で抱く違和感が少なく、できるだけロボットとの相互作用をストレスなく行うためと考えられる。すなわち、本来は人と人を結ぶ媒介あるいはツールであったモノを人の制御下にありつつも、行動レベルとして人に近似した形態とし、反応様式の親近感を増すことによって、われわれの行動の円滑化を図っていると言える。その開発の技術はいっそう精緻化し、コミュニケーションの方法を含めて人に近似してきている。その機能のみならず形態、反応スタイルを含めて、人らしさを目指している意味を込めて、種々あるロボットを一括して「擬人」とした[3]。

現実には、ロボットは日々の生活において一定以上の役割を担っており、その度合いは今後さらに増大すると考えられる。そして、人とモノの間に位置しながらますます「人」相当として働くことが予想される。

なお、産業ロボットなどの場合には、生産過程の一部、用具であるとするモノとしての認識が大勢であるものの、人間型ロボットの場合には、人との関係が大きく注目される。人間型ロボットを活用する機会が増えるにしたがって、ロボットと人間との関係は本質的には欺瞞であるという主張がある（岡本 2021）。これは、ロボットの動作・反応が人間的になるにしたがって指摘されている。このような指摘は、ロボットの特徴が人間に限りなく近似した際に感じる、モノであるはずなのに生身の人間らしい特徴が大勢を占めることへの得体の知れなさ（「不気味の谷」と称される）への警戒感・不安と類似している。欺瞞であると判断するのも得体の知れなさへの警戒感・不安を抱くのもわれわれ人間の認知次第である。今後ロボットが人とどのようなコミュニケーションを行うのか（行うように設計するのか）によってわれわれの認知の仕方は大きく左右されるであろう。

（1）コミュニケーションの階層

広義のコミュニケーションは、概ね4種類の階層を持つ。①個人内（intra）、②対人（interpersonal）、③対人関係を含む集団間（group）、そして、④文化間（cross-cultural）である。同じコミュニケーションと称しても、各々の様相は大きく異なる。①は、自分を「相手」として対話することであり、概念の照合・確認、一種の思考である。それに対して、②は、人々がチャネルを介して言語的、非言語的メッセージを用いて情報、感情、意味の交換を行うプロセスである。大方に通じるコミュニケーション行動として表わすことができる。この領域については膨大なデータが蓄積されている。

人は何らかの人の集まり（3人以上）の場に属する、あるいは居合わせることがある。③④は、その場で交わされるコミュニケーション（個人が他者、集団に影響を与え、かつ、個人も影響を受ける）である。当該単位（集団、文化）をどう切り取るのかによって把握できる様相は異なる。このうち、④は、文化的背景を異にする（異文化にある）者ないし集団間のコミュニケーションを指す。しかしながら、②は個人に由来するものでありながら、①の特徴を如実に反映するものではない。また、③は、そこに含まれる個人の集団内活動（親疎、役割、勢力関係による）を反映するものの、①や②とは単純な相似形をなさない。④の場合には、コミュニケーションの機能自体には共通するものは少なくないと考えられるものの、文化によっては表現・解読型や修辞技法は乖離する可能性は高い。

このようなことを勘案するならば、コミュニケーション研究は、用法、表現・解読の意味を容易には前提とはし難い点がある。扱うコミュニケーションは、何を目的として、「どこ」を切り取ったものであるのかを明示しなければならないかが分かる。きわめて多くの研究の対象となっている、対人コミュニケーションについてであれ、パターソン（Patterson 1983, 2011）の述べているコミュニケーションの機能についても、社会的脈絡、関係によって発揮される機能は一律ではないことを踏まえなければならない。

（2）コミュニケーションの機能とその変容

コミュニケーションは、基本的に人と人を結び、場を築き、環境を築く。対人的なコミュニケーションには多様なチャネルがある。その基本的機能について、パターソン（Patterson 1983, 2011）は、以下の5種類を挙げている。①情報の提供、②相互作用の調整、③好意等の親密さの表出、④社会的コントロールの遂行、⑤サービスや作業目標の促進がある。なお、⑤は、役割に基づく目標達成を促す働きであり、サービスや仕事上の関係の結果、個人的特性、社会的関係に関わりが薄く、道具的な目標を持つ働きであり、他の機能とは異なり、個人的な心的メッセージを反映する度合いは薄い。さらに、第6章の5で述べたように、対戦ゲームやインターネットへの依存を勘案するならば、「時間消費」の機能も加える必要があろう。同時に、個々の対人状況において、これらの機能がどの程度の割合で必要なのか、発揮されているのかについての研究は十分になされていない。これを明らかにするには、第2章の1で述べたような、記号化と解読を同時に明らかにするためのレンズモデル的なアプローチなどは有効なのではなかろうか（木村ら 2010）。

これらの機能は、常に同等に発揮されるものではなく、そのコミュニケーション行動の脈絡に応じて変化するものである。かつ、同一のコミュニケーション・チャネルに特定の機能が対応するものでもない。例えば、対人関係の親密さと非言語コミュニケーション行動との関係を検討したところ、親密な関係の初期では、好意と親密さの表出が主に発揮されるが、関係の崩壊時期には、社会的コントロールが主要な機能として発揮されることが示されている（大坊 1991）。したがって、個々のコミュニケーション行動やコミュニケーション行動のパターンを時系列で追跡することも必要であろう。また、個人要因以外の社会的要因による影響はどの程度のものであるのか、その一方では、③の機能などについては、生体・生理指標等との関連を勘案することによって、これらの機能を明らかにすることができよう。

なお、上述したコミュニケーションの機能は、社会的に変化するコミュニケーション状況を踏まえるならば、必ずしも固定されるものではない。

例えば、2020～2021年にわれわれの生活に大きな影響を与えた新型コロナウイルス禍は、個人的要因によらず、コミュニケーション・スタイルの強いられた変容をもたらしたことが挙げられる。対面場面では接する距離を空け、マスク着用で隔靴掻痒《かっかそうよう》のコミュニケーションを強いられる。遠隔のコミュニケーション機会も頻繁となり、直接に場を共有する機会が少なくなった。遠隔授業やリモート会議の際には、誰にも明示されるやり方で挙手のマークをクリックし、発言の重なりを大いに気にしなければならない（発言の順番を意識するので、ある意味ではコミュニケーションの効率はいいとも言える）。多人数の場合には、他者に画面背景の自分の部屋の様子やバーチャル背景がどう評価されるかが大いに気になる。自己防衛などのために、できるだけ自分の顔が写り込まないようにしようとする人もいる。対面場面であるならば、このような自己防衛の行動はもっと細かなステップを踏めるものの、現状ではそのような行動を工夫することは容易ではない。親密な関係にある者同士であっても、対人距離を空けざるを得ず、マスク着用のために、顔の表情、スマイルを臨機応変に伝え合うこともままならない。これらは、コミュニケーションの親密さのレベルを後退させるものでしかない。例えば、マスクを着用することによって、表情は抑制され（でき）るので、感情の表出・解読は難しくなる。そうすると、顔の表情自体が不活発となり、いずれコミュニケーションのチャネルとして重要な役割を持たなくなることすら危惧される。

ネットによるコミュニケーションでは多様なチャネルを活用できないというデメリットがある一方で、他人とのつながりを強くは望まない類いの人々にとってのメリットがあるので、今後は、対面でのコミュニケーション機会が増えるであろうという期待とともに、ネットを介したコミュニケーションも以前よりは増えることが予想できる。したがって、それぞれの得手不得手を現在以上によく理解すること、及びメディアの特性を理解する必要が増すであろう。

磯（2021）も指摘しているように、コロナ禍で三密回避がとられ、遠隔授業やウェブ会議が導入されたことによって、コミュニケーション行動に込められる機能が変容し、チャネルの使い方も自発的とは言い難い変化も示している。このことは次第にコミュニケーションの表示・解読規則が変質していく可能性が大きいことを示す。様々な対人コミュニケーションのルールが制約され続けている状況から脱却するためには、われわれの意図的な努力は免れないであろう。おそらくそのためには、少なくとも遠隔授業を経験した若者には、一斉にコミュニケーション・スキル教育の機会を用意すべきである。同様に、企業等でもこの種の研修機会が必要であろう。

一方で、日頃、自己開示を好まない、対人不安の強い者にとっては、コロナ禍のいわば親密さを避けざるを得ない状況は、積極的な相互作用を避けやすいので居心地がいいと感じることができる。とりわけ、非言語的コミュニケーションの「好意等の親密さの表出」「相互作用の調整」などの機能は十分には働き難い状況である。このような状況が長く続くとなると、新型コロナウイルス禍が収まった後に、以前のようなコミュニケーション機能が適切に働くのか否かについては危惧せざるを得ない。

(3) 言語、非言語的コミュニケーション

他者に対する何らかの意図・メッセージは、音声や身体などの媒体（メディア）を通して特定のチャネルに表

わされる。これらは、与えられる意味の如何を問わず、文化を超えてコミュニケーション・チャネルとして用いられている。われわれの身体自体、コミュニケーションを送受信する共鳴装置と言える。しかし、チャネルに応じた伝達特性の違いは否定できないが、同一のメッセージ内容を同じチャネルで伝えるという普遍性は十分ではない。しかも、使用媒体は場面依存でありながら、意図を超えて限定されやすい。一般に使用可能なチャネルには敏感であり、伝達の意図が過度に強調され、時には歪曲されることもある（大坊 2001）。

文化背景に結びつきやすい「ことば」に着目して言語的チャネルと非言語的チャネルに分けることができる。言語的チャネルに比べた非言語的チャネルの特徴には、以下のものがある（Patterson 2011）。

（1）視覚的、聴覚的、触覚的そして嗅覚的情報が発揮される機会がある限りは、非言語チャネルはいつでも使われている。たとえその人の行動がなにも変化しない場合でも、その人が長いこと身体を動かさないとしても、どのような姿勢をしているのかだけでも伝わるものがある（常に発動される）。

（2）自分の身体だけからでも相手になんらかの情報を伝えるのと同時に、そうしている自分自身の様子、どんな行動をしているのかということからも自分でも情報を得ている。つまり、送信しながら並行して同時に受信している（送受信同時）。

（3）相互作用の非言語的な側面の大部分について人は「考え」ていない（意識せずに自動的になされる）。人の行動は案外簡単に生じ、印象は迅速に作られる。どんな予兆もなしに迅速に淡々と経験されがちである。一方、言語メッセージは、情報の送信・受信のどちらの場合でも注意を向けることが前提として必要である。

（4）職場での職務を管理したり、自宅で雑用をしている最中にでも、ささいな非言語的なシグナルをうまく表わしたり、身の回りの事柄からシグナルを受け取ることができる（合目的な行動をしていようと、そうではない事態であれ、非言語メッセージは発揮される)。

(5) 今、ここでなされることを示す。話し(書き)言葉でなされることの大事な利点の一つは、過去の出来事に言及すること、分析すること、将来について考えを述べることが可能になる。他方、非言語行動は、最近の出来事や間近に起こりそうなことに結びつく、ごく一部のことについて伝えるのが典型的である。昔の楽しい出来事を思い起こして笑みをこぼすこと、あるいは、来週予定されている、新味のない会合がゆううつなので、つまらない表情になることもあるが、非言語行動の大部分は、今体験しつつあることについての何らかの思いを示している。この意味で効率がよい。

われわれは、複数のチャネルを同時に組み合わせて用いてコミュニケーションしている。しかし、研究で指標を取り上げる際には、指標を抽出し、測定する技術やデータ分析の制約から特定のチャネルを切り取っていることが多い。近年は、測定技術やデータ解析技術の革新、統計分析の高度化によって徐々に複数のチャネルの関連性を総合的に明らかにしようとする研究が増加してきている。今後は、例えば、動画を編集する際に、テキスト化された音声と動画映像の手足の動作や姿勢、顔の表情を時系列上でクリップして比較できるのと同様に、コミュニケーションの個々のチャネルの関連性を検討する域を超えて、言語的、非言語的コミュニケーション全体をまとめた複数のレイヤーとして扱える方法も開発されるのではなかろうか。

(4) 対面、非対面場面

非対面のコミュニケーション場面は、対面場面に比べてコミュニケーション内容に大きく異なる影響を与える(大坊 2002)。特に、インターネットや携帯電話などによる媒介的コミュニケーション (mediated communication) の影響は単純ではない。ここでの主眼ではないので簡単に止めるが、媒介的場面では、Eメールのように文字中心コミュニケーション、あるいは静止画や動画が可能なコミュニケーションもある。さらに、等身大、複数人の動画が対面しているかのように送受信できる（送受信というよりも、接触できないにせよ、対面場面に近似した）t-Room（松田ら 2011; 松田ら 2013など）もある。遠隔でありながら臨場感を持ってコミュニケーションできること、遠隔にある他者を目の前の生身のものであるかのように描く、3Dホログラムは、1977年『スター・ウォーズ エピソード4／新たなる希望』を例に挙げるまでもなく、昔から願望されてきたことであり、時代は着実にその実現に向かっている。多種類のコミュニケーション手段を得ることになった現代において、眼前の相手とのリアルタイムのコミュニケーションに拘泥すべきではない。今や、コミュニケーション方法の特性を十分に踏まえて、多様な可能性を実現すべく、複数のコミュニケーションを使い分ける必要がある。

t-Rooomは、現実利用するためにコストを減じることは難しかったが、遠隔コミュニケーションにおいては、コストを抑えるとともに、臨場感や同室感覚の向上によっていかに「場」を共有できるかが課題である。

なお、同室感の実現を目指す技術向上の一方で課題になるのは、自分の分身としてのメッセンジャーの設定の問題である。これについては、アバターを用いたVR空間でのコミュニケーションの研究はあるものの、現実の普及度は未だ乏しい（日常的にはLINEなどで、自分のキャラクターとして使用されている）。ゲーム世界では心理的距離を空けることができるので自分の一面を託したアバターを使用することができても、日常的なコミュニケーションを行う上では、自分のどのような特徴をアバターに込めるのか、かつ、その時々に応じてアバターを換えることは現状では現実的ではないので、未だ使い難い。なお、学校場面などで、クラスの仲間などから付与される〈キャラ〉キャラクターがある。社会的に作られた役割を象徴化した概念であり、これに応じた役割的なコミュニケーション行動が周りから期待される。しかし、その使用実態からすると、いじめにもつながりかねない若者文化が垣間見える。

（5）コミュニケーションの測定指標

先に述べたように、身体器官の延長であるコミュニケーション・チャネルを活かして人はコミュニケーション行動を行っている。対人コミュニケーション行動については、伝統的には音声の有無で二分化され、さらに、身体器官に対応するチャネルで表わされることが多い（大坊 1998）。音声を伴うチャネルの内、シンボルとしての言語的コミュニケーションは、その文意、語義が問題とされるもので、意図的で意識される程度が高い。語意や文章形態は重要な指標となり、加えて、文字数、語数、文節・文章数などは指標となる。音声を伴わないコミュニケーションは、視線の他にも音声の形式的側面（発言と沈黙のタイミング、抑揚、大きさなど、近言語的特徴）、顔の表情、ジェスチャー、姿勢や他の身体動作、身体接触、対人距離や空間行動（座席の位置、なわばり）、外見（容貌、スタイルなど）、服飾や化粧、さらには匂いやインテリアなど多くのチャネルを含み、それに応じた多様な指標がある。なお、これらは、一般的には、コミュニケーションの経過時間を測度として、頻度、占有時間（割合）、速度などが指標とされる。

また、個々の行動あるいは複数の行動を組み合わせたパターンを分析の指標とする研究も増えている。会話行動の分析に際しては、両者共に沈黙している時点から一方が発言する時系列推移（沈黙後の発言など、大坊 1998 参照）を指標とすることも少なくない。

さらに、親密な対人関係を時系列的に捉える趣旨から、特定のコミュニケーション行動を抽出して、微細な分析を行う研究の例がある。例えば、シンクロニー傾向がそれであり、話者の身体動作の連動、姿勢を周波数分析するものもある（第2章の9で示したように、2者間の会話における身体動作のシンクロニーをウェーブレット変換を用いることによって検討した例として、Fujiwara & Daibo 2016などがある）。

さらに、視線、身体動作を画像解析の手法を用いて、連続的に解析する研究も試みられている（前者 Tschacher et al. 2021、後者 Tschacher et al. 2020など）。

また、従来は、指標測定の装置を設定した実験環境において、コミュニケーション行動を把握することが多く行われてきた。それに対して、研究展開の重要な動向として、できるだけ〈自然な〉観察環境を設定して、実験という特殊性を軽減した人間行動の把握を目指す試みもなされつつある（後藤ら 2018）。このことは、心理学における長年の課題でもある。そこで問題となるのは、特殊性の軽減と指標測定の精度とのバランスである。できるだけ日常性を担保しようとすると、測定に影響する偶然のノイズを厳密には排除できない。測定可能な指標の種類や観察可能範囲の狭小化を免れない。測定精度を高めようとすると、観察環境の特殊化、限局化は避けられない。研究する上での長年のジレンマである。

個人のコミュニケーション行動を指標とするものではないが、授業場面における受講生の身体動作（姿勢）の変化をマクロに捉える方法も試みられている（勝間田ら 2011）。これは、授業担当者の働きかけをトリガーとして、それに対して受講生の身体動作が教室全体で捉えた場合、どのように変化するかという教員一人に対する受講生全体の姿勢変化の総量を問題にしたものである。授業評価の一つの指標にもなるものであり、集団事態での「総和」としてのシンクロニー傾向を探るための方法としても活用できる。

日常的な場面（あるいは、日常を損なわないように工夫した場面）でのコミュニケーション行動の研究としては、NEDOと東京電機大学が授業場面におけるグループ・ディスカッションを記録し、そこでの表情、音声、身体動作等の多様なコミュニケーション行動を記録したデータセットを公開している（https://www.dendai.ac.jp/news/20190206-01.html）。正面から観察するためのカメラを3台、ディスカッションの様子を俯瞰するカメラを1台、360度のパノラマ画像を撮影するカメラを1台、着座位置・顔の向きを見るためのカメラを天井に1台配置して撮影したほか、ヘッドセットマイクで音声も収録しており、多方面での活用が期待される新たな試みであろう。

また、データの公開を行っているものではないが、職場風土の活性化の目的のもとに、一定の時間、おしゃべりのできるコーナーを設定し、用意されているデジタル・サイネージの利用状況、このコーナーの利用にかかわる意識調査を試みている例などがある（後藤ら 2018）。コミュニケーション行動を厳密に測定するものではないが、自然に近い形態で、コミュニケーションの活性化を図りつつ、定性、定量的にコミュニケーションを捉えようとする先がけとなる一例と言えよう。

職場の上司部下、同僚間のコミュニケーションを把握し、効率のよいコミュニケーションを促進する意図により開発されているツールとして、日立の名札型ウェアラブルセンサー、ビジネス顕微鏡（辻ら 2011; 大河内・今井 2017）や富士ゼロックスの voistrap（原田ら 2013）がある。どちらも同様の測定意図で開発されたものである。いずれも名刺型のウェアラブルセンサーを用いている。ビジネス顕微鏡は、加速度センサーと温度センサー、赤外線センサーにより、装着者の身体の動きと他のカード装着者との身体の向きを記録することによって、複数者のうち誰彼との相互作用の多少さであるかを推定するものである。voistrap は、複数の小型マイクと無線モジュールが組み込まれている。各々何を指標とするかの視点の違いはあるが、複数者がいる場面における誰彼との相互作用の多少さを可視化して捉えようとするものであり、発話内容について検討しようとするものではない。

(6) 社会を捉える——地域、マクロな社会、異文化を捉える

地域間、文化間のコミュニケーションは、文化規範の理解、異文化適応の点から取り上げられることが多い。その際は、文化自体に「大きくは」依存しないであろうと考えられる非言語チャネルによるコミュニケーション行動が扱われがちである。本章（2）の「コミュニケーションの機能とその変容」で触れたように、異なる文化でもその機能自体は根本的には異なるものではないと考えられるが、表現パターンは大きく異なることが少なくない。その場合には、表出された行動の比較、その解読によって文化普遍性、特異性を考察することができる。しかし、他の文化ではたやすく出現するジェスチャーなのにそれがある文化では生起しないというような例など

からすると、文化比較自体が難しい。また、文化によっては異なる意味を持つ場合もあるので、研究すること自体の難しさがある。

異文化理解についての考え方として有用な見解がある。吉川（Yoshikawa 1987）は、異文化適応するためには、一方が他方の文化に合わせていくということでは不十分であり、後々双方向の文化理解でなければ齟齬が残る。自らの文化を他方に伝播しながら、他方の文化を受容していく、双方向の文化融合が必要であると述べている（ダブル・スィング・モデル）。人対人の適応的なコミュニケーションも基本的には同じこととして考えられる。自分の捉え方を持って一方的に相手に影響を及ぼそうとしても不十分である。一方の捉え方を、相手に伝達し、相手の考え方を他方も共有する必要がある。それぞれの立場、考え方からするとどう行動するのか、判断するのかを、互いに察知して、自分の中に取り込まない限り、思いの共有は難しい。全くの一体化は難しいであろうが、少なくとも共有を目指す姿勢が一致していること、それぞれが相手の捉え方を自分の中に取り込む絶えざる努力は必要であろう。

換言するならば、個人A、個人Bは各々が「自分」を基盤として相手を理解しようとするのではなく、同等の重みを持つ共鳴体として認識する。その前提は、人は相互作用をする他者と場を共有していること自体に既に、時間の流れとともに、他者・社会に由来する「発想」を共有する萌芽があることを理解することである。この意味において、個人、他者、相互作用の場面（環境）、時間の総体としての「場」を考察する必要がある（大坊 2014; 梶村ら 2010）。

(7) コミュニケーション・スキル・トレーニング

コミュニケーション研究は、コミュニケーションの由来、用法、指標（及びその開発・改良）、そして、コミュニケーションを通じて相互支援、自他・社会のウェル・ビーイングを目指す一連のシリーズとして考えたいものである。決して、分割された知のツールに留まらないであろう。

コミュニケーション・スキル・トレーニングは、コミュニケーション・チャネルのルールや機能の理解、コミュニケーション効果を向上させることがねらいとなる。向上するということは、適切に自分を伝えることができ、相手のメッセージを適切に把握できる、その結果として満足できることになる。そうすると、一方の向上、満足感の充足だけでは不十分であることに気づく。互いに満足できなければ、協調にならない。相互協調によってこそ、安定した、円滑な対人関係を築くことができる。そうすることによって、個人も集合としての社会もウェル・ビーイングに至ると期待できる。社会的スキルないしコミュニケーションのトレーニングはそのための実践である。そのプログラムとしては、コミュニケーションの表出、解読スキルの訓練、演劇練習の一つとしても用いられるインプロのようにゲーム的な発想を用いた少人数による集団での会話、討論などが多用されている（後藤・大坊 2009; 月田ら 2017; 横山ら 2019）[4]。

スキル・トレーニングの目的は、短期的には、効果的なコミュニケーション力を上げること、自己の満足感を充足させること、それから、円滑な対人間関係がいかに双方向であるかということを参加者に認識してもらうことである。採用するプログラムでは相互協調性、互いに配慮することが主眼となるものであり、この種のトレーニング活動が多くなされるならば、住みやすい、共生社会が築きやすくなると考えている。特に、情報技術革新の速度を考えるならば、コミュニケーションの機能の再認識、チャネル、メディアの役割を問い直すプログラム（モノを介在させた、擬人とのコミュニケーションなども含む）の開発が必要になろう。

（8）コミュニケーション研究の未来

さて、未来のコミュニケーション研究はどうなるのであろうか。人類社会を営んでいる限り、対人コミュニケーション自体は維持されるであろう。しかし、モノを介したコミュニケーション機会が増え、同時に、眼前の他者との対面でのコミュニケーション機会は少なくなり、擬人とのコミュニケーション、モノの背景にある他者を想定したコミュニケーションが多くなろう。そうすると、受動的な認知、解読作業が増す可能性が大きい。だからといって、数ステップを経るような複雑な社会的脈絡を必要とする場面が増えることではなく、それほどの解読スキルも育たない可能性が大きいであろう。即時的な反応を必ずしも要しないので、しだいに、記号化スキルも減退しかねない。こうなると、コミュニケーションは幾通りかある選択肢の「選択」行動としてなされることにもなりかねない。コミュニケーション・スキルも連続的なものではなく段階値的に表わされるものになりかねないのではなかろうか。ただし、それでは、われわれの高次知能は進化せず、減退する危惧がある。

狩猟社会（Society 1.0）、農耕社会（Society 2.0）、工業社会（Society 3.0）、情報社会（Society 4.0）に続くスマート社会（Society 5.0）においては、仮想空間と現実空間の高度な融合によって、知識格差、技術格差を乗り越えて社会諸課題を解決に向かうリテラシーと情報、技術が高度に統合された社会が目指されている。しかし、これまでの歴史からするならば、えてして技術は狭い視野の専門家を育て、その専門家は課題をさらに特定の分野で先鋭化しようとしがちである。この専門性と一般性、技術と消費との乖離をなくし、一体化する方策が同時に採られなければSociety 5.0、ひいてはＤＸの趣旨は活きないであろう。

ＩｏＴで人が多くのモノとつながり、知識、情報の共有機会が増す仕組みは築かれるであろう。だからこそ、必ず併行して行わなければならないことは、知識、技術の市民化、不足を補うＡＩやロボットを市民社会に取り込むことによって、コミュニケーションを旨とする研究者は情報格差の解消に貢献することである。それこそが、個人を含む社会の「個人」との融合、個人と社会の持続化において、個人を活かすために必要なことであろう。

3　内と外の二つの社会——社会的であること

（1）内と外の社会

社会心理学的には、「社会」の捉え方は、大きく二つに分けられる。

例えば、「われわれが今住んでいる社会」と表現する場合、日本〈社会〉とか、アジア〈社会〉のように、われわれ個人の〈外〉にあり、そこには、自分自身やほかの人も含めた対人関係や、集団や企業、環境や各種の構造などが含まれている。この大きな容れ物が社会だという捉え方である。この場合、その社会のイメージは個人には見えるようでもなかなか見えてこない。これが「外にある社会」である（図7－4）。

一方で、われわれの「頭の中の（認知された）社会」がある。よく、「社会の目が怖い」とか「世間が許さない」といった言い方を耳にする。この場合の社会や世間とは、自分自身が深くコミットしている関係、または緩やかな価値を共有している「つながり」のことを指す場合が多い。これが、「頭の中にある社会」、言い換えれば「内にある社会」である。これは、近いところでは自分の親や家族、それから育ってきた地域や学校、あるいは自分にとても影響を与えた中学生時代の先生とか、先輩、恋人。いずれもそれらの対象と自分とのつながり方がよく意識される関係であり、そのつながり方が自分の頭の中にイメージとして描かれている場合が多い。

このように、われわれの言う社会とは、外と内にあると捉えられる。マクロな構造を問題とする社会科学的見地からは、「外の社会」について主に言及される。個人と個人のつながりを重視する哲学や心理学では、「内にある」社会の意味が重視される。この「内にある」社会を、「シグニフィカント・アザー（significant others）：意味のある、価値のある他人」と言い換えることも可能である。自分に対して重要な影響を与えた、規範を与えた人々、その人々と活動している（いた）世界が社会ということになる。この前提に立てば、例えばわれわれがい

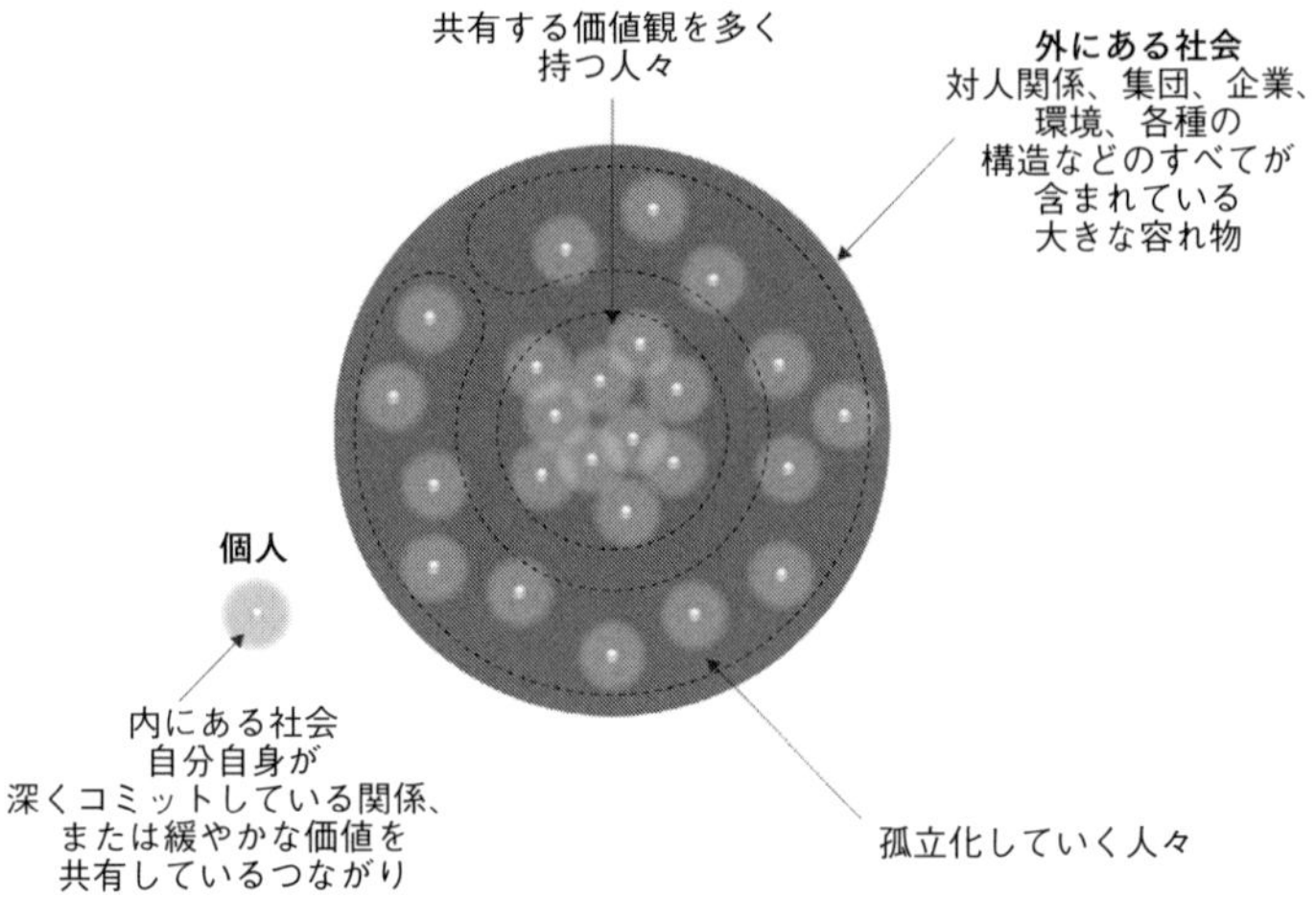

図7-4　二極化する人とのつながり方

〔大阪ガス株式会社エネルギー・文化研究所、情報誌『CEL』106号〕

くら日本人であり、日本の伝統に根ざした習慣があって、多くの日本人はそれに影響を受けているといっても、自分の育ってきた家庭の中でそれがあまり意味を持っていなければ、その人にとって社会としての意味を持つことにはならない。

その人にとって意味を持つ社会と意味を持たない社会があると考えるが、「自分は何らかの社会の中の一人だ」と表現した際には、そこには意味のあるものとないものの両方がまじっている。外の社会という大きな容れ物の中にいる大勢の人の中には、それぞれの「内にある社会」のある部分が重なり合う人も、まったく重なり合わない人もいるからである。個人の生き方やパーソナルなものに大きな影響を与え得る「内にある社会」は人によって違っており、当然のことながら、社会認識がずれることもある。それを、法律を初めとする社会的ルールや、マスコミを通じて広まるような非常に緩やかな意味での価値観、そして何より、個人間のコミュニケーションで敢えて結びつけていることが多そうである。人は互いに、個人の頭の中にある社会観のずれを埋め、共有できる感覚や知識の共通項を増やすためにコミュニケーションを行い、その結果として、「外にある、構造を持つ社会」を成り立たせているのであろう。

このように、ミクロな人と人とのつながりの積み重ねの結果として、マクロな社会ができていると考えられることから、対人コミュニケーションの現状と課題を考えなければならない。

現在、社会における人と人とのつながり方は、収束に向かっているのではなく、分極化しつつあるようである。一方に、たとえ町の中にいても全然人づきあいをしない、世捨て人のような人がおり、他方には、たくさんの人とつながりを持ち、様々な活動をしている人がいる。この二者にとって、社会の持つ重みが全く違う。前者にとって社会はほとんど意味を持たないが、後者にとっては、些細なことでも大きな影響を与え合うような、密度の高い社会を持っている。こうした人たちは、元のつながりを離れて全く異なる集団に所属することはないので、5年、10年経ってもあまりその規範は変わらず、接する人の顔ぶれが多少変わったとしても、その人が持っている社会的な認識は長く続く。そのような人たちはおそらく、次の世代、その次の世代にも続くような規範、文化を継続ないし、微調整を含めて生成していく可能性が高いと考えられる。

それでは、前者の「人とのつながりの希薄な人」がなぜ増えてきたのであろうか。おそらくその背景には、第二次大戦後頃から、「個人」や「我」「私」あるいは「私らしさ」が強く追求され始めたこと、そして、人と違うことが自分らしさだという、個性という言葉に対する誤解がもたらされたことが影響している可能性が高いのではなかろうか。

第二次大戦以前の長い歴史において、何らかの人生のパターン、モデルを提示する人がいたが、戦後になり、学校教師も親も、「自分の人生だから自分で考えよう。皆それぞれ、自分の生き方なのだから」と発言するようになった。しかし、どのようにしてそれぞれの可能性を探り、発揮していくべきか、どうすればその方法を探せるのか、という指導や教育が十分ではなかった。そのため、自分ひとりで悩み、右往左往し、自分らしさを誤解して、とにかく人と違うことをやってみる。でもおいそれと独自なことで頭角を現すことはできない。似たようなことをもっと頑張っている人のことを知ると自信を失い、人とのつながりも持ちにくくなってしまう。われわれが例えば10までのパーツを持っていたとすると、1から9番目までは他人と一緒で、10番目が違っているだけでもまったく別な人間になれること、無数の生き方があるということを理解できず、無理をして、人と共有できる類いのことを拒否してしまうことが、社会的なつながりを失う方向に向かわせているとも言えるのではなかろうか。

(2) 情報機器の進歩による影響

このようなコミュニケーションのあり方の変化は、情報通信機器の発展と切り離して考えることはできない。面と向かい合っての生のコミュニケーションをなおざりにしておいて、間接的なメディアを介するネット上のコミュニケーションを優先する人が多く見受けられる。ところが、ネットは間接的なコミュニケーションでは互いの顔の表情も分からず、ましてやテキスト・メールでは、文字のみの情報でしかなく、発言のニュアンスが伝わらない。目の前の生身の相手であれば、言葉、表情、ジェスチャー、視線などの情報が多く、大量のエネルギーをお互いに注がないとコミュニケーションができない。それを中途半端にしたまま、間接的なコミュニケーションを優先的に行っているのは、一見、自分で情報をコントロールしているつもりでも、実はメディア環境に拘束された断片的な情報に支配されていることになる。

ネット上のアドレスブックに、何百人ものストックがあったとしても、われわれの情報処理の容量からすると、そのほとんどとは深い交流はできていない。いざ連絡しようとすればできる人がいることだけで安心し、顔が見えない、なりすましさえも可能な相手をむやみに信じている人が多くいる。人との基本的な信頼関係自体が、積み重ねて築かれた対人関係への信頼ではなく、断片的な情報への信頼へと変質しているのであろう。Facebookなどで、「いいね!」の数を競い、「いいね!」が多いことが一種のネット・マネーやマイレージのように評価されている風潮も同様である。

こうした、浅いつながり（弱い紐帯）が増えることで、先に述べた分極化する人づきあいのうち、孤立化するタイプの人が増加することが懸念される。

２００４年6月、長崎県佐世保市で小学6年の女児が学校内で友人をカッターナイフで殺傷した事件がある。これは、ネット上の書き込みを根に持ったことも原因の一つと言われているが、ネット上の断片的な言葉を拡大解釈してネガティブな意味に受け取るといった傾向は、そもそも、人間の心理がネガティブなことに対してはポジティブなものに対するよりも何倍も敏感だという原則に根ざしている。なお、小学6年生がネット書き込みをしていることは当時としては先駆的であったことも注目を集めた。

一方、２００７年8月に「闇サイト殺人事件」として世を震撼させた事件がある。互いに見ず知らずだった3人の男が、犯行の数日前に闇サイトを通じてグループを結成したうえで、帰宅途中の女性を拉致して、金品を奪い、残虐な方法によって殺害、亡骸を山林に遺棄した事件は、その残忍さとネットが契機であることから注目され、メディアにおいても度々報じられた。この事件は、犯人らが仲間を募るインターネット上の掲示板「闇の職業安定所」を通じて知り合い、短期間で凶悪な犯行に及んだことに特殊性がある。

人は誰しも、自分が傷つけられたり、望まないことをされるのは避けたい。だから、それを排除し、自分を守るために、まず相手の言葉を否定的に捉えておいて、防衛しようとする。このやりとりが悪循環して、炎上という現象が起こることにもなる。同じ言葉を発していても、対面場面では目尻が下がってにこにこしているのと、目尻をつり上げ、目を三角にしているのでは意味合いは全く異なるが、ネット上の言葉のみには、表情は伴わない。言葉だけから自分に都合よく解釈するので自己防衛と他者への攻撃が突出しやすい。

(3) 現状維持ではなく変革へ

心理学では、サステイナビリティ（持続可能性）という言葉には、自然環境と人との共生、人間同士の関係も含めて、これを広く環境と捉え、それがこれ以上失われないように、最低限保護するという意味が込められている。すなわち、現状以上の崩壊を食い止めるための緩やかな発想としてのサステナビリティと捉えることができる。

しかし、今あるものを保つのは現状維持が限度である。将来にさらなる大きな発展、「損失を補い、利を増やすこと」が必要ではなかろうか。自然環境に喩えれば、既にある都市の近郊にある森林を保つだけではなく、場合によっては今ある都市環境を変革して、新たに百年後の緑の環境を拡大することも辞さない、といった力業が必要ではなかろうか。

現在、複雑に分断された人間関係が多いが、人の心を結ぶ豊かなつながりを今以上に失わないように働きかけることが、現在ならば未だ可能ではなかろうか。現在の希薄な人間関係を改善して、密度の濃い人間関係を拡げていかなければならない。今いる世界にこのような変革を与えなければ、サステナビリティを実現できないであろう。

したがって、われわれがなすべきことは、明白である。「内なる社会」とコミュニティや外在の構造を持つ「外の社会」、その二つが影響し合い、人々がそれぞれのウェル・ビーイングを実現できる、幸福を追求できる社会のために、互いに理解し、影響し合えるコミュニケーション・スキルを磨き、個人の「内なる社会」を、人々と多く重ねていけるような場を築いていけるかが、重要な課題となるはずである。

ネット・コミュニケーションを特徴とする現代の「ソーシャル空間」では、自由な交流の中で様々な新しい交流価値が生み出されている。こうした場を上手に活用することによって、生活の満足感や自己実現につながる可能性は大きい。その一方、ネットが人々に与える心理的影響、危険性についてもどう解決するのか工夫もなされなければならない。心理学の立場からこれからのソーシャル・リテラシーを考察し、その醸成について考えていかなければならない。

註

第1章

（1）電子情報技術産業協会は２００５年12月14日、世界主要市場での携帯電話の累積加入件数が２００４年から２００７年にかけて年平均13・８％増加し、２００７年には23億１７００万件に達するとの調査結果を発表した。普及率は２００４年の33・９％から２００７年には48・７％に上昇する見込み。このようにモバイル通信機器の普及は世界的な規模であるが、日本での近年の増加傾向はとりわけ顕著である。

ＮＴＴドコモ・モバイル社会研究所の調査によると、２０２０年1月の調査によると、日本国内でスマートフォン、ケータイの所有者のうちスマートフォン比率が88・９％となった。年々、日本国内におけるスマートフォン比率は増加しており、２０１０年には４％程度だったスマートフォンの所有比率が、２０１５年に5割を突破し、２０１９年に8割を超えた。そして２０２０年にはスマートフォンの比率は約9割となった。さらに、２０２１年5月24日のメディア環境研究所の「メディア定点調査２０２１」では、スマートフォン所有率は94・７％となっている。

第2章

（1）検討の視点としては、ベルニアーリ（Bernieri）も注目したブルンスウィック（Brunswik 1956）のレンズモデル（lens model）分析を踏まえている。このモデルは、知覚心理学において、人びとがどのような特徴から環境をとらえているのかを検討するために開発されたものである。このモデルの視点を対人コミュニケーション認知に適用して、①どのような特徴から、話者はどのような特徴に基づいて対人コミュニケーションを認知しているのか（行為者視点の分析）、②観察者はどのようなコミュニケーション特徴に基づいて対人コミュニケーションを認知しているのか（観察者視点の分析）、③観察者による対人コミュニケーション認知の判断精度（両視点の統合）を明らかにすることを意図している。

（2）ウェーブレット（wavelet）変換は、周波数解析の手法の一つであり、小さい波形（ウェーブレット）を拡大縮小、平行移動して演算することで、所与の入力の波形を表現しようとする手法である。ウェーブレット・コヒーレンスは、ある周波数帯における2波の類似性を示す指標であり、相関係数のような解釈が可能である。

第3章

（1）「同型の身体を持つ者であることが前提となっている文化」：コミュニケーションの成立やその歴史を考えるならば、例えば、個々の身体動作の意図することは同様な身体構造を持つ者は同様な身体動作が可能であろうとの前提があり、それ故に当該の身体動作の意味を共有できると考えられる。大枠としての身体特徴を文化的表象として利用していると言えよう。したがって、個人間のコミュニケーション過程において、個別に逐一が前提となっていなければコミュニケーションし難いと言うものではない。

第6章

（1）「通信利用動向調査」：２０１９年分は２０１９年12月に、「世帯向けは都道府県および都市規模を層化基準とした層化二段無作為抽出法で選ばれた、20歳以上の世帯主がいる世帯・構成員に」「企業向けは公務を除く産業に属する常用雇用者規模１００人以上の企業に」対して、郵送による調査票の配布及び回収の形式によって行われている（一部オンラインでも実施されている）。有効回答数はそれぞれ1万５４１０世帯（3万９６５８人）、２１２２企業。各種値には国勢調査や全国企業の産業や規模の分布に従った、ウェイトバックが行われている〔総務省が２０２０年5月29日に発表した「通信利用動向調査」から〕

第7章

（1）情動知能：自己の感情抑制や内省的知能に加えて、対人場面での自他の情動制御や建設的な相互作用ができる程度、所与の状況での対応能力を示すものであり、〝情動〟という名ではあるが、学習により獲得された対人場面で発揮される認知的な能力を表わす（上出 2012）。

（2）対象者：158名（男性75名、女性83名、平均年齢19・1歳 ± SD 0.9）。

（3）2010年の日本心理学会第74回大会におけるシンポジウム「ロボット、人、こころ」（企画者：苧阪満里子・三浦利章、発表者：石黒浩・浅田稔・真下節、指定討論者：岡ノ谷一夫・蘆田宏・大坊郁夫）の指定討論の際に、ここで述べた主旨で、筆者が「擬人」という語を用いた。

（4）これらの研究では、ゲーム的な発想のプログラムとしてインプロが用いられた。即興を意味するimprovisationの略であり、ここでは台本も設定も役も決まっていない即興劇を意味する。自由な発想で当意即妙な演技をすることによって自己肯定感を養い、自主的な思考力・表現力を培い、多様性を実感し、他者を尊重した共生的な人間関係を形成していく能力を養う。

引用文献

第1章

大坊郁夫（2005a）「コミュニケーションと記号としての身体」『対人社会心理学研究』5、1－5頁

大坊郁夫（編）（2005b）『社会的スキル向上を目指す対人コミュニケーション』ナカニシヤ出版

大坊郁夫（2006）「若者のコミュニケーション環境」『言語』35（3）、70－78頁

国立青少年教育機構（2014）「高校生の生活と意識に関する調査報告書――日本・米国・中国・韓国の比較」（https://www.niye.go.jp/kenkyu_houkoku/contents/detail/i/98/）

三浦展（2005）『下流社会――新たな階層集団の出現』光文社

内閣府（2020）「青少年のインターネット利用環境実態調査」（https://www8.cao.go.jp/youth/youth-harm/chousa/net-jittai_list.html）

パリサー・E.、井口耕二訳（2011）『閉じこもるインターネット――グーグル・パーソナライズ・民主主義』早川書房〔Pariser,

E.（2012）*The Filter Bubble: What the internet is hiding from you.* Penguin Press.〕

Rosip, J. C. & Hall. J. A.（2004）Knowledge of nonverbal cues, gender, and nonverbal decoding accuracy. *Journal of Nonverval Behaviour,* 28, 267-286.

財団法人日本青少年問題研究所（2006）「高校生の友人関係と生活意識――日本・アメリカ・中国・韓国の４ヶ国比較」（http://www1.odn.ne.jp/youth-study/〈日米中韓の高校１～３年生計約７２００人を対象に２００５年に実施したものである〉）

総務省（2019）「令和元年通信利用動向調査の結果」（https://www.soumu.go.jp/johotsusintokei/statistics/data/200529_1.pdf）

総務省（2020）「令和２年通信利用動向調査の結果」（https://www.soumu.go.jp/johotsusintokei/statistics/data/210618_1.pdf）

柳田邦男（2005）『壊れる日本人――ケータイ・ネット依存症への告別』新潮社

第２章

相川充（2000）『人づきあいの技術――社会的スキルの心理学』サイエンス社

Andersen, P. A. & Andersen, J. F.（1984）The exchange of nonverbal intimacy: A critical review of dyadic models. *Journal of Nonverbal Behavior*, 8, 327-349.

青井和夫（1980）『小集団の社会学』東京大学出版会

Archer, D.（1980）*How to expand your S.I.Q.* M. Evans & Co. Inc.

Argyle, M.（1969）*Social interaction*. London: Methuen & Co. LTD.

Argyle, M.（1975）*Bodily Communication*. London: Methuen & Co. LTD

Argyle, M.（1988）*Bodily Communication. 2nd edition.* Methen & Co. Ltd.

Argyle, M. & Cook, M.（1972 or 76）*Gaze and Mutual Gaze*. Cambridge: Cambridge University Press.

Argyle, M, & Dean, J.（1965）Eye contact, distance and affiliation. *Sociometry*, 28, 289–304.

Bernieri, F. J., & Rosenthal, R.（1991）Interpersonal coordination: Behavior matching and interactional synchrony. In R. S. Feldman & B. Rimé（Eds.）*Fundamentals of nonverbal behavior*（pp. 401–432）. Cambridge University Press.

Bernieri, F. J., Gillis, J. S., Davis, J. M., & Grahe, J. E.（1996）Dyad rapport and the accuracy of its judgment across situations: A lens model analysis. *Journal of Personality and Social Psychology*, 71, 110–129.

Brown, P., & Fraser, C.（1979）Speech as a marker of situation. In K. R. Scerer and H. Giles（Eds.）, *Social markers in speech*. Cambridge University Press.

Byrne, D.（1971）*The attraction paradigm*. New York: Academic Press.

Cappella, J. N., & Greene, J. O.（1982）A discrepancy-arousal explanation of mutual influence in expressive behavior for adult and infant–adult interaction. *Communication Monographs*, 49(2), 89-114.

Cassota, L., Feldstein, S. & Jaffe, J.（1967）AVTA : A device for automatic vocal transation analysis. *Journal of Experimental Analysis of Behavior*, 7, 99–104.

Charny, E. J.（1966）Psychosomatic manifestations of rapport in psychotherapy. *Psychosomatic Medicine*, 28, 305–315.

Chartrand, T. L., & Lakin, J. L.（2013）The Antecedents and consequences of human behavioral mimicry. *Annual Review of Psychology*, 64, 285-308.

Condon, W. S., & Ogston, W. D.（1967）A segmentation of behavior. *Journal of Psychiatric Research*, 5, 221–235.

Condon, W. S., & Sander, L. W.（1974）Neonate movement is synchronized with adult speech: International participation and language acquisition. *Science*, 183, 99–101.

Cook, M.（1979）*Perceiving others: The Psychology of interpersonal perception*. London: Methuen.

大坊郁夫（1977）「2人間コミュニケーションにおける言語活動性の構造」『実験社会心理学研究』17、1－13頁

大坊郁夫（1980）「二人会話行動における対人的親近性認知の効果」『実験社会心理学研究』20、9－21頁

大坊郁夫（1981）「対面的会話事態におけるパーソナリティ認知の構造」『日本グループ・ダイナミックス学会発表論文集』8－9頁

大坊郁夫（1982a）「二者間相互作用における発言と視線パターンの時系列構造」『実験社会心理学研究』22、11－26頁

大坊郁夫（1982b）「異性間のコミュニケーションと対人魅力」『日本社会心理学会第23回大会研究発表論文集』29－30頁

大坊郁夫（1982c）「実験社会心理学の立場から」『日本社会心理学会第23回大会特別テーマセッション「実証研究の背後にある人間」

記録集』11－18頁
Daibo, I.（1982）The role of anxiety trait and communication medium in dyadic conversation. In H. Hiebsch（Ed.）*Social Psychology: XXIInd International Congress of Psychology Selected Revised Papers,*（pp.188-194）. North-Holland.
大坊郁夫（1985）「対人的コミュニケーションにおける同調傾向――主に音声的行動について」『山形心理学レポート』4、1－15頁
大坊郁夫（1986）「対人行動としてのコミュニケーション」対人行動学研究会編（1986）『対人行動の心理学』第9章、誠信書房、193－224頁
大坊郁夫（1988）「対人コミュニケーションの認知的研究」『山形大学紀要（教育科学）』9、333－350頁
大坊郁夫（1990）「対人関係における援助」『北星学園大学文学部北星論集』27、261－278頁
大坊郁夫（1991）「非言語的表出性の測定――ACT尺度の構成」『北星学園大学文学部北星論集』28、1－12頁
大坊郁夫（1996）「顕現性不安の対人的影響」『杉山善朗教授退職記念論文集』169－177頁
大坊郁夫（1998）『しぐさのコミュニケーション――人は親しさをどう伝えあうか』サイエンス社
大坊郁夫（1999）「あいさつ行動と非言語的コミュニケーション」『國文學』44（6）、28－33頁
大坊郁夫・杉山善朗・赤間みどり（1973）「二者討論における言語活動性と顕現性不安」『実験社会心理学研究』13、86－98頁
大坊郁夫・横山ひとみ・磯友輝子・谷口淳一（2010）「社会的スキル・トレーニングにおける対人関係解読――DESIREJの作成に向けて」『電子情報通信学会技術研究報告』110（33）、85－90頁
Dinoff, M., Finch, A. J., Jr., & Skelton, H. M.（1971）The stability of schizophrenic speech on a standardized video-tape interview. *Journal of clinical Psychology*, 27, 191-194.
Duncan, S. D. Jr.（1969）Nonverbal communication. *Psychological Bulletin*, 72, 118-137.
Ekman, P., & Friesen, W. V.（1969）The repertoire of nonverbal behavior: Categories, origins, usages, and coding. *Semiotica*, 1, 49-98.
遠藤辰雄・井上祥治・蘭川昭子・藤原正博（1981）「自尊感情の測定」遠藤辰雄編（1981）『アイデンティティの心理学』ナカニシヤ出版、64－84頁

Exline, R. V.（1971）Visual interaction: The glances of power and preference. *Nebraska Symposium on Motivation*, 19, 163-206.

Feldstein, S.（1968）Interspeaker influence in conversational interaction. *Psychological Reports*, 22, 826–828.

Friedman, H. S., Prince, L. M., Riggio, R. E., & DiMatteo, M. R.（1980）Understanding and assessing nonverbal expressiveness: The affective communication test. *Journal of Personality and Social Psychology*, 39, 333–351.

Fujiwara, K., & Daibo, I.（2016）Evaluating interpersonal synchrony: Wavelet transform toward an unstructured conversation. *Frontiers in Psychology*, 7: 516. 10.3389/fpsyg.2016.00516.

Fujiwara, K., Kimura, M., & Daibo, I.（2019）Gender differences in synchrony: Females in sync during unstructured dyadic conversation. *Experimental Journal of Social Psychology*, 59, 1042–1054.

Fujiwara, K., Kimura, M., & Daibo, I.（2020）Rhythmic features of movement synchrony for bonding individuals in dyadic interaction. *Journal of Nonverbal Behavior*, 44, 173–193.

Garvey, C., & BenDebba, M.（1974）Effects of age, sex, and partner on children's dyadic speech. *Child Development*, 45, 1159–1161.

Giles, H.（1973）Toward a theory of interpersonal accommodation through language: Some Canadian data. *Language in Sociology*, 2, 117–192.

Giles, H. & Ogay, T.（2007）Communication Accommodation Theory. In B. B. Whaley., & W. Samter（Eds.）*Explaining communication: Contemporary theories and exemplars*（pp. 293-310). Mahwah. NJ; Lawrence Eelbaum.

Giles, H., & Powesland, P. F.（1975）*Speech style and social evaluation*. London & New York: Academic Press.

Giles, H., & Smith, P. M.（1979）Accommodation theory: Optimal levels of convergence. In H. Giles, & R. St. Clair（Eds.）*Language and social Psychology*（pp. 45–65）. Oxford: Basil Blackwell,

ホール・E.T.／日高敏隆・佐藤信行訳（1970）『かくれた次元』みすず書房〔Hall, E. T.（1966）*The Hidden Dimension*. New York: Doubleday & Company.〕

Harper, R. G., Wiens, A. N., & Matarazzo, J. D.（1978）*Nonverbal communication: The State of the art*. New York: John Wiley & Sons.

Heider, F.（1958）*The psychology of interpersonal relations.* John Wiley & Sons.〔大橋正夫訳（1978）『対人関係の心理学』誠信書房〕

Hess, U., & Fischer, A.（2013）Emotional Mimicry as Social Regulation. *Personality and Social Psychology Review*, 17, 142-157.

堀毛一也（1987）「自己モニタリングの概念および尺度に関する検討」『東北福祉大学紀要』11、185－199頁

今村薫（1996）「同調行動の諸相――ブッシュマンの日常生活から」〔菅原和孝・野村雅一編『コミュニケーションとしての身体』大修館書店、71－91頁〕

Kendon, A.（1970）Movement coordination in social interaction : Some examples described. *Acta Psychologica*, 32, 101-125.

Kendon, A., & Ferber, A.（1973）A description of some human greetings.（In R. P. Michael & J. H. Crook（Eds.）*Comparative ecology and behaviour of primates*（pp. 591-668）. London: Academic Press.

木村昌紀（2015）「対人コミュニケーションの観察に基づく親密性の推論」『心理学研究』86（2）、91－101頁

木村昌紀・大坊郁夫・余語真夫（2010）「社会的スキルとしての対人コミュニケーション認知メカニズムの検討」『社会心理学研究』26、13－24頁

Kleinke, C. L., Staneski, R. A., & Berger, D. E.（1968）Evaluation of an interviewer as a function of interviewer gaze, reinforcement of subject gaze, and interviewer attractiveness. *Journal of Personality and Social Psychology*, 31, 115-122.

Knapp, M. L.（1978）*Nonverbal communication in human interaction*（2ne Ed.）Holt, Rinehart & Winston.

河野義章・篠田直明（2008）「日本版ＴＯＮＣＫの開発」『東京学芸大学紀要 総合教育科学系』59、145－154頁

栗林克匡（2010）「社会心理学におけるコミュニケーション・アコモデーション理論の応用」『北星学園大学社会福祉学部北星論集』47、11－21頁

Lane, H. L., & Tranel, B.（1971）The Lombard reflex and the role of hearing in speech. *Journal of speech and Hearing Research*, 14, 677-709.

MacKay, D. M.（1972）Formal analysis of communicative processes. In R. A. Hinde（Ed.）*Nonverbal Communication*（pp.3-25）Cambridge: Cambridge University Press.

増田匡裕（1991）「恋愛関係におけるEquityの認知が持続期間及び集結後の態度に与える影響」『日本グループ・ダイナミックス学会第39回大会発表論文集』49－50頁

Matarazzo, J. D., Hess, H. F., & Saslow, G. (1962) Frequency and duration characteristics of speech and silence behavior during interviews. *Journal of Clinical Psychology*, 18, 416-426.

Matarazzo, J. D., Saslow, G., Wiens, A. N., Weitman, M., & Allen, B. V. (1964) Interviewer head nodding and interviewee speech durations. *Psychotherapy: Theory, Research and Practice*, 1 (2), 54-63.

Matarazzo, J. D., Weitman, M., Saslow, G., & Wiens, A. N. (1963) Interviewer influence on durations of interviewee speech. *Journal of Verbal Learning and Verbal Behavior*, 1, 451-458.

Matarazzo, J. D., & Wiens, A. N. (1967) Interviewer influence on durations of interviewee silence. *Journal of experimental Research in Personality*, 2, 56-69.

Matarazzo, J. D., & Wiens, A. N. (1972) *The interview: research on its anatomy and structure*. Chicago : Aldine Atherton.

Matarazzo, J. D., Wiens, A. N., Saslow, G., Allen, B. V., & Weitman, M. (1964) Interviewer mm-hmm and interviewee speech durations. *Psychotherapy: Theory, Research and Practice*, 1 (3), 109-114.

Matarazzo, J. D., Wiens, A. N., Saslow, G., Dunham, R. M., & Voas, R. B. (1964) Speech durations of a stronaut and ground communicator. *Science*, 143, 148-150.

Matarazzo, J. D., Wiens, A. N., Saslow, G., Dunham, R. M., & Voas, R. B. (1964) Speech durations of astronaut and ground communicator. *Science*, 143, 148-150.

McDowall, J. J. (1978) Interactional synchrony: A reappraisal. *Journal of Personality and social Psychology*, 36, 963-975.

Meharabian, A. (1968) Inference of attitudes from the posture, orientation, and distance of a communicator. *Journal of Consulting and Clinical Psychology*, 32, 296-308.

Meitzer, L., Morris, W., & Hayes, D. (1971) Interruption outcomes and vocal amplitude: Explorations in social psychophysics. *Journal of Personality and Social Psychology*, 18, 392-402.

Morris, D.（1977）*Manwatching: Field Guide to Human Behaviour*. Elsever Pub.〔藤田統訳（1980）『マンウォッチング』小学館〕

中村雅彦・斎藤和志（1985）「対人的志向性尺度に関する研究」（2）『日本グループ・ダイナミックス学会第33回大会研究発表論文集』91－92頁

Natale, M.（1975）Convergence of mean vocal intensity in dyadic communication as a function of social desirability. *Journal of Personality and Social Psychology*, 32, 790–804.

Newcomb, T. M., Turner, R. H., & Converse, P. E.（1965）*Social Psychology: The study of human interaction*. Holt, Rinehart & Winston〔古畑和孝訳（1973）『社会心理学――人間の相互作用の研究』岩波書店〕

Nixon, Y.（2009）*Nonverbal Perceptual Styles of British and Japanese People: A study of cultural influences and perception training*. Vdm Verlag

Nixon, Y., & Bull, P.（2005）The effects of cultural awareness on nonverbal perceptual accuracy: British and Japanese training programmes. *Journal of Intercultural Communication*, 9, August.

小川一美（2003）「二者間発話量の均衡が観察者が抱く会話者と会話に対する印象に及ぼす効果」『実験社会心理学研究』43、63－74頁

小川一美（2011）「対人コミュニケーションに関する実験的研究の動向と課題」『教育心理学年報』50、187－198頁

小川一美・木村昌範・藤原健（2019）「日本人用非言語的コミュニケーションに関する知識テストの作成」『日本心理学会第83回大会論文集』186頁

小川一美・松尾貴司（2014）「非言語情報に関する知識が表情解読の正確さに及ぼす影響」『日本心理学会第78回大会論文集』110頁

押見輝男・渡辺浪二・石川直弘(1986)「自己意識尺度の検討」『立教大学心理学研究年報』28、1－15頁

Patterson, M. L.（1976）An arousal model of interpersonal intimacy. *Psychological Review*, 83, 235–245.

Patterson, M. L.（1982）A sequential functional model of nonverbal exchange. *Psychological Review*, 89, 231–249.

Patterson, M. L.（1983）*Nonverbal behavior: A functional perspective*. New York: Springer-Verlag.

Patterson, M. L. (1995) A parallel process model of nonverbal communication. *Journal of Nonverbal Behavior*, 19, 3-29.

Patterson, M. L. (2011) More than words: *The power of nonverbal communication.* Barcelona, Spain: Editorial Aresta.〔大坊郁夫監訳 (2013)『ことばにできない想いを伝える――非言語コミュニケーションの心理学』誠信書房〕

Pope, B., Nudler, S., VonKorff, M. R., & McGhee, J. P. (1974) The experienced interviewer versus the complete novice. *Journal of Consulting and Clinical Psychology*, 42, 680-690.

Rey, M. L., & Webb, E. J. (1966) Speech duration effects in the Kennedy news conferences. *Science*, 153, 899-901.

Rosenfeld, H. M., & Sullwold, V. L. (1969) Optimal informational discrepancies for persistent communication. *Behavioral Science*, 14, 303-315.

Rosenthal, R. (1966) *Experimenter effects in behavioral research.* Appleton-Century-Crofts.

Rosenthal, R., Hall, J. A., DiMatteo, M. R., Rogers, P. L., & Archer, D. (1979) *Sensitivity to nonverbal communication: The PONS test.* Baltimore, MD: Johns Hopkins University Press.

Rosip J. C. & Hall, J. (2004) Knowledge of nonverbal cues, gender, and nonverbal decoding accuracy: *Journal of Nonverbal Behavior*, 28, 267-286.

Rutter, D. R., & Stephenson, G. M. (1977) The role of visual communication in synchronising. *Journal of Social Psychology*, 7, 29-37.

Scheflen, A. E. (1968) Human communication: Behavioral programs and their integration in interaction. *Behavioral Science*, 13, 44-55.

Staples, F. R., & Slone, R. B. (1976) Trux factors, speech characterisitics, and therapeutic outcome. *Journal of Nervous and Mental Disease*, 163, 135-140.

菅原和孝 (1996)「コミュニケーションとしての身体」菅原和孝・野村雅一編『コミュニケーションとしての身体』大修館書店，8－38頁

杉山善朗 (1968)「テイラー不安検査」井村恒郎監修『臨床心理検査法』医学書院，78－94頁

Takai, J., & Ota, H. (1994) Assessing Japanese interpersonal communication competence. *Japanese Journal of Experimental Social Psychology*, 33, 224-236.

高良美樹（1991）「友人関係における資源別相互作用過程」『日本グループ・ダイナミックス学会第39回大会発表論文集』61－62頁

竹内郁郎（1973）「社会的コミュニケーションの構造」内川芳美・岡部慶三・竹内郁郎・辻村明編『講座　現代の社会とコミュニケーションⅠ（基礎理論）』東京大学出版会、105－138頁

Taylor,J. A. (1953) A personality scale of manifest anxiety. *Journal of Abnormal and Social Psychology*, 48, 285-290.

Taylor, H. F. (1970) *Balance in Small Group*. New York: Van No-strand Reinhold.〔テイラー，H. F.，三隅二不二監訳（1978）『集団システム論』誠信書房〕

津村俊充（1990）「体験集団における相互作用過程」大坊郁夫・安藤清志・池田謙一編『社会心理学パースペクティブ2――人と人とを結ぶとき』誠信書房、89－110頁

Turner, J. L., Foa, E. D., & Foa, U. G. (1971) Interpersonal reinforcers: Classification, interrelationship, and some differential properties. *Journal of Personality and Social Psychology*, 19, 168-188.

宇津木成介（2010）「コミュニケーションと擬態」『国際文化学研究――神戸大学大学院国際文化研究科紀要』35、127－155頁

渡辺富夫（1996）「音声対話システムにおけるヒューマン・インタフェース――引き込みを中心として」『ヒューマンインタフェース音声言語情報処理』10－6・27－32頁

渡辺富夫・石井威望・小林登（1984）「コミュニケーションにおけるエントレインメント（音声－体動同調現象）のコンピュータ自動分析法――母子（新生児）をモデルとして」『医用電子と生体工学』22、419－425頁

Webb, J. T. (1972) Interview synchrony: An investigation of two speech rate measures in an automated standardized interview. In B. Pope & A. W. Siegman (Eds.), *Studies in dyadic communication* (pp. 115-133). New York: Pergamon.

Welkowitz, J., & Kuc, M. (1973) Interrelationships among warmth, genuiness, empathy and temporal speech patterns in interpersonal interaction. *Journal of Consulting and clinical Psychology*, 41, 472-473.

Welkowitz, J., Cariffe, G., & Feldstein, S.（1976）Conversational congruence as a criterion of socialization in chilren. *Child Development*, 47, 269-272.
やまだようこ（1996）「共鳴してうたうこと・自身の声がうまれること」菅原和孝・野村雅一編『コミュニケーションとしての身体』大修館書店、40－70頁
横山ひとみ・大坊郁夫（2012）「対面説得事態における対人コミュニケーション・チャネルに関する研究——チャネルの使用とその効果」『社会言語科学』15、73－88頁

第3章

Argyle, M., Lefebvre, L., & Cook, M.（1974）The meaning of five patterns of gaze. *European Journal of Social Psychology*, 4, 125-136.
大坊郁夫（2001）「対人コミュニケーションの社会性」『対人社会心理学研究』1、1－16頁
大坊郁夫（2003）「社会心理学からみたコミュニケーション研究——対人関係を読み解く」『社会言語科学』6、123－137頁
池上俊一（1992）「歴史としての身体——ヨーロッパ中世の深層を読む」柏書房
今村薫（1996）「同調行動の諸相——ブッシュマンの日常生活から」菅原和孝・野村雅一編『コミュニケーションとしての身体』大修館書店、71－91頁
北山晴一（1999）『衣服は肉体になにを与えたか——現代モードの社会学』朝日新聞社
野村雅一（1983）『しぐさの世界——身体表現の民族学』NHKブックス429、日本放送出版会
菅原和孝（1996）「ひとつの声で語ること——身体とことばの「同時性」をめぐって」菅原和孝・野村雅一編『コミュニケーションとしての身体』大修館書店、246－287頁
鷲田清一（2005）『ちぐはぐな身体——ファッションって何？』ちくま文庫
やまだようこ（1996）「共鳴してうたうこと・自身の声がうまれること」菅原和孝・野村雅一編『コミュニケーションとしての身体』大修館書店、40－70頁

第4章

大坊郁夫（2002）「ネットワーク・コミュニケーションにおける対人関係の特徴」『対人社会心理学研究』2、1－14頁

大坊郁夫（2014）「場を活性化する――対人コミュニケーションの社会心理学」高木修監修、大坊郁夫・竹村和久編『社会心理学研究の新展開――社会に生きる人々の心理と行動』北大路書房、26－39頁

大坊郁夫・松山早希・藤原健（2012）「小集団の問題解決場面におけるコミュニケーション行動と対人認知との関係――社会的スキルと対人関係」『電子情報通信学会技術研究報告』111（393）、21－26頁

Daibo, I., Matsuyama, S., & Fujiwara, K. (2013) The Communication behavior and interpersonal perception in task oriented small group: Social skills and interpersonal relationships. *The 10th Biennial Conference of Asian Association of Social Psychology.*

Kumar, N., & Benbasat, I. (2002) Para-social presence and communication capabilities of a Web site. *e-Service Journal*, 1 (3), 1-21. (http://iupjournals.org/eservice/es1-3.html/)

松田昌史・大坊郁夫・熊野史朗・大塚和弘・大和淳司（2013）「ビデオ通信環境における対人位置と印象形成に関する探索的研究」『ヒューマンインタフェース学会論文誌』15、433－442頁

Rutter, M .R., Stephenson, G. M., & Dewey, M. E. (1981) Visual communication and the content and style of conversation. *British Journal of Social Psychology*, 20, 41-52.

Short, J., Williams, E., & Christie, B. (1976) *The social psychology of telecommunications*. John Wiley & Sons.

第5章

Alberts, J. K. (1988) An analysis of couples' conversational complaints. *Communication Monographs*, 55, 184-197.

Altman, I. & Taylor, D. A. (1973) *Social Penetration: The Development of Interpersonal Relationships*. Holt, Rinehart, & Winston, New York.

Argyle, M., Lefebvre, L., & Cook, M. (1974) The meaning of five patterns of gaze. *European Journal of Social Psychology*, 4, 125 - 136.

Aronson, E., & Linder, D. (1965) Gain and loss of esteem as determinants of interpersonal attractiveness. *Journal of Experimental Social Psychology*, 1(2), 156-171.

Bales, R. F. (1950) *Interaction process analysis: A method for the study of small groups*. Chicago: University of Chicago Press.〔友田不二男編、手塚郁恵訳（1971）『グループ研究の方法』岩崎学術出版社〕

Beier, E. G., & Strenberg, D. P. (1977) Marital communication: Subtle cues between newlyweds. *Journal of Communication*. 27, 92-97.

Berscheid, E., Snyder, M., & Omoto, A. M. (1989) The relationship closeness inventory: Assessing the closeness of interpersonal relationships. *Journal of Personality and Social Psychology*, 57, 792-807.

Brunswik, E. (1956) *Perception and the representative design of psychological experiments* (2nd ed.). University of California Press: Berkeley.

Clark, M. S., & Mills, J. (1979) Interpersonal attraction in exchange and communal relationships. *Journal of Personality and Social Psychology*, 37, 12-24.

Clore, G. L., Wiggins, N. H., & Itkin, S. (1975) Gain and loss in attraction: Attributions from nonverbal behavior. *Journal of Personality and Social Psychology*, 31(4), 706-712.

Condon, W. S., & Sander, L. W. (1974) Neonate movement is synchronized with adult speech: Interactional participation and language acquisition. *Science*, 183, 99-101.

Critelli, J. W., Myers, E. J., & Loos, V. E. (1986) The components of love: Romantic attraction and sex role orientation. *Journal of Personality*, 54, 354-370.

大坊郁夫（1985）「恋愛、失恋についての認知的研究」『東北心理学研究』35、87－88頁

大坊郁夫（1988）「異性間の関係崩壊についての認知的研究」『日本社会心理学会第29回大会発表論文集』64－65頁

大坊郁夫（1990）「対人関係における親密さの表現――コミュニケーションに見る発展と崩壊」『心理学評論』33、322－352頁

大坊郁夫（1992）「親密な関係における行動特性の検討」『日本グループ・ダイナミックス学会第40回大会発表論文集』59－60頁
大坊郁夫（2001）「対人コミュニケーションの社会性」『対人社会心理学研究』1、1－16頁
大坊郁夫（2002a）「会話場面における発話パターン時系列と非言語的行動との関係」社会言語科学会第9回大会シンポジュウム「コミュニケーションのマルチ・チャネル・アプローチ」
大坊郁夫（2002b）「ネットワーク・コミュニケーションにおける対人関係の特徴」『対人社会心理学研究』2、1－14頁
大坊郁夫（2003a）「社会的スキル・トレーニングの方法序説——適応的な対人関係の構築」『対人社会心理学研究』3、1－8頁
大坊郁夫（2003b）「社会心理学からみたコミュニケーション研究——対人関係を読み解く」『社会言語科学』6、122－137頁
Gottman, J., Notarius, C., Markman, H., Bank, S., Yoppi, B., & Rubin, M. E.（1976）Behavior exchange theory and marital decision making. *Journal of Personality and Social Psychology*, 34, 14–23.
Harvey, J. H., & Omarzu, J.（1997）Minding the close relationship. *Personality and Social Psychology Review*, 1, 224–240.
Hendrick, C., & Hendrick, S.（1986）A theory and method of love. *Journal of Personality and Social Psychology*, 50, 392–402.
飛田操（1989）「親密な対人関係の崩壊過程に関する研究」『福島大学教育学部論集』46、47－55頁
飛田操（1997）「失恋の心理」松井豊編『悲嘆の心理』サイエンス社、205－218頁
Hill, C. T., Rubin, Z., & Peplau, L. A.（1976）Breakups before marriage: The end of 103 affairs. *Journal of Social Issues*, 32(1), 147-168.
Ickes, W., & Barnes, R. D.（1978）Boys and girls together–and alienated: On enacting stereotyped sex roles in mixed-sex dyads. *Journal of Personality and Social Psychology*, 36(7), 669–683.
井上和子（1985）「恋愛関係におけるEquity理論の検証」『実験社会心理学研究』24、127－134頁
井上和子（1988）「友人関係における親しさの程度とEquity」『日本教育心理学会第30回総会発表論文集』510－511頁
井上和子（1989）「夫婦関係におけるEquityモデルの検証」『日本社会心理学会第30回大会発表論文集』135－136頁
磯友輝子・木村昌紀・桜木亜季子・大坊郁夫（2003a）「発話中のうなずきが印象形成に及ぼす影響——3者間会話場面における非言語行動の果たす役割」『電子情報技術研究報告』HCS2003、21、31－36頁

磯友輝子・木村昌紀・桜木亜季子・大坊郁夫（2003b）「三者間会話場面における非言語行動の果たす役割（2）――視線配分と印象形成の関係性に注目して」『日本社会心理学会第44回大会発表論文集』658－659頁

金政祐司・大坊郁夫（2003a）「愛情の三角理論における三つの要素と親密な異性関係」『感情心理学研究』10，11－24頁

金政祐司・大坊郁夫（2003b）「青年期の愛着スタイルが親密な異性関係に及ぼす影響」『社会心理学研究』19，59－76頁

Kerckhoff, A. C., & Davis, K. E.（1962）Value consensus and need complementarity in mate selection. *American Sociological Review*, 27, 295–303.

Knapp, M. L.（1978）*Nonverbal communication in human interaction*（*2nd Ed.*）Holt, Rinehart & Winston.

Knapp, M. L.（1984）*Interpersonal communication and human relationships*. Allyn & Bacon.

久保真（1993）「行動特性からみた関係の親密さ――RCIの妥当性と限界」『実験社会心理学研究』33，1－10頁

栗林克匡（2008）「恋を失う」加藤司・谷口弘一編『対人関係のダークサイド』北大路書房，89－102頁

栗林克匡（2021）「失恋後の次の恋愛相手の選択に影響を及ぼす要因に関する研究――失恋の原因とシャイネスの影響」『北星学園大学社会福祉学部北星論集』58，19－26頁

Lasswell, T. E., & Lasswell, M. E.（1976）I love you but I'm not in love with you. *Journal of Marriage and Family Counseling*. 2, 211–224.

Levinger, G.（1976）A social psychological perspective on marital dissolution. *Journal of Social Issues*, 32（1）, 21-47.

Levinger, G.（1980）Toward the analysis of close relationships. *Journal of Experimental Social Psychology*, 16（6）, 510–544.

Levinger, G.（1983）Development and change. In H. H. Kelley, E. Berscheid, A. Christensen, J. H. Harvey, T. L. Huston, G. Levinger, E. McClintock, L. A. Peplau, & D. R. Peterson（Eds.）, *Close Relationships*. New York: Freeman, 315-359.

Lewis, R. A.（1973）A longitudinal test of a developmental frame-work for premarital dyadic formation. *Journal of Marriage and the Family*, 35, 16–25.

リンダール，K・M・マークマン，H・J「家族のコミュニケーションと否定的情緒の調節」ブレックマン・E・A，濱治世・松山義則監訳（1998）『家族の感情心理学』北大路書房〔Lindahl, K. M., & Markman, H. J.（1990）Communication and negative affect regulation in the family. In E. A. Blechman (Ed.), *Emotions and the family: For better or for worse* (pp. 99–115). Lawrence Erlbaum Associates, Inc.〕

牧野幸志（2013）「関係崩壊における対処方略とその効果（1）親密な人間関係の崩壊時における対処方略の探索」『経営情報研究』21（1）、19－33頁

牧野幸志（2014）「関係崩壊における対処方略とその効果（2）――別れを切り出された側の対処方略は有効なのか？」『経営情報研究』21（2）、35－50頁

Markman, H. J., Floyd, F., Stanley, S., & Storaasli, R. (1988) The prevention of marital distress: A longitudinal investigation. *Journal of Consulting and Clinical Psychology*, 56, 210–217.

松井豊（1989）「青年期の恋愛関係の類型（1）」『日本社会心理学会第30回大会発表論文集』137－138頁

松井豊（1993）『恋ごころの科学』サイエンス社

ミード・G・H、稲葉三千男・滝沢正樹・中野収訳（1973）『精神・自我・社会』青木書店〔Mead, G. H. (1934) *Mind self and society*. University of Chiago Press〕

Noller, P. (1980) Misunderstandings in marital communication: A study of couples' nonverbal communication. *Journal of Personality and Social Psychology*, 39, 1135–1148.

Noller, P. (1984) *Nonverbal communication and marital interaction*. Pergamon Press.

Noller, P., & Gallois, C. (1986) Sending emotional messages in marriage: Nonverbal behaviour, sex and communication clarity. *British Journal of Social Psychology*, 25, 287–297.

Rands, M., & Levinger, G. (1979) Implicit theories of relationship: An intergenerational study. *Journal of Personality and Social Psychology*, 37(5), 645-661.

Rubin, Z. (1970) Measurement of romantiv love. *Journal of Personalitu and Social Psychology*, 16, 265-273.

Rutter, D. R., & Stephenson, G. M. (1977) The role of visual communication in synchronising. *Journal of Social Psychology*, 7, 29–37.

Shaw, M. E., & Sadler, O. W. (1965) Interaction patterns in heterosexual dyads varying in degree of intimacy. *Journal of Social*

Psychology, 66, 345–351.

Simpson, J. A.（1987）The dissolution of romantic relationships: Factors involved in relationship stability and emotional distress. *Journal of Personality and Social Psychology*, 53, 683–692.

Simpson, J. A., Ickes, W., & Orina, M.（2001）Empathic accuracy and preemptive relationship stability maintenance. In J. H. Narvey, A. Wenzel（Eds.）,（2001）. *Close romantic relationships: Maintenance and enhancement*. Lawrence Erlbaum Associates Publishers 27-46.

Sternberg, R. J.（1986）A triangular theory of love. *Psychological Review*, 93, 119–135.

和田実（1990）「親密さのコミュニケーションに関する諸モデル」大坊郁夫・安藤清志・池田謙一編『社会心理学パースペクティブ2――人と人とを結ぶとき』誠信書房，47－55頁

和田実（2000）「大学生の恋愛関係崩壊時の対処行動と感情および関係崩壊後の行動的反応――性差と恋愛関係進展度からの検討」『実験社会心理学研究』40，38－49頁

和田実（2002）「恋愛と性行動」和田実・諸井克英『青年心理学への誘い――漂流する若者たち』ナカニシヤ出版

Walster, E., Berscheid, E., Walster, G. W.（1976）New directions in equity research. In L. Berkowitz & E. Walster（Eds.）*Advances in Experimental Social Psychology*, 9, 1–42.

Walster, E., Walster, G. W., & Traupman, J.（1978）Equity and premarital sex. *Journal of Personality and Social Psychology*, 36, 82–92.

山口司（2007）「失恋後の心理的変化に影響を及ぼす要因の検討自己――受容と失恋」『北星学園大学大学院社会福祉学研究科北星学園大学大学院論集』10，75－87頁

やまだようこ（1996）「共鳴してうたうこと・自身の声がうまれること」菅原和孝・野村雅一編『コミュニケーションとしての身体』大修館書店，40－70頁

第6章

Argyle, M., Lefebvre, L., & Cook, M.（1974）The meaning of five patterns of gaze. *European Journal of Social Psychology*, 4, 125-

136.

Berkman, L. F., & Syme, L.（1979）Social networks, host resistance, and mortality: A nine-year follow-up study of Alaneda County residents. *American Journal of Epidemiology*, 109, 186-204.

Cook, M., & Lalljee, M. G.（1972）Verbal substitutes for Visual signals. *Semiotica*, 3, 212-221.

大坊郁夫（1978）「会話場面における言語行動」『異常行動研究会誌』18、9－19頁

大坊郁夫（1992）「会話事態における自己開示と対人的親密さ」『日本心理学会第56回大会発表論文集』227頁

大坊郁夫（1994）「支え合って生きていける――サポートの心理学」『北星学園大学文学部北星論集』31、1－32頁

大坊郁夫（1995）「対人コミュニケーションにおける「手がかり性」と関係の展開」『電子情報通信学会技術研究報告』94、25－32頁

大坊郁夫（1998）『しぐさのコミュニケーション――人は親しみをどう伝えあうか』サイエンス社

橋元良明（2001）「変容する現代のコミュニケーション」『教育と医学』49、576－583頁

五十嵐祐（2002）「CMCの社会的ネットワークを介した社会的スキルと孤独感との関連性」『社会心理学研究』17、97－108頁

五十嵐祐（2020）「SNSにみる〈ウチ〉と〈ソト〉」『学燈』117（1）、10－13頁

池田謙一編（1997）『ネットワーキング・コミュニティ』東京大学出版会

情報教育学研究会・情報倫理教育研究グループ編（2000）『インターネットの光と影』北大路書房

加藤恭子・川浦康至（2007）「人はなぜブログを読むのか――知人ブログと他人ブログの閲覧行動」『コミュニケーション科学』26、91－104頁

川上善郎（2001）「ウェブコミュニケーションのもたらすもの」東京大学社会情報研究所編『日本人の情報』東京大学出版会、249－270頁

川上善郎・川浦康至・池田謙一・吉川良治（1993）『電子ネットワーキングの社会心理――コンピュータ・コミュニケーションへのパスポート』誠信書房

川邉憲太郎・堀内史枝・越智麻里奈・岡靖哲・上野修一（2017）「青少年におけるインターネット依存の有病率と精神的健康状態との関連」『精神神経学雑誌』119、613－620頁

川浦康至（1990）「コミュニケーション・メディアの効果」大坊郁夫・安藤清志・池田謙一編『社会心理学パースペクティブ2』誠信書房，67－85頁

川浦康至・松田美佐編（２００１）『携帯電話と社会生活　現代のエスプリ４０５』至文堂

川浦康至・山下清美・川上善郎（1999）「人はなぜウェブ日記を書き続けるのか――コンピュータ・ネットワークにおける自己表現」『社会心理学研究』14，１３３－１４３頁

Kiesler, S., Siegel, J., & McGuire, T. W.（1984）Social psychological aspects of computer-mediate communication. *American Psychologist*, 39, 1123-1134.

木村泰之・都築誉史（1998）「集団意思決定とコミュニケーション・モード――コンピュータ・コミュニケーション条件と対面コミュニケーション条件の差異に関する実験社会心理学的検討」『実験社会心理学研究』38，１８３－１９２頁

小林久美子（2000）「インターネットと社会的不適応」坂元章編『インターネットの心理学』学文社，１２２－１３４頁

Kraut, R., Patterson, M., Lundmark, V., Kiesler, S., Moukophadhyay, T., & Scherlis, W.（1998）Internet paradox: A social technology that reduces social involvement and psychological well-being? *American Psychologist*, 53, 1017-1031.

正木大貴（2020）「なぜわれわれはＳＮＳに依存するのか？――ＳＮＳに〝ハマる〟心理」『京都女子大学大学院現代社会研究科紀要』14，１６１－１７０頁

松葉仁（2002）『ケータイのなかの欲望』文藝春秋

松田美佐（2000）「ケータイによる電子メール急増とその影響」『日本語学』19，46－55頁

松尾太加志（2001）「コンピュータによるコミュニケーション」『教育と医学』49，５８４－５９１頁

三浦麻子・篠原一光（2001）「ＣＭＣにおける状況の認知と情報発信行動」『応用心理学研究』27，25－35頁

中丸茂（2001）「顔文字が文章の信頼度におよぼす影響（３）」『日本グループ・ダイナミックス学会第49回大会発表論文集』34－37頁

岡本能理子（1998）『しゃべる――チャットのコミュニケーション空間　現代のエスプリ３７０』１２７－１３７頁

Parks, M. R., & Floyd, K.（1996）Making friends in cyberspace. *Journal of Computer-Mediated Communication*, 1.（http://www.

ascusc.org/jcmc/Vol1/issue4/parks.html)

Patterson, M. L. (1983) *Nonverbal behavior: A functional perspective*. Springer-Verlag.

Rutter, D. R., & Stephenson, G. M. (1977) The role of visual communication in synchronising conversation. *European Journal of Social Psychology*, 7, 29-37.

Rutter, D. R., Stephenson, G. M., & Dewey, M. E. (1981) Visual communication and the content and style of conversation. *British Journal of Social Psychology*, 20, 41-52.

篠原一光・三浦麻子 (1999)「WWW掲示板を用いた電子コミュニティ形成過程に関する研究」『社会心理学研究』14、144－154頁

田中ゆかり (2001)「携帯電話と電子メイルの表現」飛田良文・佐藤武義編『現代日本語講座 2巻』明治書院、98－127頁

戸梶亜紀彦 (1997)「コンピュータ上でのコミュニケーションにみられる情緒表現に関する研究——情緒表出記号の使用について」『広島県立大学紀要』8、125－139頁

ウォレス・W.、川浦康至・和田正人・堀正訳 (2018)『新版インターネットの心理学』NTT出版〔Wallace, P. (2016) *The psychology of the internet, second edition*. Cambridge University Press.〕

Williams, E. (1978) Visual interaction and speech patterns: An extension of previous results. *British Journal of Social and Clinical Psychology*, 17, 101-102.

山下清美 (2000)「WEB日記は、日記であって日記でない」『現代のエスプリ』391、166－180頁

第7章

相川充 (2000)『人づきあいの技術——社会的スキルの心理学』サイエンス社

Argyle, M. (2001) *The psychology of happiness, 2nd edition*. Hove: Routledge.

Brunswick (1956) *Perception and the representative design of psychological experiments* (2nd ed). University of California Press: Berkeley.

大坊郁夫（1991）「対人関係における親密さの表現――コミュニケーションに見る発展と崩壊」『心理学評論』33、322－352頁
大坊郁夫（1998）『しぐさのコミュニケーション――人は親しみをどう伝えあうか』サイエンス社
大坊郁夫（2001）「対人コミュニケーションの社会性」『対人社会心理学研究』1、1－16頁
大坊郁夫（2002）「ネットワーク・コミュニケーションにおける対人関係の特徴」『対人社会心理学研究』2、1－14頁
大坊郁夫編（2006）『社会的スキル向上のための対人コミュニケーション』ナカニシヤ出版
大坊郁夫（2008）「社会的スキルの階層的概念」『対人社会心理学研究』8、1－6頁
大坊郁夫（2012a）「共生社会のための対人コミュニケーション研究の視点」『モチベーション研究』2、36－41頁
大坊郁夫（2012b）「価値ある社会を築くために――価値の共有、共生、関係から社会へ」大坊郁夫編『幸福を目指す対人社会心理学――対人コミュニケーションと対人関係の科学』ナカニシヤ出版、273－285頁
大坊郁夫（2014）「場を活性化する――対人コミュニケーションの社会心理学」高木修監修、大坊郁夫・竹村和久編『社会心理学研究の新展開』北大路書房、26－39頁
藤川大祐（2008）「〈携帯電話〉から〈ケータイ〉へ――ケータイ、ネット社会の子どもたち」『児童心理　臨時増刊』885、12－19頁
Fujiwara, K., Daibo, I. (2016) Evaluating interpersonal synchrony: Wavelet transform toward an unstructured conversation. *Frontiers in Psychology*, 7, Article 516, 1-9.
後藤学・大坊郁夫（2009）「短期的な社会的スキル・トレーニングの実践　社会人への適用を目指して」『応用心理学研究』34、193－200頁
後藤学・金山正樹・河合学・藤野秀則（2018）「職場風土改善のための方策に関する研究――コミュニケーションコーナー設置の試み」『INSS Journal』25、2－16頁
原田陽雄・米山博人・下谷啓・藤居徹・西野洋平・飯田靖（2013）『富士ゼロックステクニカルレポート』22、86－95頁
堀毛一也（2007）「〈健康スケールの現状と問題点〉社会心理学の立場から――主観的充実感の個人差と文化差」『感性福祉研究所年報』8、259－265頁

堀毛一也（2008a）「行動接近・抑制傾向と日常的感情のコヒアランス・心理的充実感の関連」『日本グループ・ダイナミックス学会第55回大会発表論文集』70－71頁
堀毛一也（2008b）「成人期のサスティナブルな信念の個人差に関する研究（2）――夫婦を単位とした分析」『日本パーソナリティ心理学会第17回大会発表論文集』46－47頁
磯友輝子（2021）「新しい対人コミュニケーションの形の模索」山口幹幸・高見沢実編『Before／Withコロナに生きる社会をみつめる』ロギカ書房、2－20頁
梶村康祐・高嶋和毅・前田貴司・山口徳郎・北村喜文・岸野文郎・前田奈穂・藤原健・横山ひとみ・大坊郁夫（2010）「3人会話における〈場の活性化〉の自己と第三者の評価の比較」『電子情報通信学会技術研究報告』110（185）、43－48頁
Kasser, T., & Ryan, R. M. (1996) Further examining the American dream: Differential correlates of intrinsic and extrinsic goals. *Personality and Social Psychology Bulletin*, 22, 80-87.
上出寛子（2008）「親密な対人関係におけるwell-beingについての社会心理学的研究」大阪大学大学院人間科学研究科博士論文（未公刊）
上出寛子（2012）「ポジティブな人間関係――wel-being、happiness、人と社会」大坊郁夫編『幸福を目指す対人社会心理学――対人コミュニケーションと対人関係の科学』ナカニシヤ出版、25－43頁
上出寛子・新井健生・福田敏男編（2019）『今日、僕の家にロボットが来た――未来に安心をもたらすロボット工学との出会い』北大路書房
菅知絵美（2004）「大学生におけるHappinessの構造――Happiness of DoingとHappiness of Beingの相違」愛媛大学大学院教育学研究科修士論文（未公刊）
勝間田剛・長岡千賀・小森政嗣（2011）「引き込み現象に基づく講義関心度評価手法」『ヒューマンインタフェース学会論文誌』13、99－106頁
木村昌紀・大坊郁夫・余語真夫（2010）「社会的スキルとしての対人コミュニケーション認知メカニズムの検討」『社会心理学研究』26、13－24頁

松田昌史・大坊郁夫・熊野史朗・大塚和弘・大和淳司（2013）「ビデオ通信環境における対人位置と印象形成に関する探索的研究」『ヒューマンインタフェース学会論文誌』15、433－442頁
松田昌史・八重樫海人・大坊郁夫（2011）「コミュニケーションツールの違いによる3者間会話行動に関する研究（4）――葛藤状況認知と集団意思決定との関連性」『電子情報通信学会技術研究報告』110（383）、37－42頁
岡本慎平（2021）「ロボット（1）ソーシャルロボットの欺瞞、あるいはその倫理的な悪くなさ」『文部科学省教育通信』511、24－25頁
大河内佳悟・今井順一（2017）「ビジネス顕微鏡による行動データの測定と学生の意識分析」『日本教育心理学会第59回大会発表論文集』675頁
Patterson, M. L. (1983) *Nonverbal Behavior: A Functional Perspective*. New York: Springer-Verlag.〔パターソン・M・L、工藤力監訳（1995）『非言語コミュニケーションの基礎理論』誠信書房〕
Patterson, M. L. (2011) *More than words: The power of nonverbal communication*. Barcelona: Editorial Aresta.〔パターソン・M・L、大坊郁夫監訳（2013）『ことばにできない想いを伝える――非言語コミュニケーションの心理学』誠信書房〕
Seligman, M. E. P. (2003) *Authentic happiness: Using the new positive psychology to realize your potential for lasting fulfillment*. London: Nicholas Brealey Publishing.〔セリグマン・M・E・P、小林裕子訳（2004）『世界でひとつだけの幸せ――ポジティブ心理学が教えてくれる満ち足りた人生』アスペクト〕
島井哲志編（2006）『ポジティブ心理学』ナカニシヤ出版
田中ゆかり（2001）「携帯電話と電子メイルの表現」飛田良文・佐藤武義編『現代日本語講座 2巻』明治書院、98－127頁
Tschacher, W., Ramseyer, F., & Pfammatter, M. (2020) The social present in psychotherapy: Duration of nowness in therapeutic interaction. In M. Ochs, M. Borsza, & J. Schweitzer (Eds.) *Linking Systemic Research and Practice-Innovations in paradigms, strategies and methods*. Cham: Springer International.
Tschacher, W., Tschacher, N., & Stukenbrock, A. (2021) Eye synchrony: A method to capture mutual and joint attention in social eye movements. *Nonlinear Dynamics, Psychology, and Life Sciences*, 25, 309-333.

辻聡美・佐藤信夫・大塚理恵子・紅山史子・矢野和男（2011）「ビジネス顕微鏡ディスプレイ――オフィスでのコミュニケーションを促進する行動ログ表示アプリケーションの開発」『FIT2012』（第4分冊）、69－76頁

月田有香・高嶋和毅・横山ひとみ・市野順子・伊藤雄一・大坊郁夫・北村喜文（2017）「コミュニケーショントレーニングが集団討論場面に与える影響――即興劇（インプロ）の有無の比較を通して」『電子情報通信学会技術研究報告』116（524）、143－148頁

津村俊充・山口真人編（1992）『人間関係トレーニング――私を育てる教育への人間学的アプローチ』ナカニシヤ出版

横山ひとみ・月田有香・高嶋和毅・市野順子・伊藤雄一・大坊郁夫・北村喜文（2019）「集団討論場面のコミュニケーション強化におけるインプロの効果に関する研究」『ヒューマンインタフェース学会論文誌』21（3）、303－313頁

吉田俊和・斎藤和志・廣岡秀一編（2002）『教室で学ぶ「社会の中の人間行動」――心理学を活用した新しい授業例』明治図書

Yoshikawa,M. J.（1987）Cross-cultural adaptation and perceptual development. In Y. Y. Kim, & W. B. Gudykunst,（Eds）. *Cross-cultural adaptation current approaches,*（pp.140–148）. Newbury Park: Sage Pub.

吉森護（1993）「ハッピネスに関する心理学的研究（3）――ハッピネスに関する心理学的理論」『広島大学教育学部紀要第1部（心理学）』42、19－28頁

初出一覧（各文献に大幅な加筆修正のうえ収録）

第1章

「コミュニケーションが築く高質の対人関係——社会性の維持・回復を目指すために」『対人社会心理学研究』（6）２００６年、１－６頁

第2章

「対人コミュニケーションの社会性」『対人社会心理学研究』（1）２００１年、１－16頁

第3章

「コミュニケーションと記号としての身体」『対人社会心理学研究』（5）２００５年、１－５頁

第4章

「場を活性化するコミュニケーション」『東洋大21ＨＩＲＣ11』（11）２０１４年、71－75頁

第5章

「親密な関係を映す対人コミュニケーション」『対人社会心理学研究』（4）２００４年、１－10頁

「対人関係における親密さの表現——コミュニケーションに見る発展と崩壊」『心理学評論』（33）１９９０年、３２２－３５２頁

第6章

「ネットワーク・コミュニケーションにおける対人関係の特徴」『対人社会心理学研究』２、２００２年、１－14頁

第7章

「well-beingの心理学を目指す——社会的スキルの向上と幸福の追究」『対人社会心理学研究』９、２００９年、25－31頁

「コミュニケーション研究の未来予想を描こう」『電子情報通信学会技術研究報告』１１８（４８７）、２０１９年、53－58頁

「現代人のソーシャルリテラシー——コミュニケーション力とツールの影響」『ＣＥＬ』１０６、２０１４年、22－25頁

おわりに

人を結ぶために欠かせないコミュニケーションは、膨大な要因を含んでいる。コミュニケーションする個人の特徴（パーソナリティ、知識、世代など）、社会的な関係（相手との関係における立場：上司部下、先輩後輩、同輩、家族-親子など、あるいは親しさの程度：見知らぬ人、友人、恋人、配偶者や競争相手など）、コミュニケーションする場面の特徴（使用できるメディアやチャネルの種類、場面の状況、当事者同士かその他の人も場を共にしているのかなど）、コミュニケーションの目的（仕事等に関連する課題解決、親密化のためなど）など多岐に渡る。別な視点としては、同種の文化規範を持つのか否かなども重要である。これらが絶妙に相互に関連しながらコミュニケーションは成り立っている。そして、このコミュニケーションの積み重ねで個々の対人関係が成立・展開し、ひいては社会を築いている。

ここに挙げた諸要因を網羅して扱うことは容易ではない。しかも、基盤とする科学の如何（心理学的、社会学的、言語科学的アプローチなど）によって取り上げる視点も同じではない。

本書では、社会心理学（特に、対人関係に視点をおく）的なアプローチを主としている。

著者は、これまでとりわけ対人関係の親密化に関心を持ち、二者間の発言や視線の時系列パターンの特徴を明らかにすることから研究を始めた。そこから、発話パターン、身体動作、顔面表情などの非言語チャネルについて、小集団のコミュニケーション、コミュニケーションを含む社会的スキルのトレーニングについての研究を行ってきた。

本書の内容は、著者が大阪大学に勤務していた時期に執筆した『対人社会心理学研究』掲載の論文を主としながら、これと関連した内容の論文を一部に含め構成し直したものである（巻末の「初出一覧」を参照）。章の内容を大幅に加除したものも少なくないことをご承知いただきたい。

なお、本書では、コミュニケーションのうち、記号化と解読の重要さを示す欺瞞、コミュニケーション・スキルのトレーニング、集団におけるコミュニケーションのダイナミズムについては扱っていない。これらにご関心のある方は、既刊の拙書や論文をご覧いただければ幸いである。

これまで勤務した大学で研究を共にしてきた山形大学、北星学園大学、大阪大学でのゼミの学生や大学院生に、当時を懐かしく思い出しながら感謝いたします。最初の勤務先である札幌医科大学で一緒に過ごした北海道大学の後輩についても同じ思いです。

既に鬼籍にある恩師には当時いただいた御指導に今もなお変わらぬ御礼を申し上げます。

本書の出版に際して、福村出版の宮下基幸社長には無理を聞き届けていただき、また、松山由理子さんにはこれまでと変わらない懇切な編集をしていただいたことに感謝いたします。ありがとうございます。

そして、北星学園大学・北星学園大学短期大学部後援会（深澤秀則会長）からは本書の出版へのご支援をいただきましたことにお礼申し上げます。

最後に、これまで50年に及ぶ大学生活を支えてくれ、勝手を許容してくれた家族にはそっと本書を手渡します。関係や社会は、メッセージを伝え合ってコミュニケーションとなり持続する。

2021年大晦日

大坊郁夫

ま行

や行

ら行

た行

な行

は行

さ行

わ行

事項索引

欧文

あ行

か行

な行

は行

ま行

や行

ら行

人名索引

あ行

か行

さ行

た行

著者紹介

大坊郁夫（だいぼう　いくお）

1947年生まれ

1970年　北海道大学文学部卒業

1972年　北海道大学大学院文学研究科修士課程修了

1973年　北海道大学大学院文学研究科博士課程中退

1973年～　札幌医科大学、山形大学、北星学園大学、大阪大学、東京未来大学を経て、

2018年以降現在　北星学園大学および北星学園大学短期大学部学長

専　攻　社会心理学（対人関係、コミュニケーション）

主要著訳書　『社会心理学』（編集）北大路書房 2017、『対人社会心理学の研究レシピ』（監修）北大路書房 2016、『クローズアップ「恋愛」』（共編）福村出版 2013、『ことばにできない想いを伝える』（監訳）誠信書房 2013、『幸福を目指す対人社会心理学』（編）ナカニシヤ出版 2012、『社会的スキル向上を目指す対人コミュニケーション』（編著）ナカニシヤ出版 2005、『わたしそしてわれわれ　ミレニアムバージョン』（編著）北大路書房 2004、『社会心理学パースペクティブ』1～3巻（共編）誠信書房 1989-1990、他多数

人《ひと》を結《むす》ぶコミュニケーション
——対人関係《たいじんかんけい》におけるウェル・ビーイングの心理学《しんりがく》

2022 年 3 月 30 日　初版第 1 刷発行

著　者　大 坊 郁 夫
発行者　宮 下 基 幸
発行所　福村出版株式会社
〒 113-0034　東京都文京区湯島 2-14-11
電話　03-5812-9702　FAX　03-5812-9705
https://www.fukumura.co.jp
印　刷　株式会社文化カラー印刷
製　本　協栄製本株式会社

 ISBN978-4-571-25058-3 C3011　Printed in Japan